教育部人文社科重点研究基地浙江工商大学现代商贸研究中心资助

Theoretical Exploration Of
Economic Innovation In The Era Of Big Data

大数据时代经济学创新的理论探索

何大安 著

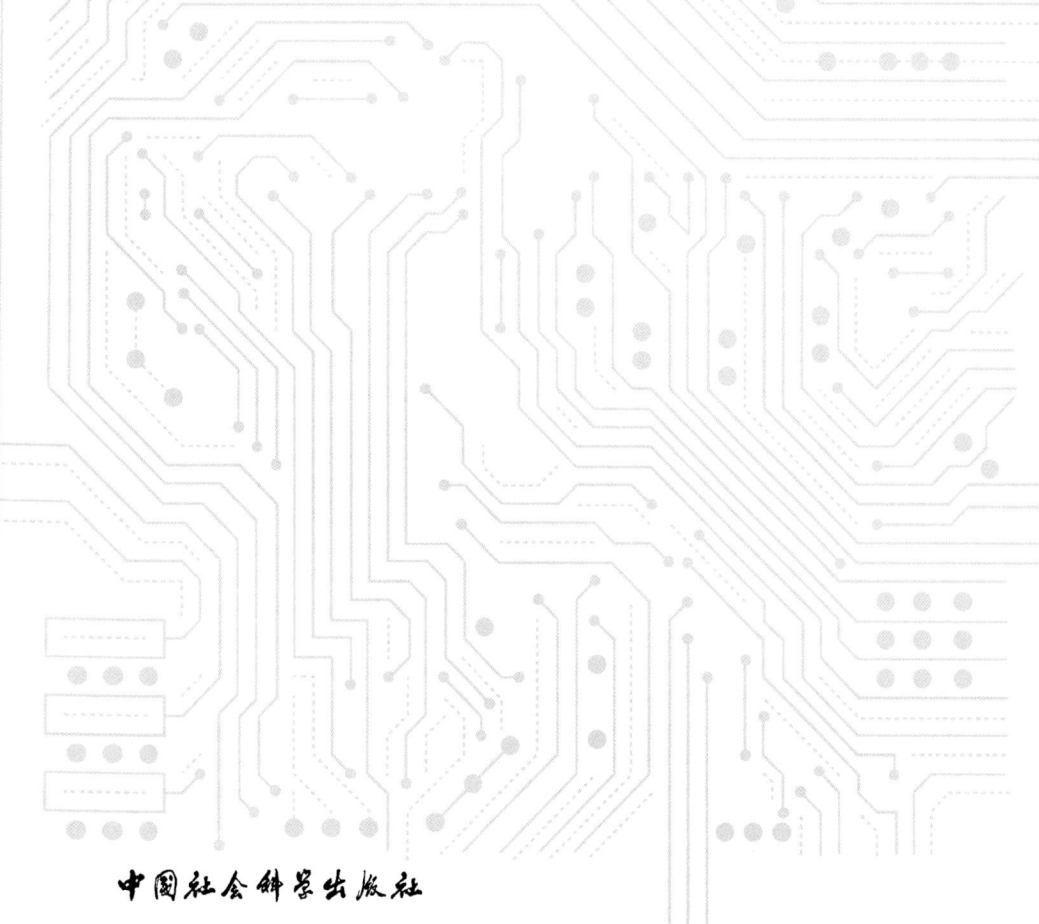

中国社会科学出版社

图书在版编目（CIP）数据

大数据时代经济学创新的理论探索 / 何大安著 . —北京：中国社会科学出版社，2021.12
ISBN 978 - 7 - 5203 - 9369 - 0

Ⅰ. ①大… Ⅱ. ①何… Ⅲ. ①经济学—文集 Ⅳ. ①F0 - 53

中国版本图书馆 CIP 数据核字（2021）第 239237 号

出 版 人	赵剑英
责任编辑	侯苗苗
责任校对	郝阳洋
责任印制	王　超

出　　版	中国社会科学出版社
社　　址	北京鼓楼西大街甲 158 号
邮　　编	100720
网　　址	http://www.cssspw.cn
发 行 部	010 - 84083685
门 市 部	010 - 84029450
经　　销	新华书店及其他书店
印刷装订	三河弘翰印务有限公司
版　　次	2021 年 12 月第 1 版
印　　次	2021 年 12 月第 1 次印刷
开　　本	710×1000　1/16
印　　张	18.5
插　　页	2
字　　数	294 千字
定　　价	99.00 元

凡购买中国社会科学出版社图书，如有质量问题请与本社营销中心联系调换
电话：010 - 84083683
版权所有　侵权必究

序

　　经济学从古典理论到新古典理论再到现代主流和非主流理论，是伴随分工协作和科技进步而发展的。如果说分工协作的生产实践催生了古典经济学，那么，新古典经济学尤其是现代主流和非主流经济学，则在一定程度和范围内是受科技进步拉动而产生的。科技因素作为内生变量被纳入经济理论模型，是经济学家力图让理论逐步逼近现实的努力，这主要反映在以经济增长理论为代表的宏微观经济分析中。两百多年来，在蒸汽机革命、电气化革命和计算机革命之诸波浪潮的推动下，人类文明开始出现以科技革命为标志的代表工业化时代特征的人文主义。工业化时代的人文主义，不仅反映在有着明确效用函数的经济理论中，而且广泛存在于有着不同理念追求的其他社会科学中。总的来说，这种融合了现实和哲学之双重逻辑思潮的人文主义，在反映人们对社会经济、政治、文化和思想意识形态之主流看法的同时，也揭示了科技革命已成为各种社会制度安排之基础的事实。

　　但在工业化时代，人类的推理、判断和决策是建立在不完全信息基础上的，或者说，人类思维是一种以部分信息为依据且夹带主观判断的因果思维。在社会科学研究中，信息的搜集、加工和处理非常重要，研究者掌握完全信息还是掌握部分信息，其分析结论的准确性会大不相同，经济理论研究尤为如此。现有的关于理性选择、资源配置、产业组织、经济周期、宏观调控等的理论研究，都是以不完全信息假设（包括信息不对称）为前提，但这样的研究不能摆脱主观判断，即便是以计量统计为基础的经济分析，也只是在部分信息和主观判断框架内的因果关系分析。人类解析社会进步和事物机理的催化剂是对因果关系的探索，在前工业化时代，人类主要是靠经验陈规来把握因果关系；进入工业化时代，人类开始运用科技手段来分析因果关系；在当今的大数据或互联网时代，人类开始运用大数据来解构因果关系。大数据作为一种科技手段，对科学进步和发展的影响是广泛而深刻的，当我们把大数据看成一场科技革命时，应该关注它将会对社会科学引发的创新。

经济学与其他社会科学的区别在于它在一定程度上具有工程科学的色彩。概括而论，这种色彩突出表现为，它力图在正确理论导引下，通过准确的数量分析来解说厂商投资什么、投资多少、生产什么、生产多少以及怎样投资和生产。计算机实践表明，人们研究事物机理构成之因果关系的过程，可以解说为搜集、整合、分类、加工和处理信息从而做出决策的过程；像其他社会科学一样，在互联网、大数据、云计算、机器学习、物联网、区块链等人工智能技术问世以前，经济学家只能获取厂商、个人和政府已完成的投资经营活动数据，只能通过这些有限数据提炼出作为决策依据的信息，这是经济学家以信息不完全作为分析假设的现实背景。其实，厂商、个人和政府的投资经营活动所留下的数据，不仅包括数字化数据和非数字化数据，而且包括业已发生的数据、正在发生的数据，甚至包括尚未发生的数据，这些数据就是我们通常意义上解释的大数据。以信息与大数据之间的相关性而论，究竟是信息来源于大数据，还是大数据来源于信息，是一个需要研究的基础理论问题。

大数据革命有极其宽泛的内容。首先，大数据是新科技存在和发展的基本要素，它在各行各业的全面运用，意味着互联网、大数据和人工智能等的深度融合；其次，人们挖掘和处理大数据需要有一系列技术条件配置，大数据运用和新科技发展是交织在一起的；最后，人们有可能从大数据中获得用于决策的完整信息乃至于完全信息，高效率乃至于准确地配置包括经济资源在内的各种资源。联系经济理论研究看问题，大数据革命对于经济学创新有着直接的推动力，假若大数据革命在将来能够提供完全信息，建立在信息不完全假设上的经济理论大厦将会被颠覆，经济学创新将会成为一种必然。

未来学家和社会物理学家对大数据运用的前景十分乐观，他们的基本观点是认为未来一切都可以用大数据表征，即所有自然现象和人类活动统统可以解构为一种"算法"。这些观点在给以人工智能为代表的新科技指出目标方向的同时，也给大数据时代的经济学创新提供了一种朦胧的理论支持。因为，倘若人类在未来果真能够把所有自然现象和人类活动解构为一种"算法"，那么，无论是单个厂商还是全体厂商，他们都可以通过大数据来规划自己的供给和需求，整个社会总供给和总需求都可以通过大数据来解决。这种以"算法"为假设的推论对于经济学基础理论是革命性的，它要求经济学的假设前提、参照系和分析方法等发生适合大数据时代的变化。大数据未来发展主要包括三方面的内容：一是从搜集和处理大数据，发展到挖掘和处理大数据；二是从能够处理数字化数据，发展到能够处理非数字化数据；三是从只能处理已发生的数据，发展到能够处理正在发生的数据和尚未发生的数据。显然，大数据运用的这些发展对经济学创新有许多规定，需要我们去研究。

现有的关于大数据、互联网和人工智能等相互融合对经济理论影响的研究，正在被越来越多的经济学家重视，但相关研究文献比较注重于新科技对经济活动具体行为的分析，对新科技如何影响经济学基础理论创新的文献尚不多见。大数据、互联网和人工智能等融合所展现的新科技，是以大数据为基础要素，以互联网为平台载体，以人工智能为基本工具。因此，大数据未来发展与其说是对数据的搜集、整合、分类、加工和处理，倒不如说是对新科技发展趋势的描述。大数据未来发展之于经济学创新，集中体现在厂商决策信息来源、完全性、对称性以及与此相关的分析方法等方面。众所周知，经济学力求解决的理论问题是资源配置，其理论是在信息不完全和不对称假设上，依据供求关系和价格波动所形成的市场机制来进行分析和论证的，但由于厂商通过供求关系和价格波动得到的信息不完全和不对称，厂商投资经营便不可能准确配置资源。当大数据未来发展有可能提供完全信息和对称信息，厂商就不会完全依据供求关系和价格波动的事后评估来进行投资经营，也就是说，厂商的理性决策过程会发生变化，社会资源配置机制就会发生改变，经济学的理论基础将会随之发生变化。

倘若大数据未来发展有可能改变厂商理性决策过程和资源配置机制，那便意味着经济学基础理论需要创新，而这种创新会导致由理性决策理论和资源配置理论决定的投资选择理论、产业组织理论、经济周期理论、宏观调控理论等的重塑。经济学世界丰富多彩，但从其理论大厦的形成考察，人类能否获取完全信息是经济理论建构的"纲"，至于其众多的分支理论，则是经济理论建构的"目"。我们如何在经济学创新过程中做到"纲举目张"呢？这是一个涉及大数据未来发展驱动厂商的新科技层级变动，从而导致产量和价格如何决定、竞争和垄断路径如何形成、资本市场如何运行、产业组织架构如何确立、政府宏观调控如何展开等多维度、多层面的问题，这些问题构成了大数据和互联网时代（或曰人工智能时代）经济学创新的核心内容。

　　大数据对人们投资行为和消费行为的影响，可描述为厂商和个人借助互联网平台的一种贯穿数据运用、生态场景、社交媒体、行为体验等的复杂过程。关于这一过程的研究，国内外经济学界已有大量的分析，不过，这些分析太注重对现象的描述，并没有从一般理论意义上对之展开分析性研究。经济学基础理论创新至少包括以下内容：①厂商和个人的投资和消费行为要涉及选择偏好、认知、效用期望等，经济学理性选择理论需要创新；②随着大数据提供的信息越来越真实以及大数据运用覆盖面越来越宽泛，价格和供求主导的市场机制有可能让位于互联网或大数据之资源配置机制，这个问题的理解很重要，它存在于经济学创新的始终；③大数据、互联网和人工智能等全面融合会改变产业组织结构和政府宏观调控手段，这些改变使经济学创新进入实际经济运行层面；④如果经济理论在以上方面得以创新，那么，厂商（投资）理论、经济周期理论、金融运行理论、消费理论等也将被创新。对于经济学家来讲，这是一项十分艰难的研究任务。

　　这部著作是针对"未来大数据、互联网和人工智能等的全面融合会改变经济运行和发展前景"的理论探索，尽管当前的经济运行已明显存在着支撑这种构思的实际，但它或多或少显露出一些"经济未来学"的味道。笔者不敢把这部著作有关经济学创新的内容看成"未来经济学"，是因为拙著有关经济学创新的论述是以将来人类有可能获取完全信息为分析基础的，但目前这一基础在现实中还只是处于端倪状态。基于完全信息取决于以大数据、互联网和人工智能等为代表的新科技之顶级水平，笔者在论证经济学创新时将紧紧围绕厂商新科技层级变动这条大数据未来发展的主线来展开；同时，对于厂商运用大数据进行的投资经营活动，笔者尽可能根据实际做出分析性解说。关于这种分析性解说，有两个概念贯穿全书始终，一是厂商运用大数据技术和人工智能手段对投资经营进行供求预测和规划的数据智能化，二是厂商之间以及厂商与消费者之间经济行为互动的网络协同化。笔者的基本观点是：大数据革命将会全面引致厂商投资经营的数据智能化和网络协同化，而数据智能化和网络协同化会改变宏微观经济运行的原有秩序。

　　经济学理论著作通常是描述和分析现实中相对成熟且广泛存在的制

度、主体和行为，拙著选择大数据革命作为研究对象，是因为正在兴起的以大数据为标志的新科技将会引发经济学创新；新科技对厂商投资经营的影响还处于起步阶段或刚刚进入初中期阶段，书中一些分析内容主要是针对新科技成熟阶段厂商投资经营的研究，因此，本书的分析内容难免存在推论的成分。在完成这部著作时，我的心境五味杂陈，总体感受是研究内容还有深入和拓宽的空间，期待着经济学界同人的质疑和批评。

何大安
2020 年 12 月于杭州

目 录

第一章　互联网应用扩张与微观经济学基础 …………………… 1

    第一节　大数据革命的理论解说 ………………………………… 1
    第二节　互联网应用扩张下的人类选择行为分析 ……………… 6
    第三节　微观经济学基础理论创新之纲要 ……………………… 12
    第四节　对大数据革命的几点理论感悟 ………………………… 19
    第五节　行业垄断形成中网络协同效应的结论性考察 ………… 24

第二章　大数据思维改变人类认知的经济学分析 ……………… 28

    第一节　经济学因果思维模式及其局限性 ……………………… 28
    第二节　运用大数据获得正确认知的可能性分析 ……………… 32
    第三节　大数据思维之于认知变动的经济学分析 ……………… 36
    第四节　认知结构一元化与效用期望变动的新解说 …………… 42
    第五节　大数据思维对经济学创新的分析导向 ………………… 46

第三章　厂商投资经营的数据智能化和网络协同化 …………… 50

    第一节　引论 ……………………………………………………… 51
    第二节　数据智能化和网络协同化的理论分析 ………………… 54
    第三节　厂商投资经营的依据、路径和手段分析 ……………… 61
    第四节　大数据时代厂商网络协同化分析 ……………………… 64
    第五节　经济学创新有待于深入研究的几个问题 ……………… 71

第四章　大数据时代市场竞争路径分析 ………………………… 74

    第一节　问题的理解 ……………………………………………… 74
    第二节　大数据改变市场竞争路径的理论分析 ………………… 76

第三节　大数据时代市场竞争路径的过程分析 …………… 82
　　第四节　几点概括性的分析结论 ………………………… 88

第五章　大数据时代厂商垄断形成路径分析 …………………… 90
　　第一节　对经济学有关垄断的主流观点之概评 …………… 90
　　第二节　大数据时代产业垄断的条件配置及其形成机制 … 93
　　第三节　大数据时代产业垄断形成机制的趋势展望 ……… 104
　　第四节　大数据时代的产业规制分析 …………………… 108
　　第五节　行业垄断形成中网络协同效应的结论性考察 …… 113

第六章　大数据时代的政府宏观调控与资源配置机制 ………… 117
　　第一节　引论 ……………………………………………… 117
　　第二节　大数据融合平台与政府认知过程刷新 …………… 122
　　第三节　大数据时代政府思维模式转变分析 ……………… 126
　　第四节　大数据革命与资源配置机制演变 ………………… 131
　　第五节　互联网资源配置机制的存在及其展望 …………… 137
　　第六节　余言 ……………………………………………… 143

第七章　大数据时代厂商投资选择理论的构建 ………………… 146
　　第一节　对投资选择理论的概要梳理和评说 ……………… 146
　　第二节　工业化时代厂商投资选择理论的建构 …………… 151
　　第三节　物联网影响厂商投资选择的理论分析 …………… 157
　　第四节　大数据时代厂商投资选择理论框架的建构设想 … 163
　　第五节　投资选择理论建构的几点补充说明 ……………… 169

第八章　金融大数据与大数据金融 ……………………………… 173
　　第一节　金融大数据构成及内涵的概要考察 ……………… 173
　　第二节　大数据金融的实施平台和技术配置分析 ………… 175
　　第三节　推动大数据金融发展的机器学习技术 …………… 179
　　第四节　几点补充说明 …………………………………… 185

第九章　数字经济运行与供给侧结构重塑 …… 187

- 第一节　数字经济问题概说 …… 187
- 第二节　厂商数据化经营的主要理论描述 …… 190
- 第三节　供给侧结构重塑与厂商技术层级的关联 …… 193
- 第四节　供给侧结构重塑的阶段性 …… 195
- 第五节　关于供给侧结构重塑的几个理论问题 …… 199

第十章　数字经济模式与厂商投资经营 …… 202

- 第一节　数字经济模式内涵及其功能 …… 202
- 第二节　数字经济模式之于厂商行为的理论分析 …… 204
- 第三节　厂商投资经营与数字经济模式的经济学分析 …… 209
- 第四节　数字经济模式之未来发展的展望 …… 216

第十一章　数字经济下内循环为主战略的理论分析 …… 220

- 第一节　引论 …… 220
- 第二节　数字经济运行的微观和宏观机理 …… 223
- 第三节　数字经济下内循环为主战略的条件配置 …… 227
- 第四节　经济内循环为主战略的可行性分析 …… 234
- 第五节　结束语 …… 239

第十二章　经济学基础理论与人工智能经济学 …… 242

- 第一节　大数据时代经济学基础理论的创新框架 …… 242
- 第二节　大数据时代经济学应用理论的创新框架 …… 246
- 第三节　人工智能经济学的思想端倪 …… 250
- 第四节　人工智能推动数字经济发展的理论描述 …… 253
- 第五节　人工智能经济学的建构路径探索 …… 258
- 第六节　关于建构人工智能经济学的几点说明 …… 266
- 第七节　全书余言 …… 269

主要参考文献 …… 272

第一章　互联网应用扩张与微观经济学基础[*]

大数据和人工智能时代的一个重要特征，是互联网在各行各业的全面渗透和扩张。互联网应用扩张既是一个理论问题，也是一个实践问题，其广泛的涉及面和深邃的技术内容让人难以对之做出精准的概括。从理论层面看，我们可以将互联网应用扩张理解为互联网、大数据和人工智能等全面融合对消费、投资、生产、服务、健康和生命等领域的影响和作用过程；从实践层面看，我们可以把互联网应用扩张解说为厂商借助互联网平台和运用人工智能手段，以数据分析作为工具来规划产供销从而将生产、交换、消费和分配等融为一体的过程。诚然，互联网应用扩张还包括非经济领域的行为主体决策，并且即便只考虑经济主体决策，以上的解说和理解也不能全然概括互联网应用扩张，但从厂商投资经营的数据智能化和网络协同化来考察，这样的解说和理解对互联网应用扩张是做出了大体的界定。互联网应用扩张会冲击传统和主流经济学的微观理论基础，这种冲击可视为大数据革命的结果。

第一节　大数据革命的理论解说

人类自进入互联网和大数据时代以来，人们的经济选择行为便开始受到互联网"时空错开、同步并联、客户拉动、实时评价"之功能的影响。从现象形态上看，这种影响揭示了人们的选择偏好、认知过程和效用期望等的变化，但从实质上讲，这种影响反映了人们逐步以大数据思维代替长期以来根据部分信息进行判断和推理的因果思维。大数据思维本质上仍然是因果思维，具体地说，它是一种依据相对完整的信息而

---

[*] 本章主要内容已发表于《经济研究》2018年第8期。

给出判断的因果思维，不像传统因果思维那样只是依据部分信息而有较多的主观判断。对于大数据革命，我们不能局限于将其看成对数据的挖掘、搜集、整理、分类、加工和处理，而是应该将其理解为大数据、互联网和人工智能等的融合。事实上，互联网既是人们投资经营和消费的平台，也是记载大数据和产生大数据的载体，而人工智能运用的程度和范围则体现了大数据革命的深度和广度。不过，联系经济学创新来分析大数据革命，我们需要在分析互联网应用扩张之现实逻辑的基础上，把行为主体、信息和大数据之间的关联作为问题研究的聚焦点。

互联网应用扩张是一个动态演进概念，它在起步阶段开辟了连接个人和电脑之间的高效通信系统，接着在消费和娱乐领域全面扩张，目前正迈向加工制造和城市基础设施等领域，并开始向医疗和生命领域渗透。互联网应用扩张态势和图景反映三大层面的内容：①技术本身的内在扩张逻辑；②对微观经济活动操作运用的扩张逻辑；③对人类行为、思想、文化乃至于对人类文明进步的扩张逻辑。第一层面的扩张逻辑，主要指互联网、大数据、云计算、机器学习、物联网、区块链等人工智能技术的各自规定及相互融合；第二层面的扩张逻辑，主要指人类运用日新月异的互联网和人工智能等新科技进行投资和生产经营；第三层面的扩张逻辑，主要指新科技对人类经济、政治、文化和思想意识形态的潜移默化作用。基于互联网应用扩张与微观经济学基础的相关性，我们的分析起点可先放在人类选择行为、资源配置和产业运行方式等变化方面，以说明这些扩张逻辑。

互联网应用扩张使人类的投资经营和消费娱乐等活动越来越受互联网、大数据和人工智能的导引。从行为主体、信息和数据处理之间的关联看这一导引过程，互联网应用扩张正在逐步结束"人与信息对话"，走向"人与数据对话"，并在未来极有可能实现"数据与数据对话"[①]。值得经济学家关注的是，"人与数据对话"和"数据与数据对话"将会

---

① 互联网和人工智能时代的大数据不只是指以数字为代表的数据，而且包括图片、图书、图纸、视频、声音、指纹、影像等一切非数字化信息。在人类获取信息途径主要靠实践和经验而没有计算机的漫长历史阶段，行为主体与外部世界的信息输入和输出，可解释为"人与信息对话"时期；有了计算机尤其是出现互联网，人类进入了"人与数据对话"时期；当互联网、大数据、云计算、机器学习等广泛使用并相互交融，进而迈入人类借助人工智能挖掘、处理和匹配数据的阶段，人类便步入"数据与数据对话"时期。

改变人们决策的思维方式、操作程序和实施手段。传统经济学和现代经济学的理性选择理论以及建诸其上的微观经济学，都是以部分信息为依据来推论因果关系从而展开理性选择分析的，这些分析难以解释互联网和人工智能时代正在兴起的由大数据思维驱动的实际选择行为。

舍恩柏格（Viktor Mayer-Schönberger）曾在《大数据时代》一书中通过对大数据时代如何取舍信息的分析，认为在工业化时代人类一直是运用有限样本数据来剖析现象背后的因果关系，并试图通过这一剖析而精准地获悉事物因果关系的内在机理，但这种因果思维不具有总体性和相关性；他进一步指出，大数据思维放弃了以样本数据追求精准因果关系，强调大数据总体性和相关性所内蕴的因果关系，它实质上是一种包含总体思维、相关思维、容错思维和智能思维的方式（舍恩柏格，2013）。从信息获取方式来考察，舍恩柏格实际上是认为决策信息来源于大数据，人类通过对具有混杂性之大数据的总体分析，尤其是通过对大数据的相关分析，可以得到准确信息。因此，大数据思维并不否定因果推断，而是强调"人与数据对话"或"数据与数据对话"规定的因果推断，大数据思维对于重塑经济学基础理论具有十分重要的意义。

经济学理性选择理论诞生在"人与信息对话"的非互联网时代。理性选择理论主要经历了两大阶段：①对选择行为的一般理论模型分析；②研究选择行为的信息约束和认知约束。第一阶段是传统经济学在完全信息假设上，对选择行为所展开的抽象理论分析；第二阶段是现代经济学依据不完全信息假设，对传统理论偏离实际的质疑和批评[①]。近半个多世纪以来的现代理性选择理论的发展，是从信息约束研究走向认知约束研究的。这一走向在反映科技进步影响理性选择理论演变的同时，也反映了经济学家思维层级的变化。以新科技进步的影响而言，厂商投资经营最大限度地利用了科技手段获取影响选择的更多信息，以期实现最大化的决策效用；就思维层级变化而论，经济学家开始从单纯的

---

① 关于第一阶段的一般模型分析，经济学家并不关注个体的实际选择，而是重点研究个体选择怎样才符合理性（Harsanyi，1977），这充分反映在对偏好和认知给出条件约束的期望效用函数理论中（Neumann & Morgenstern，1947；Arrow & Debreu，1954）。关于第二阶段的质疑和批评，现代经济学从研究个体如何选择才符合理性（最大化）的模型分析起步（Edgeworth，1981），发展到通过心理和行为实验来揭示传统理论与实际选择存在系统性偏差的研究（Kahneman & Tversky，1979；Smith，1994）。这两大阶段是经济学理性选择理论发展变化的主要脉络。

行为分析转变为行为和心理的双重分析，以求探索出符合实际的理论。

但从理论上评判，理性选择理论在非互联网时代的发展受到了极大限制。这种限制不是传统经济学将理性解释为追求自利最大化的错，也不是现代经济学把信息的搜集、整合、分类、加工和处理等解释为实现最大化路径的错，而是由经济学家的理论研究受信息约束和认知约束所致。自20世纪50年代赫伯特·西蒙的有限理性学说问世以来，理性选择理论对偏好、认知和效用等的分析有了很大的完善。例如，针对如何降低认知约束，经济学家通过并轨经济学与心理学，运用心理预期分析来探索认知约束形成及降低认知约束的方法（Kahneman & Tversky, 1973, 1974, 1979; Lucas & Prescott, 1971; Lucas & Stokey, 1983; Smith, 1994）。但在非互联网时代，尽管理性选择理论经过经济学家的努力得到很大发展，信息约束和认知约束问题还是难以得到解决，以至于理性选择理论难以得到创新。

互联网应用扩张的最重要标志是一切信息都来源于大数据，大数据成为人工智能赖以产生和落地的基础。互联网、大数据、人工智能等融合的广度和深度，决定互联网应用扩张的广度和深度。目前，已有文献对互联网应用扩张的未来前景进行了展望性研究，主流观点认为未来世界是大数据和人工智能的世界（吴军，2016；彭特兰，2015；赫拉利，2017；凯利，2014，2016，2017）。但是，这些研究较少涉及人类选择过程中的偏好、认知和效用期望等基础理论的分析。事实上，互联网时代人们获取信息的方式已不再是"人与信息对话"版本，而是步入"人与数据对话"版本，并且在将来会发展到"数据与数据对话"版本。从经济学基础理论看这些标志着互联网应用扩张的"对话"版本的升级，我们可得到许多思想启迪。以人们选择而言，这些"对话"版本的升级不仅会改变选择的思维程序、选择手段和过程，更重要的是，它将改变选择偏好、认知和效用期望。因此，创新微观经济学的首要任务，需要对理性选择理论展开探索。

现有的涉及互联网应用扩张的分析文献，主要集中在企业如何利用互联网平台进行投资经营等研究上。其实，如果企业利用互联网平台实现了"时空错开，同步并联"，而不是运用大数据和人工智能技术进行投资经营，它只是我们所称的"互联网+"模式，也就是"人与数据对话"模式，而不是"数据与数据对话"模式。互联网应用扩张从

"人与数据对话"向"数据与数据对话"转变时,有几个问题需要讨论:①在"人与数据对话"阶段,人类选择是否进入了信息不完全向信息完全的过渡阶段;②在"数据与数据对话"阶段,人类是否可以在信息完全的基础上进行选择;③微观经济学在"数据与数据对话"背景下如何发展;等等。很明显,这些问题的讨论都离不开对互联网、大数据、人工智能等对消费和投资相互交融过程及演绎方式的研究。

较之于工业化时代主要采用因果和逻辑分析来甄别信息,人类在互联网时代开始转向通过大数据的搜集、整合、分类、加工、处理来甄别信息。这种甄别信息的途径和方法的最大亮点,是逐步排除了主观判断和推理所产生的信息误差。当人类通过大数据能够获取准确信息时,厂商就会在(最大化)理性驱动下运用以大数据支撑的互联网和物联网平台来投资经营。撇开互联网、大数据、机器学习等人工智能手段对产业运行过程的具体影响,仅就"人与数据对话"发展到"数据与数据对话"而论,从传统产业演变而来的互联网产业将不再是简单意义上的"互联网+"企业,而是转化成以人工智能来挖掘和匹配大数据的智能科技产业。若此,微观经济学的资源配置和产业组织理论就不适合对厂商投资经营的解释了。

大数据革命与互联网应用扩张是同步进行的,两者之间的这种正相关将会被未来新科技推动的经济运行数字化所证实①。在大数据未来发展中,行为主体、信息和大数据之间关联状态的程度高低,是衡量大数据革命的标尺,而互联网应用扩张之覆盖面的大小,可以检验大数据革命对经济运行和发展的范围和渗透力。我们对大数据革命的理论解说,离不开对行为主体、信息和大数据之间关联状态的分析,离不开对互联网应用扩张的分析,离不开对厂商投资选择行为的分析。换言之,我们只有在这样的分析框架下,才有可能对微观经济学基础做出符合大数据革命的理论解说。

---

① 数字经济与经济运行数字化,这是两个不完全相同而没有被经济学家严格区分的概念。简而论之,数字经济是指厂商通过大数据分析、借助互联网和运用人工智能手段的投资经营,它主要是针对微观经济活动而言的;经济运行数字化在很大范围内涉及经济运行模式,它是数字经济发展到相当高度的产物。关于这个问题,我们在论及大数据革命导致经济运行模式变动时将会详细讨论。

第二节　互联网应用扩张下的人类选择行为分析

互联网应用扩张会显现两大结果：一个是属于经济学基础理论的人类选择的偏好、认知和效用期望等的变化，另一个是属于微观经济学的有关个人、厂商和政府实际选择的变化。为此，我们首先要对互联网、大数据、人工智能等如何影响人们选择做出解说；其次是针对理性选择理论与互联网时代人们选择之间的偏离，对选择偏好、认知和效用期望等做出一般理论解说，以重塑微观经济学的理论分析基础；最后是在创新后的理性选择理论的基础上，对资源配置理论和产业组织理论做出新的解说。在笔者看来，这些解说可以在很大程度和范围内说明现代经济学为什么不能解释互联网时代人们实际选择的原因，对于这种向主流经济学基础理论的挑战，需要有充分说服力的案例、数据或经验事实的论证。不过，这个问题的探索性研究可分为两步走，第一步是在创新理性选择理论的基础上，对现代经济学不能解释互联网时代人们的实际选择行为展开一般性理论分析；第二步则是运用案例、数据或经验事实来展开实证。本书将致力于第一步的研究。

经济学理性选择理论的分析架构，是经由完全信息假设转向不完全信息假设，对偏好、认知和效用等要素做出有取舍的研究，并采取以"个体行为"作为基本分析单元的个体主义方法论来完成的。假设前提转变是经济学家逼近现实地研究选择行为的一种理论反映，体现了经济学家与时俱进的学术风貌；有取舍地研究偏好、认知和效用等要素，是经济学家追求理论完美以绕避分析难点的反映；个体主义方法论，则是经济学家推崇建构理性而采用的抽象分析方法[1]。但随着具有极大量、

---

[1] 建构理性认为一切知识和制度都是人的理性思维、推理和演绎的产物，经济学家运用个体主义方法论对人类偏好、认知和效用的分析，是对建构理性规则的遵循。以演化理性为背景的演化经济理论，主张在制度、历史和文化的大框架下来解释经济选择行为，强调以自然法则来解析人类偏好、认知和效用（哈耶克，1969）。国内学者（黄凯南、程臻宇，2008）曾对建构理性和演化理性在经济学方法论上的分歧，提出以认知理性来协调两者，深而究之，这样的分析思路涉及群体主义方法论的讨论。

多纬度和完备性特征的大数据的产生，随着机器学习和其他人工智能技术的广泛使用，互联网应用扩张下的信息基础已发生了很大的改变，人类选择偏好、认知和效用期望等正在发生变化。这些情形越来越反映出经济学理性选择理论已不适合解释互联网时代的人类选择行为。

新古典经济学的期望效用函数理论，可谓是理性选择理论系统化的先驱。该理论的精美理论大厦建立在不完全信息（不确定）的假设之上，但由于它没有完全摆脱"理性经济人"范式有关偏好、认知和效用等的给定条件约束，或多或少在一些方面暗含着完全信息假设（何大安，2016）。现代主流经济学和非主流经济学试图彻底贯彻不确定性假设，对新古典经济学的期望效用函数理论与实际选择的系统性偏离进行了批评，但从主体行为、信息获取方式以及信息处理的关联来看，现代经济学的这些批评是依据工业化时期"人与信息对话"版本展开的。我们从"人与数据对话"以及"数据与数据对话"背景来研究互联网应用扩张下的人类选择行为，是对理性选择理论做出的一种学术创新，这种创新要求有理论分析的承接性，需要对现代理性选择理论的主要发展做出概要的梳理和评说。

一 现代经济学对新古典理性选择理论的质疑和批评，是在"人与信息对话"版本内的质疑和批评

这里概括的"人与信息对话"版本，是指行为主体获取信息的途径以及依据所获信息进行选择的方式和过程。具体地说，"人与信息对话"版本所对应的，是个人和厂商通过市场供求、价格波动、政策取向等获取影响选择的信息，是在分类、加工和处理这些信息的基础上做出判断、形成认知而进行选择。该版本最主要的特征如下：（1）个人和厂商获取的信息是已发生事件的部分信息，因而认知形成过程存在主观判断；（2）个人和厂商不能借助科技手段将非数字化信息进行数据化处理；（3）经济学家的实证分析只能依据不完全的样本数据，还不能依据大数据建立实证分析模型。总之，"人与信息对话"版本对应的社会经济形态，是现代农业、工业、服务业及全球化贸易的工业化时代。

一种理论与实际的偏离，通常指该理论的基本定理或分析范式不能有效解释与之发生偏差的实际行为。新古典经济学创立的期望效用函数理论就被视为出现了这种情况。该理论的核心概念或观点，可概括为偏好的内在一致性、效用最大化、选择者知晓选择结果、相同选择具有等同概率等。这些概念或观点主要包括在"理性经济人"范式中。"理性经济人"对经济学基础理论的影响是广泛而深刻的。现代经济学的理性选择理论主要是围绕这个分析范式与实际选择的偏离来展开信息约束和认知约束研究的。在大数据革命时代,这些研究的主要观点和结论有着极强的局限性。

关于"偏好的内在一致性",现代主流经济学认为它是新古典经济学完全信息假设和其他给定条件约束的逻辑推论,人们的实际选择偏好并不具有期望效用函数理论所说的非此即彼的内在一致性,尤其是考虑到心理因素和非经济动机影响的诸如施惠、受惠、报复等所导致的利他性社会偏好时,偏好的内在一致性偏离人们实际选择便十分明显(Goranson & Berkowitz, 1966; Berg et al., 1995; Forsythe et al., 1994; Marwell, Ames, 1979; Fehr et al., 1996)。现代非主流经济学则是通过一系列心理和行为实验,论证了偏好的内在一致性与人们实际选择之间的系统性偏差(Kahneman & Tversky, 1973, 1974, 1979; Smith, 1994)。关于"选择者知晓选择结果和效用最大化",主流经济学和非主流经济学都认为人类的有限理性会导致认知约束,选择者不具有精确计算选择结果的能力,效用最大化是一种自利最大化愿景,选择者在认知约束下的效用期望会不断发生调整(主要表现为降低期望值)。这些质疑和批评的最大学术亮点是,现代经济学逐步把传统理论视为外生变量的"认知"作为内生变量来处理,使得认知心理学在经济学领域有了用武之地。

关于"相同选择通常在相同概率下发生",现代主流经济学分析了认知约束下的选择行为所对应的结果集及其概率分布,他们通过对结果集的概率分布是否确知的研究,将人类受认知约束的选择划分为确定性随机选择和模糊性随机选择。阿莱悖论(Allais, 1953)和艾尔斯伯格悖论(Ellsberg, 1961)就是这些观点的早期最著名的理论[①]。现代非主

---

① 丹尼尔·卡尼曼和阿莫斯·特维斯基的展望理论说出了"阿莱悖论"的真谛,他们认为"阿莱悖论"揭示了期望效用函数理论不能对个体选择做出不违背先验概率和后验事件更新后验概率的贝叶斯法则的准确刻画(Kahneman & A. Tversky, 1971, 1982; Kahneman & Frederick, 2002);艾尔斯伯格悖论则表明,人们不是押注未知概率的模糊性事件,而是倾向于押注已知概率的风险性事件。这两大悖论所蕴含的风险偏好的思想,为后期经济学家从模糊性选择来研究期望效用函数理论与实际选择的偏差提供了基础(Fellner, 1961; Becker & Brownson, 1964)。

流经济学则将认知看成决定选择权重之重要变量的主观概率，认为特定情境中的高低概率事件会导致人的认知偏差，选择结果的概率并不等于效用的加权之和，人们通过风险厌恶和风险偏好的主观感受值来度量预期财富变动，效用函数可以通过一条呈 S 形曲线的反映风险厌恶和风险偏好的价值函数表示（Kahneman & Tversky，1979）。由此可见，现代经济学对认知约束的研究有了明显的加深和拓宽。

然则，现代经济学的质疑和批评所展开的实证分析或实验分析，是在"人与信息对话"框架中进行的。换言之，现代经济学只是对已发生的信息做出搜集、整合、分类、加工和处理，再经因果分析来质疑和批评新古典经济学的。实际上，无论是信息获取方式还是因果分析方法，在"人与信息对话"版本中，人的选择都存在着挥之不去的主观判断。但从"人与数据对话"时期开始，出现了具备新的信息获取方式和因果分析方法的极少数智慧大脑者。这些智慧大脑能通过大数据的多维度所产生的相关性获取准确信息而做出因果分析，能借助互联网、大数据和运用云计算来设置模型，运用机器学习等人工智能技术处理参数而做出选择（这可看成对智慧大脑者的定义），而那些不具备以上能力的芸芸众生则可看成是非智慧大脑者。在互联网应用扩张背景下一个值得关注的事实是，智慧大脑会影响乃至决定非智慧大脑的选择偏好、认知过程和效用期望。

二　智慧大脑是在"人与数据对话"版本下选择的，在将来有可能会在"数据与数据对话"版本下选择，智慧大脑的选择偏好、认知过程和效用期望等会影响乃至于决定非智慧大脑

当人类选择所依据的信息不是仅仅来源于数字和文字，而是包括图片、图书、图纸、视频、声音和影像等非数字化信息，并且获取、分类、甄别、加工和处理信息的途径主要是通过大数据、云计算和机器学习等人工智能手段时，人类选择行为及其过程便进入了"人与数据对话"版本。这个版本会随着互联网应用扩张而扩张，当其扩张至"数据与数据对话"版本时，人类选择过程将会告别主观判断，彻底进入一切有机体和无机体都可以解构的"算法"时代（赫拉利，2017）。这便有以下推论，人类从大数据获取准确信息的时代，是智慧大脑选择决定非智慧大脑选择的时代。联系理性选择理论创新看问题，随着互联网、大数据和人工智能等的深度融合，互联网应用扩张在改变人类的选择偏好、认知过程和效用期望的同时,也会改变厂商行为方式和产业组织结构。

现代经济学对理性选择理论的发展,正确指出了人类选择偏好的多维性、认知的不确定性和效用期望的不断调整,但这些发展不是以大数据为基础的分析。在互联网时代和大数据时代,理性选择理论需要研究的是,智慧大脑运用大数据、云计算、物联网、机器学习、区块链等人工智能手段,在搜集、整合、分类、加工和处理人们消费和投资的历史数据、现期数据和未来数据时,如何在成本、收益、体验、时尚和心理满足等方面对选择偏好发生影响呢[①]?智慧大脑通过机器深度学习和强化学习来搜寻最大化消费和最大化投资的路径时,如何对认知过程和效用期望调整发生影响呢?显然,这些问题需要研究和解决。基于智慧大脑选择有着高效率的确定性的效用函数,智慧大脑的选择偏好、认知和效用函数,在未来将会成为人类选择过程的主流,于是非智慧大脑会全面追随智慧大脑。这个问题的深入讨论涉及理性选择过程的行为主体结构,这一结构变化将表明,互联网和大数据时代的智慧大脑和非智慧大脑的现实选择,正在颠覆着经济学理性选择理论的分析基础。

三 理性选择理论不能解释非智慧大脑的选择偏好、认知过程和效用期望

在"人与信息对话"的分析框架内,理性选择理论只能解释互联网时代智慧大脑的选择行为,而无法解释非智慧大脑的选择行为。这是因为,从追求效用最大化以及由互联网协同效应引致的人们选择行为互动考察,非智慧大脑的选择偏好通常表现出一种以最大化为底蕴却受智慧大脑牵引的趋同化偏好。对于这种趋同化偏好,经济学理性选择理论不曾有过论述,而经济学家运用个体主义方法论对个体选择偏好所做的抽象分析,是不能解释非智慧大脑这种趋同化偏好的。非智慧大脑的认知形成是一种放弃理智思考而以智慧大脑认知为自己认知的过程。一方面,经济学理性选择理论对选择者搜集、整合、分类、加工和处理信息的认知形成的分析,难以解释非智慧大脑这种特殊的认知形成过程;另一方面,与趋同化偏好和趋同化认知相对应,非智慧大脑的效用期望,

---

[①] 阿里巴巴集团提倡并大力实施的"新零售",就是试图通过线上和线下的结合来捕捉消费者的选择偏好,以建构适合互联网时代的商业运营模式。

则是一种将效用寄托于智慧大脑的没有自己明确预期的效用期望等待，也就是说，经济学理性选择理论关于人们受有限理性制约会不断调整效用期望的分析，不能解释非智慧大脑的这种效用期望等待。

智慧大脑运用大数据、云计算和人工智能的能力以及这种能力所反映的效用，会展现在互联网平台上，它会产生一种促动非智慧大脑仿效智慧大脑偏好和认知的催化作用。正是这种催化作用使非智慧大脑产生偏好趋同化和认知趋同化[①]。不过，这两种趋同化要有互联网作为基础配置条件，否则，智慧大脑对非智慧大脑的引领作用便无法发挥。从人类获取信息的途径和方式理解，互联网高度体现了"联"的功能，这一功能使无数台独立计算机形成了信息流动和聚合；加之，物理世界的硬件设施与之相"联"，使任何行业都具有互联网属性，任何信息都可以数据化，于是在互联网应用扩张中便形成了"人与数据对话"。当人类能够运用人工智能来挖掘、处理和匹配大数据时，便有可能形成"数据与数据对话"。非智慧大脑趋同化偏好的程度和范围，取决于互联网应用扩张。非智慧大脑在趋同化偏好促动下，会放弃理智思考而形成趋同化认知和效用期望等待。显然，针对这些情形，经济学家在"人与信息对话"版本内是难以洞察的[②]。

四 建构智慧大脑引领非智慧大脑之选择模型的机理

毋庸置疑，在"人与数据对话"尤其在将来进入"数据与数据对话"后，智慧大脑尤其是非智慧大脑选择行为具有极强的抽象性，我们在研究这类问题的起步阶段，还不能运用数理模型对之进行精确的刻画，但可用文字对这些模型的机理构成做出以下几点概括。

（1）互联网协同效应是智慧大脑和非智慧大脑选择行为的互动，

[①] 现代经济学曾运用从众行为、一窝蜂效应、信息重叠等概念描述过大众选择行为中存在的催化作用，最著名的描述是诺贝尔奖得主罗伯特·希勒（2001）对股市的催化因素、放大机制、反馈环、连锁反应等现象的讨论，但希勒有关从众心理和行为的分析是"人与信息对话"版本下的讨论，同本书趋同化偏好和认知的分析不是一回事。

[②] 关于数据和信息的关系问题，主流观点认为数据属于信息范畴，是信息的具体形态，这个观点没错。但从信息获取途径考察，也可以认为信息属于数据范畴，信息是数据的具体形态。因为，无论是正确信息或准确信息还是错误信息或扭曲信息，都是经由大数据而来，人类能否得到完全信息、正确信息或准确信息，取决于新科技对大数据的挖掘、加工和处理水平的高低。本书所涉及的"人与数据对话"以及"数据与数据对话"，是以从大数据中获取信息作为分析导向的，特此说明。

这一网络协同效应所内蕴的函数关系，可从互联网、大数据和人工智能等的相互融合中探索。

（2）智慧大脑在云端运用云计算处理海量数据而实现最大化的途径，是从大数据多维度的相关性获得正确或准确信息，并通过机器学习或其他人工智能技术形成认知的，以上过程决定智慧大脑高效用的效用函数的形成过程。

（3）在网络协同效应下，非智慧大脑仿效智慧大脑而形成偏好趋同化和认知趋同化，这两种趋同化导致非智慧大脑形成没有主观展望的效用期望等待。

（4）非智慧大脑的效用函数是智慧大脑效用函数的复合函数，我们可将智慧大脑的选择偏好、认知和效用期望等，理解为非智慧大脑相应变量的解释性变量。

以上所描述的智慧大脑引领非智慧大脑选择的模型建构，是从模型建构角度对大数据革命引致人类选择行为变化的解说，这些机理表明，互联网应用扩张背景下的人类选择行为已发生很大变化，经济学理性选择理论要有效解释非智慧大脑的选择偏好、认知和效用期望，必须对互联网、大数据和人工智能等导致人类选择变化展开新的研究，必须在"人与数据对话"尤其是在"数据与数据对话"背景下思考问题。微观经济学的基础理论问题是建立在人类如何进行理性选择之上的，厂商的选择行为决定社会经济资源配置和产业组织结构；随着新科技的发展和提升，大数据革命要求理性选择理论创新。依据以上分析，我们需要关注智慧大脑和非智慧大脑这两大行为主体，需要关注智慧大脑的选择行为对非智慧大脑的引领作用和过程。

第三节 微观经济学基础理论创新之纲要

微观经济学包含极其宽泛的内容，但最基础最主要和最核心的，是理性选择理论、资源配置理论和产业组织理论，至于厂商理论、价格理论、投资理论、分配理论、消费理论、激励理论等，在很大程度上和范围内都与这三大理论交叉或是其派生形式。我们在上一节分析了大数据和互联网时代的厂商选择行为，这一分析实际上是对经济学理性选择理论之创新纲要的讨论。在分析内容的程序安排中，之所以先讨论理性选择理论的创新纲要，一方面因为它是微观经济学基础的基础，它贯穿于"大数据革命与经济学创新"这个研究专题的始终；另一方面，微观经济学创新会涉及厂商投资经营活动的许多具体问题，而对这些问题的理论解释都离不开理性选择理论。不过，按照经济理论把资源配置作为分析对象，以及把产业组织结构作为主要分析内容的传统，我们不能越过对资源配置和产业组织结构的分析。

资源配置理论是对人类如何选择才能实现经济均衡所展开的理论分析，它是微观经济学的一般基础理论；产业组织理论是围绕竞争和垄断对企业选择何种经营模式，从而实现市场效率的一般理论分析，它不仅涉及企业行为而且涉及政府行为，它是微观经济学有关经济运行分析的基础性理论。这两大理论构成微观经济学的基础，是因为它们始终以主体、行为和制度作为分析对象，始终围绕人的理性选择来研究效率问题，而其他微观经济学的分支理论在很多方面都表现为这两大理论的分析延伸。这是我们选择这两大理论作为创新微观经济学基础的依据所在。

但是，现有的资源配置理论和产业组织理论都是诞生在"人与信息对话"的工业化时代，即便其中某些最新近的理论观点，也只是出现在"人与数据对话"的初期。在"数据与数据对话"的未来，随着互联网、大数据和人工智能等的深度交融，人们获取信息的途径以及加工和处理数据的手段完全改变，"数据与数据对话"场景所形成的大数据思维，会代替"人与信息对话"场景下以部分信息（数据）为依据的因果思维。这就是说，互联网应用扩张已导致微观经济学的立论基础发生变化，微观经济学需要有新的理论解说。基于这两大理论与理性选择理论的联系性很强，我们对微观经济学创新纲要的思考，除了以互联网应用扩张作为立论的现实依据外，在一些理论分析场合，还需要考虑这两大理论与理性选择理论在互联网应用扩张背景下的对应。

一　未来的微观经济学要符合实际地解决资源配置问题，需要有"数据与数据对话"的思维框架

微观经济学的资源配置理论，是古典经济学和新古典经济学长期潜心研究的结晶。自马歇尔（1890）的边际分析框架问世以来，经济学家对各种约束条件下资源配置的均衡问题进行了广泛的探讨①。这些研究性探讨的理论基础是经济学的理性选择理论,其共同特征是依据价格机制、市场供求、信息传输和处理等设置模型,把市场行为主体看成"理性经济人",并试图在"人与信息对话"下对实现市场一般均衡的条件和途径做出基础理论解释。客观而论,这些理论研究对微观经济学的形成和发展有着深刻的影响,以至于后期有关微观经济分析的许多理论都与之存在极强关联。

但是,一方面,经济学家在"人与信息对话"版本下所获取的信息,只是对已发生事件的信息做出的搜集、整理和分类,这些搜集、整理和分类信息的手段得不到具有能够挖掘潜在信息和挖掘未来极可能发生信息的技术手段支持;另一方面,经济学家对隐性信息或尚有待于确认信息的甄别,通常是靠与之关联信息的因果分析和推论获得的。因此,微观经济学无论是在完全信息还是在不完全信息假设上,对买卖双方所有子集实现生产和交易的有关资源配置的一般均衡分析,都是对"人与信息对话"版本下的生产和交易均衡的理论考量,尽管这种分析框架非常精美,但从后期经济学家运用大量数理模型对之进行完善的理论研究结果看,迄今为止的微观经济学始终难以符合实际地解释资源配置的一般均衡问题。

人类进入互联网和大数据时代,开始具备了挖掘潜在信息和未来极可能发生信息的技术手段,这种技术手段就是大数据分析和人工智能运用。在互联网出现以前,计算机只是计算工具,或者说,计算机只是在离线的物理世界中发挥高效的计算作用。互联网应用扩张不能改变物理世界,但它让物理世界处于实时在线状态,使计算机获得云平台支撑从而能对在线物理世界发挥云计算功能。从互联网应用扩张与资源配置的联系看,一方面,互联网应用扩张的网络化决定互联网产业化,互联网产业化的发展程度决定大数据及其运用,而大数据及其运用决定人类能

---

① 帕累托(Pareto, 1909)在戈森(Gosson, 1854)、杰文斯(Jevons, 1871)和瓦尔拉斯(Warlas, 1874—1877)等涉及一般均衡分析的基础上,针对交易经济中市场需求函数满足齐次条件的预算约束均衡,提出了著名的帕累托最优配置模型;阿罗(Arrow, 1951)论证了帕累托最优可以由竞争均衡实现的苛刻条件约束;科普曼斯(Koopmans, 1951)和丹齐克(Dantzig, 1951)针对生产及其效率的均衡,从技术能力角度讨论了不变规模报酬模型下的生产效率均衡;哈耶克(1945)讨论了信息获取和处理对价格机制有效配置资源的作用,等等。这些分析文献是研究资源配置问题的有较大影响力的理论。

否实现资源配置均衡。另一方面，物理世界实时在线和所有行业全面网络化会导致全面数据化，而全面数据化将会使"数据与数据对话"成为人类解构物理世界的有效方式。众所周知，资源配置的实质是供给和需求均衡的计算问题，互联网、大数据、云计算、机器学习、物联网、区块链等人工智能等的深度融合为解决这种计算提供了可能性。以上分析可看成从资源配置角度来创新微观经济学基础理论的框架思路。

二　微观经济学分析框架需纳入互联网资源配置机制

互联网应用扩张对资源配置的影响，首先表现为互通互联使供求双方在信息沟通渠道上实现了"时空错开，同步并联"。在将来，互联网正在消除供求的中间环节，即产品和服务的供给和需求不再需要中间商。这种互通互联在大大提高产品和服务供需合同的签约率以及大大减少产品库存的同时，充分展现了互联网应用扩张对资源配置的作用过程。我们可将这一过程理解为互联网资源配置机制，即网络协同实现全局动态优化的配置机制。该机制起步于"人与数据对话"版本，它会在未来的"数据与数据对话"版本中发展到极致；该机制是互联网、大数据和人工智能等深度融合的结果，即互联网应用扩张的结果。微观经济学对价格机制配置资源的分析，主要是解说价格机制如何调节产品和服务的供求，它不可能像互联网资源配置机制那样能够计算产品和服务的供求数量。因此，我们创新资源配置理论需要研究互联网资源配置机制，需要在模型设置和参数选取上确立该机制及其功能。

其次，从总供给和总需求考察，互联网应用扩张将会有可能使人类具备事先预判供给总量和需求总量及其结构变动的能力。在未来"数据与数据对话"时期，移动互联网、物联网、传感器、社交媒体和卫星定位系统等可以挖掘和提供超出人类想象的大数据，这些大数据蕴含着预判总供给和总需求及其结构变动的因子。具体地说，那些掌握大数据分析的智慧大脑，可以通过云计算、机器学习、物联网、区块链等人工智能技术将这些因子处理成可作为人类选择依据的完备信息。智慧大脑会针对总供给和总需求的海量无序数据，以许多简单模型取代单一复杂模型的"数据驱动法"来确定参数（吴军，2016），并运用大量计算机服务器对数据进行机器深度学习和强化学习来获取实现供求均衡的完备信息。当总供给和总需求能够得到预判，互联网配置资源机制将会成为资源配置的最优机制。这一机制并不排斥价格机制的作用，而是与价格机制一起共同作用于资源配置。因此，如果微观经济学能将互联网配置资源机制容纳到分析框架中去，微观经济学基础的创新是有一定空间的。

再次，互联网应用扩张会导致智慧大脑引领非智慧大脑，微观经济学在资源配置理论上的创新，要重视这种二元行为主体结构的研究，尤其要重视对非智慧大脑选择行为的研究。国内有学者从资源聚合角度对厂商通过互联网争夺关注力，通过互联网企业平台聚合市场资源，通过互联网产业链聚合生产资源，以及通过互联网共享经济聚合碎片资源等问题进行了分析，认为传统经济学理论亟须创新（江小涓，2017）。这一分析实际上暗含着以下观点：互联网时代的资源配置已不像以前那样完全敏感于价格机制和供求机制，而是在这两大机制外还存在互联网配置资源机制。显然，这种机制形成的理论基础是人们的选择偏好、认知和效用期望。如果我们把非智慧大脑的趋同化偏好、趋同化认知和效用等待，连同智慧大脑的选择偏好、认知和效用期望（现代经济学意义上）放置在同一分析框架，作为互联网时代人们选择行为的理论基础，并据此分析和研究资源配置问题，那么，微观经济学的分析基础便有了新的理论解说。

互联网资源配置机制变化是与企业经营模式变化联系在一起的，企业经营模式变化会引发产业组织的变化。目前，一批经营商品和服务的以去中介化为特征的巨型企业发展势头强劲，这些企业正在打破原有的产业组织运行格局，或者说，正在部分改变着原有的产业组织结构。这是我们创新微观经济学分析基础必须关注的。同时，互联网资源配置机制也会促使政府宏观调控手段的变化，这个问题我们在讨论大数据和互联网时代的政府选择行为时将会展开分析。

三 现有的产业组织理论是经济学家在信息约束和认知约束条件下创建的，在未来"数据与数据对话"时期，经济学家要借用新科技解决信息约束和认知约束的成果来重塑产业组织理论

微观经济学的产业组织理论可划分为传统理论和现代理论两大块。

与资源配置理论一样,产业组织理论也是"人与信息对话"的理论反映[①]。关于"人与信息对话",我们可以结合产业组织理论的形成作一番解析(资源配置理论也可类似解析)。一国在特定时期所形成的产业组织结构,既是该国产品价格、供求关系、利润率等作用的结果,也是该国前期的投资和消费及其产品结构综合作用的结果,产业组织结构合理与否,通常会在GDP、物价、就业、国际贸易、汇率等方面通过各种数据指标反映出来,这便是"人与信息对话"框中的"信息";经济学家作为产业组织结构的研究者,首先会与这些信息进行"对话",即对这些信息进行搜集、整合、分类、加工和处理,然后依据不同行业或产品的价格指数、利润率、市场占有率、就业率等进行理论分析,并借助数学分析工具完成对市场竞争和垄断的形成机制、基本格局、变动趋势等的一般理论分析和概括,从而形成产业组织理论。产业组织理论之所以出现不同流派,可以说是"对话"方式不同的缘故。

但是,在"人与信息对话"版本下形成的理论体现了工业化时代理论研究的以下局限:(1)不具有搜集、整合、分类、加工和处理全部信息的科技水平和手段;(2)各种数量指标所显现的信息只是部分信息,并且经常包含着信息扭曲,而信息扭曲会误导理论判断;(3)信息不完全将不可避免地使研究者在理论分析中出现影响理论分析的主观判断;(4)研究者受信息约束难以获得正确认知。事实上,经济学家在研究中已洞察到了这些局限性,并努力降低因信息约束和认知约束而产生的主观判断失误。例如,奈特(Knight,1992)、阿尔奇安和德姆塞茨(Alchian & Demsetz,1972)、威廉姆森(Williamson,1985)等人在构建包含产业组织问题在内的新制度分析理论时,就曾运用不确定性、逆向选择、机会主义、道德风险等范畴来弥补因信息约束和认知约束所导致的在交易费用、产权、契约等理论研究中的一些主观判断失

[①] 哈佛学派和芝加哥学派曾在新古典理论有关完全竞争和垄断竞争研究的基础上,围绕"结构、行为、绩效"模型对产业组织展开过广泛的讨论(Mason,1939,1949;Bain,1959;Stigler,1971);科斯(Coase,1937)和威廉姆森(Williamson,1975,1985)等运用交易成本、有限理性、逆向选择、机会主义、道德风险、资产专用性等核心范畴,通过对市场竞争和垄断的新解读,创建了第一代现代产业组织理论;以博弈论和信息经济学为工具和基础的第二代现代产业组织理论,对产业组织和政府规制进行了研究(Fudenberg & Tirole,1984;Rey & Tirole,1986;Hart & Tirole,1990)。这些理论是经济学家依据信息不完全对产业组织运行实际的分析,是对工业化时代产业组织运行的理论概括。

误。但是，认识到理论研究受信息约束和认知约束是一回事，解决这种双重约束是另一回事，它需要科技手段的支持。

在未来，互联网、大数据和人工智能等相互融合有可能使人类进入"数据与数据对话"版本，这便要求具备解决信息约束和认知约束的技术手段。经济学家可以借助智慧大脑处理大数据和运用人工智能的科技手段，对企业结构、价格结构、产品和服务供求结构、市场占有率等进行分析，并据此研究市场竞争和垄断的形成机制，从而对产业组织结构做出一般理论概括。诚然，在目前"人与数据对话"阶段，互联网应用扩张尚不能完全提供消除信息约束和认知约束的技术手段，也就是说，经济学家只能得到完备信息而不能获取完全信息，但从产业组织理论的创新来说，这种建构理论的路径和方法应该说是未来的趋势。

四 在互联网应用扩张背景下，产业组织正从原先的垂直整合架构转向网络协同架构，这要求微观经济学对之做出新解说

互联网应用扩张在流通领域发展速度最快，方兴未艾的顾客拉动和客户社区化的实时评价机制，正在推进流通产业组织由原先的垂直整合架构转变成网络协同架构。产业组织的网络协同架构，可解说为厂商利用互联网平台和运用数据智能而追求协同效应的一种产业组织运作模式。这种模式通过用户对产品和服务的主动传播，以零成本获取新用户而实现需求端的扩张，并且通过产品和服务的规模优势而实现供给端的扩张。目前，产业组织的网络协同架构已开始渗透加工制造业，例如，北京小米、青岛酷特、广州索菲亚和尚品宅配、青岛海尔等许多企业已开始运用大数据、云计算、物联网、机器学习等人工智能技术来构建网络协同架构。当数据智能化和网络协同化有机结合，从而形成网络协同效应时，产业组织的网络协同架构就会出现行业进入壁垒，以至于形成行业垄断。这是一种微观经济学必须重点关注的交易场景或生态。

从理论上考量，交易场景简单的互联网企业较之于交易场景复杂的互联网企业，只是表明两者 DNA 存在差异，或者说，只是表明两者网络协同效应程度的差异，并不说明交易场景简单的互联网企业不存在网络协同架构，这是问题的一方面。另一方面，随着互联网应用扩张导致未来的"数据与数据对话"版本，网络协同架构将成为产业组织的主要运行结构。对此，微观经济学关于竞争和垄断的分析应该在哪些方面关注网络经济运行的基础呢？换言之，我们创新互联网扩张背景下的产业组织理论需要在哪些方面关注由大数据引致的信息构成和网络运行呢？

国内学者张永林（2014，2016）较早对网络、信息池、时间复制、信息元和屏幕化市场等展开过可认为是辐射了产业组织变动的基础研究，这两项研究曾围绕网络、信息集聚和繁衍对互联网时代的信息池概念进行了分析，解说了经济行为与网络信息池和时间复制的关联，并通过解说网络信息池和时间复制，将问题的研究推至社会福利分析。就这两项研究所涉及的网络协同而论，作者关于网络经济内生的非市场出清和外部性分析，网络外部性被内部化和网络信息聚合产生协同效应的分析，信息元、物元、屏幕化市场等关联的模型分析，以及有关网络经济市场特征和屏幕化市场结构、经济行为和资源配置的分析，在笔者看来，是在一定程度上和一定范围内对信息聚合之于网络协同效应的研究，它映射了网络经济下产业组织变动的一些有价值的理论见解。如果把这两项研究与数据智能化和网络协同化相结合，我们对互联网应用扩张背景下产业组织架构的研究，或许会得到更多维度的基础理论分析的支撑。

产业组织的网络协同架构是以企业生产经营网络化为基础的，这种架构所反映的企业与企业、企业与消费者之间的交易模式，包含点击率、关注力、体验、个性化定制等新颖竞争方式，这种竞争方式会使原先的产品和产业链竞争转化成网络平台竞争。因此，微观经济学不可完全以价格机制和供求关系来解释市场竞争，而是要分析不同行业运用互联网、大数据和人工智能所形成的网络协同，并据此对竞争做出一般理论概括。同时，对于市场势力强的企业有可能形成的垄断，微观经济学要研究互联网、大数据和人工智能等相互交融所内蕴的引发垄断的作用机制，而不是仅仅根据定价能力、市场占有率、市场势力等进行理论解说。总之，互联网应用扩张会出现新的竞争和垄断形式，创新产业组织理论要有新的分析视角。

第四节　对大数据革命的几点理论感悟

在万物互联的时代，任何行业都具有互联网属性，都会成为大数据行业。当离线的物理世界被迁徙到在线的虚拟网络世界时，人类一切活动的动机、偏好、目的、过程等都可以通过大数据和人工智能而得到一定程度的描述，此乃产生"数据与数据对话"的现实背景。人类通过大数据可以获取完备信息的事实，会导致经济学基础理论改变分析假设[1]。经济学改变假设前提对于微观经济分析来说是革命性的，它会引发经济学家对选择偏好、认知和效用期望等的重新思考，引发经济学家创新理性选择理论，从而重塑微观经济学的分析基础。微观经济学的精美理论大厦是建立在信息不完全假设之上的，在未来的"数据与数据对话"时期，按照未来学家对大数据的解构，假若一切有机体和无机体都将成为一种"算法"，那么，经济学的分析假设问题就有必要在新科技运用层面上展开深入的讨论。

我们正处在"人与数据对话"走向"数据与数据对话"的互联网应用扩张时期，本时期新科技运用层面的最核心内容，是人类采用何种方法和手段挖掘、搜集、整合、分类、加工和处理大数据，最主要特征是智慧大脑如何运用人工智能来匹配作为决策依据的大数据。这里的大数据由历史数据、现期数据和未来数据三大部分构成。值得我们研究的是，无论是挖掘、搜集、整合和分类大数据，还是加工和处理大数据，都离不开云计算、机器学习、物联网、区块链、语音识别、无人操控、指纹鉴定等人工智能技术。就"人与数据对话"走向"数据与数据对话"来讲，在云计算水平达到一定高度的情况下，这种"对话走向"的速度快慢以及覆盖面大小，在很大程度上取决于机器学习水平。针对新科技进步会引致微观经济学分析基础变化的情形，我们要实现对未来"数据与数据对话"的理论解说，需要重点关注作为人工智能最主要手段的机器学习如何挖掘和匹配大数据，如此，我们才能抓住互联网应用扩张与微观经济学基础关联的分析主线。

在互联网应用扩张时期，机器学习可通过"算法"找到加工和处理大数据的人工智能方法（Taddy，2017）；按机器学习的特征，有监

---

[1] 完备假设接近但不等同于完全信息假设，它的底蕴是大数据的完备性。当新科技发展足以挖掘、搜集、整合、分类、加工和处理海量数据，并且能够通过对大数据的多维度进行相关性分析而获取绝大部分信息时，我们可以从大数据的完备性推论信息完备性。准确来讲，信息完备假设是介于不完全信息假设与完全信息假设之间、但在程度上靠近后者的一种假设状态。诚然，以信息完备假设作为分析假设，或许还不能准确描述互联网应用扩张背景下人类选择所掌握的信息状态，但这个假设反映了大数据时代的实际和理论吻合趋向。

督学习、无监督学习、强化学习和深度学习等类型的划分（Lecun，2015）。经济学家可以通过机器学习来挖掘和匹配已发生的历史数据，对资源配置和产业组织状况进行实证分析，这可以作为经济学家运用大数据思维取代以部分信息为依据的因果思维的例证。但对于正在发生的现期数据和尚未发生的未来数据，如果机器学习仍然处于"人与数据对话"阶段，经济学家即便全面使用了依据神经网络架构将低层级特征数据组合成高层级特征数据的深度学习方法，也难以挖掘、搜集、整合、分类、加工和处理现期数据和未来数据。从机器学习的技术条件配置以及机器学习涉及的场景考察，人工智能有效匹配现期数据和未来数据，只能出现在"数据与数据对话"时期。因此，经济学家重塑理性选择理论、资源配置理论和产业组织理论有待于机器学习方法的拓展和深化。

人类是否能够探索出一种匹配现期数据和未来数据的机器学习方法，是计算机和人工智能专家的任务。对于经济理论研究来说，基于"数据与数据对话"是人类未来发展的趋势，经济学家必须对这种趋势具有前瞻性，要能够借助最先进的机器学习方法所取得的成果来进行研究，从而实现理论研究的大数据化。本章的分析基点和分析结论是建立在"数据与数据对话"版本之上的，以这个版本所反映的互联网应用扩张对人类选择行为的影响而言，它集中表现在信息的提供和处理方式以及对选择偏好、认知和效用期望等的"革命"上。经济学的理性选择理论主要是"人与信息对话"版本的产物，它不可能解释"数据与数据对话"版本下的选择行为。这便给我们的理论研究提出这样一个要求：完成互联网应用扩张下微观经济分析基础的创新，首先需要创新经济学的理性选择理论。

本章将互联网应用扩张下的行为主体划分为智慧大脑和非智慧大脑的二元结构，并在此基础上对创新理性选择理论、资源配置理论和产业组织理论等所展开的分析，一是基于大数据和人工智能将会改变经济学分析框架的前瞻性考虑，另一是基于大数据和人工智能对传统产业冲击之实践的考虑。智慧大脑试图通过对大数据的搜集、整合、分类、加工和处理以获取准确信息，这种方式与智慧大脑运用机器深度学习和强化学习是相伴而行的。例如，众所周知的 AlphaGo 和 Master 与世界顶级棋手的对弈，就是智慧大脑通过对大约 30 万幅围棋谱之大数据的挖掘和处理，用无数台服务器对这些数据展开深度学习，再通过强化学习训练出进一步支撑人工智能的新数据而战胜世界顶级棋手的。这里的30万幅围棋谱是历史数据，这里的"新数据"则可看成通过深度学习和强化学习的融合而从历史数据中提炼的未来数据。在未来，当智慧大脑借助这种融合使一切有机体和无机体都成为一种"算法"时，人类便实现了以"数据与数据对话"为背景的人工智能产业化。

人工智能产业化的初级阶段出现在消费和服务领域，中级阶段出现在制造和基础设施领域，顶级阶段则是出现在医疗和生命科学领域。就此而论，"数据与数据对话"也存在与此对应的三个阶段。对于经济理论研究来说，经济学家要关注"数据与数据对话"如何改变微观经济运行方式，关注如何重塑理性选择理论、资源配置理论和产业组织理论。大数据应用的起点是"人与数据对话"，终点是"数据与数据对话"，它对经济活动最基本的影响是将改变人类资源配置手段；各行各业在大数据的导引下会形成由互联网竞争平台驱动的新产业组织（结构）机制。目前，经济学界还没有对大数据应用扩张会重塑微观经济学基础展开专门研究，本书也只是提出一些思路。事实上，"互联网网络化→智能数据化→人工智能自动化"已成为人类经济、政治、军事、文化等领域将来发展的必然趋势。就产业组织变动来讲，任何行业都可以通过人工智能化使其产业组织由原先的垂直整合架构转变成网络协同架构。

总之，经济理论研究关注的最基本问题，是人类进入"数据与数据对话"版本后能否提供完全信息。若能够提供完全信息，信息经济学和博弈论将失去科学基础，而以不完全信息为假设前提的主流经济学大厦将会被颠覆。最近，国内经济学家与深谙智慧大脑的人士之间，爆发了一场将来能不能实行计划经济的争论。经济学家从理论和历史实践强调计划经济的不可行，而推崇智慧大脑的人士则从大数据有可能提供完全信息角度出发，认为计划经济存在可行性（后面章节将重点讨论）。实际上，资源配置存在合理、准确和精准之三大层级，在"人与信息对话"时期，人类充其量只能实现合理配置资源；在"人与数据对话"时期，人类有可能实现准确配置资源；在"数据与数据对话"时期，人类才有可能精准配置资源。人类只有实现了精准配置资源，才具有计划经济的可能性。因此，这个问题的讨论最后还是要回到"数据与数据对话"这个未来趋势的研究上来。

大数据革命所呈现出的"人与数据对话"以及"数据与数据对话"

两大版本，是对互联网、大数据、云计算、物联网、机器学习、区块链等人工智能技术之广泛运用的理论描述，这些新科技的广泛运用是与互联网应用扩张相伴而行的，这是问题的一方面。另一方面，大数据革命会逐步使厂商、个人和政府形成大数据思维。有必要指出的是，大数据思维是新科技代表的新兴人文主义的基础；在未来，厂商、个人和政府在大数据思维下的经济决策行为，则是大数据革命的具体实施过程，而这一过程将会给经济学创新提供现实依据。

政府规制政策和手段难以解决市场失灵问题，部分归因于产品和服务供求数量的"算法"对数据智能化同样有极高的要求，部分归因于网络协同化对企业投资经营的极高要求，部分归因于只有极少数企业能够实现网络协同效应的事实。我们不主张政府对大数据时代的产业垄断实施规制，暗含着以下几个基本假设：大数据时代能够成为产业垄断的企业，一定是具有极强数据智能化能力和极强网络协同化能力的企业，一定是能够实现网络协同效应的企业，一定是能够在云端运用人工智能匹配大数据，从而把产品和服务供求量的确定转变成"算法"的企业。这样的企业是优化资源配置在先，并且时刻受到网络协同效应的约束，它不可能长期利用价格确定权和进入门槛来维系自己的市场势力。当然，大数据时代的产业垄断企业在将来会不会出现有损于社会福利的弊端，尚有待未来实践的检验。

本章关于大数据时代产业垄断形成机制的分析，是以不久的将来会出现大数据、互联网、机器学习等人工智能技术的深度融合为前提的。事实上，大数据时代许多行业所构成产业垄断的资金门槛、技术门槛和政策门槛，有着明显降低的趋势，这种局面形成的主要原因是数据智能化和网络协同化使企业能够获取供给和需求的准确信息，互联网和物联网的运行使企业能够跳越中间商而直接把产品和服务提供给消费者，是企业能够通过机器学习降低产品和服务的研发成本，是企业能够通过数据智能化解决以前难以解决的技术问题，是企业能够通过网络协同化让场景复杂的外部性统一于实时在线的具有协同效应的网络平台。基于数据智能化和网络协同化将逐渐成为产业垄断主导因素的情形，政府在工业化时代的产业规制政策的理论依据开始慢慢失去了现实的支持。也就是说，现有的产业规制政策和手段对具有数据智能化和网络协同化基因的产业垄断的规制作用，将不可避免地会受到限制。

中国现阶段的大数据、互联网、机器学习等人工智能技术的融合正向深度和广度行进，但从大数据中获取准确信息，从而将一切有机体和无机体的存在和发展都转化为"算法"的时代还为时尚早。因此，真正大数据意义上的产业垄断在现实中暂不存在，本书只是对产业垄断形成机制做出的一种前瞻性研究。不过，这项研究给我们留下两大值得思考的问题：一是对于大数据时代有可能出现的产业垄断，究竟要不要进行产业规制以及怎样规制；二是大数据时代的产业垄断会不会减少消费者剩余和降低社会福利。显然，对这两大问题的深入研究，需要等到数据智能化和网络协同化在微观经济运行中全面展开后，才能给经济学家提供理论分析和实证分析的素材。

第五节　行业垄断形成中网络协同效应的结论性考察

经济学有关垄断的模型研究存在主观判断，无论是新古典经济学的完全竞争模型和垄断竞争模型，还是以交易成本为核心和以博弈论和信息经济学为分析工具的现代经济学，都是借助（部分）数字化数据来研究垄断的，在工业化时代，经济学家不能利用新科技手段来处理非数字化数据。在大数据和人工智能时代，厂商以数据智能化作为竞争手段，已能够运用云计算、机器学习、物联网等人工智能技术来处理非数字化数据。值得研究的是，数据智能化在能够相对准确地预判产品和服务的供求及数量结构时，在什么样的条件配置下会形成行业垄断，如果出现行业垄断，它对产业组织结构会产生哪些影响，等等。

一　新科技层级低的厂商可以在数据智能化基础上实现一定程度和范围内的网络协同化，但难以产生网络协同效应

物理世界的在线化以及由此产生的互通互联，是大数据、互联网和人工智能等相互融合的结果，企业之间以及企业和个人之间的结网互

通，使网络协同化成为现实①。厂商投资经营实现网络协同效应的前提是数据智能化，标志是厂商能够挖掘、搜集、整合、分类、加工、处理和匹配大数据。现有文献所描述的互联网＋企业，通常是指那些初步具备了数据智能化和网络协同化能力，但难以实现网络协同效应的企业。对此，我们不能简单地将网络协同效应理解为企业与企业、企业与个人以及个人与个人之间在互联网或物联网上的行为互动，而是要考虑到网络协同的场景或生态。

在投资经营场景或生态简单单一的情形下，厂商不可能实现网络协同效应，反之则反是。这个问题的进一步探讨，涉及数据智能化和网络协同化对厂商投资经营的效用函数问题。从产业组织变动来考察这个效用函数，网络协同效应便成为一个宽泛论题。首先，该效应要求厂商具备较高的新科技层级；其次，该效应对竞争和垄断会发生影响；再次，该效应是衡量厂商的产量和价格决定、产品集中度以及市场占有率等能不能取得效用最大值的参照系；最后，该效应是引致大数据时代产业组织演变的重要因素。当我们将厂商竞争路径看成既定，进而重点关注网络协同效应之于行业垄断的关联时，我们会发现，只有新科技层级很高的厂商才有可能成为行业垄断的行为主体。

二 网络协同效应以数据智能化和网络协同化为前提，厂商网络协同效应的实现过程是行业垄断的形成过程

行业垄断意味着该行业的产品和服务规模、价格确定和技术门槛等被市场势力很大的厂商操控。这样的厂商具有以下特征：（1）在大数据挖掘和处理上具有极高的云计算和机器学习能力；（2）能够在互联网或物联网平台上协调多边市场和适应潜在生命力生态的能力；（3）通过数据智能化预判供给端，通过网络协同化预判需求端；（4）能够通过复杂场景设计来稳定客户群，以至于客户转移购买和消费会产生较高成本。厂商通过数据智能化竞争路径而取得网络协同效应，除了新科技层级的规定性外，行业的产品和服务对象也存在着规定性（如前文论及的难以实现网络协同效应的出租车行业）。换言之，网络协同效应不是

---

① 网络协同可以这样直观解释，即企业和个人在互联网或物联网上互动所形成的关联。例如，美国的亚马逊、Facebook、谷歌和中国的腾讯、阿里巴巴就是网络协同化的典型代表，网络协同化创造出互联网价值的网络协同效应。

单纯的新科技层级的产物，而是技术面和市场面之于复杂场景的综合。诚然，与工业化时代一样，大数据时代行业垄断的终极表现形式，仍然是价格操纵、产品高度集中以及极高的市场占有率等，但工业化时代的行业垄断是新科技竞争路径导致，它是以数据智能化和网络协同化为前提的，它的标志是出现网络协同效应，并且这种行业垄断的市场化程度很高。因此，网络协同效应的实现过程是行业垄断的形成过程。

三　网络协同效应和行业垄断的未来格局，归根结底，取决于机器学习等人工智能手段匹配大数据的科技发展，取决于大数据、互联网和人工智能等的融合程度

在新科技发展日益加深的未来，科技创新及其应用会推动厂商通过数据智能化和网络协同化来重塑产供销运营模式，这可以理解为大数据时代厂商竞争路径和行业垄断的形成机制。网络协同化所催生的网络协同效应，是针对新科技层级极高的厂商而言的，理解这一点非常重要，它是我们解释网络协同效应引致行业垄断的立论依据。大数据、互联网和人工智能等的融合对于未来网络协同效应及行业垄断的形成，既是条件也是结果。从条件看，这一融合使厂商的云平台利用、云计算运用和人工智能匹配大数据等成为可能，即厂商只有在这种融合的条件下才有可能实现网络协同效应和行业垄断；从结果看，网络协同效应和行业垄断会驱动厂商开辟新科技支撑的竞争路径，从而使这一融合进一步加固。如果说厂商选择数据智能化作为竞争路径，是厂商实现网络协同化的充分条件，那么，厂商投资经营产生网络协同效应，则是实现行业垄断的必要条件。

随着5G（6G、7G等）搜集大数据覆盖面扩大及其对时滞性的大大缩小，未来移动互联网的多对多互动，会大大扩大厂商网络协同化的覆盖面，这种扩大了覆盖面的互动对产业组织也会发生网络协同化影响。网络协同化的"消费和投资的一对多互动→消费和投资的多对多互动→消费和投资的社交网络服务互动"的演变史，可看成大数据、互联网和人工智能等逐步融合的进程史，这一历史在检验厂商科技层级成色的同时，也在推动着产业组织结构的变动。随着多对多互动的网络协同化席卷厂商投资经营的所有领域，产业组织会从网络垂直架构转化为网络协同架构，网络协同效应就会出现，行业垄断便会伴随着产业组织的网络协同架构和网络协同效应而产生。在未来的投资经营竞争中，

厂商一定会通过数据智能化提高技术层级，一定会通过网络协同化去追求网络协同效应。如果某一行业的产品和服务具有复杂场景或高级生态，则这一行业中技术层级极高并且能够取得网络协同效应的厂商，就很可能成为行业的垄断者。

综上所述，厂商运用大数据和机器学习等人工智能手段进行产、供、销的过程，是其数据智能化的过程；厂商与厂商、厂商与个人以及个人与个人之间在移动互联网上投资经营的互动过程，是其网络协同化过程；厂商数据智能化和网络协同化的完美结合过程，是其网络协同效应的实现过程。政府要不要对数据智能化和网络协同化造成的行业垄断进行产业规制的理论依据，在于这种背景下的产业垄断会不会影响资源合理配置，于是，问题的讨论转向了大数据时代的资源配置和政府宏观调控分析。目前，新科技层级较高的厂商已经能够驾驭历史数据，对现期数据的加工和处理也取得了一定的进展，但他们还没有掌握加工和处理未来数据的机器学习方法。因此，从资源合理配置计，社会经济运行仍然需要政府宏观调控，但政府怎样进行宏观调控呢？这是一个结合大数据革命和经济学创新所需要研究的问题。

第二章 大数据思维改变人类认知的经济学分析*

社会经济、政治、文化和思想意识形态等的制度安排，通常随人类认知的变动而变动，当今社会一个不可回避的现实是，对因果关系推论或判断所形成的人类认知受到了大数据的挑战。经济学理性选择理论关于认知的分析和研究，主要是从动机、偏好、效用以及与此相关的心理因素等方面展开的，是一种注重经济利益最大化的典型的因果思维。简而言之，大数据思维是以数字关系取代因果关系，进而以数字思维取代因果思维的一种分析方法，但它是通过什么路径或在哪些方面正在改变人类认知，很值得研究。随着新科技的广泛运用，大数据的来源、构成和应用与互联网、传感器、社交媒体、定位系统、云计算、机器学习、物联网、区块链等人工智能技术有着越来越高的相关性，我们能否从这种相关性来解释大数据思维之于人类认知的作用机理呢？在互联网和大数据时代，人们投资和消费为何会从因果思维走向数字思维呢？很明显，弄明白这些问题有利于经济学创新。

第一节 经济学因果思维模式及其局限性

在人类改造自然和变革制度的历史长河中，认知水平在相当长的时期内是受制于数据积累的。在农业时代，人们主要是靠文字记载和简单数学工具等进行数据积累，数据与信息之间的联系是间接的；或者说，人们认知事物是通过经验观察，是以事物之间简单因果关系作为判断依

---

* 本章主要内容已发表于《社会科学战线》2018年第1期。

据和准则的,这种思维模式贯穿于几千年的农业文明中。到了工业化时代,人们积累数据的方法和手段发生了质的变化,事物因果关系的揭示被逐级科学化,它以公理或定律的形式广泛运用于科研和实践;尽管如此,信息与数据之间的联系仍然是间接的,人们对事物的认知,主要是通过分析不完全信息而推断得出的因果关系,只不过经验观察的成分越来越少罢了。在经济理论学说史中,以亚当·斯密在《国民财富的性质和原因的研究》中提出的"经济人"概念为分析起点,从而在后期逐步形成和完善的有关人类选择行为的经济学理性选择理论,基本上都是以上概括的因果思维模式在经济理论研究中的反映。

经济学理性选择理论对行为主体"认知"问题的学术处理,从"经济人"到"理性经济人"并没有显著的变化。古典经济学框架下的理性选择理论以完全信息假设为前提,将行为主体(个人)界定为无本质差异和不涉及个体间行为互动,不受认知约束的单纯追求自身福利的"经济人"(约翰·伊特韦尔等,1996)。新古典经济学的理性选择理论将行为主体界定为"理性经济人",研究了被古典经济学忽略的选择偏好,通过对"偏好的内在一致性"的解析,运用复杂的数理逻辑和模型论证了个体能够得知选择结果的抽象认知(Von Neumann & Morgenstern, 1947; Arrow & Debreu, 1954)。这里所说的抽象认知,是指行为主体没有经历具体认知过程而直接关联于效用函数的一种认知状态,这种状态在新古典经济学理性选择理论中的存在,表明"认知"是被作为外生变量处理的。

现代经济学的理性选择理论开始尝试将"认知"作为内生变量来研究。现代主流经济学从人的有限计算能力、感知、意志、记忆和自控能力等方面研究了认知形成及其约束(Salvatore, 1999; Schandler, 2006; Rubinstein, 2007),认为认知是介于偏好与效用之间,在理论研究上处于不可逾越的位置,只有对认知进行研究,对偏好和效用的研究才能接近实际。现代非主流经济学注重于运用认知心理学来研究人的认知形成及其约束(Kahneman & Tversky, 1973, 1974, 1979; Smith, 1994),它通过实验揭示了一些反映认知心理进而影响选择行为的情景,如确定性效应、锚定效应、从众行为、框架依赖、信息存叠等,以论证传统理论忽视认知分析从而出现理论与实际之间的系统性偏差。

然则,经济学理性选择理论对认知的分析和研究,是在预先设定规则的建构理性框架内进行的理论演绎和推理，它们对认知的解释，通常表现为一种规则遵循。例如，新古典理性选择理论关注个体应怎样符合理性（最大化）的选择，而不是关注个体的实际选择，它对认知的学术处理是从属于效用最大化的（Harsanyi, 1977）。现代理性选择理论所关注的，或是在忽略认知的基础上建立解释和预测实际选择的理性模型来说明实现效用最大化的条件，以阐释个体如何选择才符合理性（Edgeworth, 1981）；或是通过行为和心理实验来解说实际选择的条件配置，以揭示实际选择的效用函数（Kahneman & Tversky, 1973, 1974, 1979; Smith, 1994），因而其对认知的学术处理也是从属于效用最大化的。人类经济选择的结果是效用，认知与偏好都内蕴着效用形成的原因，因此，经济学在将个人追求效用最大化视为公理的同时，也在相当大的程度上表明理性选择理论对效用函数的描述和论证不是依据数据分析，而是一种通过理论预设、判断和推理得出的因果思维模式。

在信息完全和不完全情况下，因果思维模式的效应是不同的。在信息不完全状态下，如果研究者以信息完全假设为分析前提，依据自己掌握的部分信息对问题研究做出因果逻辑判断和推论，则难以得到正确的认知。在信息完全状态下，研究者不需要有预设的分析假设，也不需要依赖逻辑判断和推论，而是可以通过数据分析获取正确的认知。经济学的信息完全假设对认知研究的影响是广泛而深刻的。例如，新古典经济学假设选择者拥有完全信息，能够实现效用最大化，它对偏好与认知以及认知与效用之间因果关系的逻辑处理，是通过可称为属于该理论之亚层级预设的"给定条件约束"实现的（信息完全假设是第一层级预设）。在该理论中，偏好被规定为一种处于二元化的非此即彼状态，认知在"选择者知晓选择结果（效用）"这一亚层级预设下被跳越。很明显，这种因果思维模式有助于使其建立精美的理性选择理论体系，但由于没有对认知阶段做出分析，它很容易严重偏离实际。

现代主流经济学的理性选择理论偏离现实的程度有所降低，原因在于开始重视认知的研究。半个多世纪以来的经济理论研究文献表明，现代主流经济学的理性选择理论正在逐步放弃完全信息假设，它对偏好与认知以及认知与效用之间因果关系的逻辑处理，是在质疑和批评新古典经济学偏好稳定学说的基础上进行的，该理论用不稳定偏好取代偏好的内在一致性，解说了认知的不确定性，以及不完全信息和心理活动变动等如何对认知形成约束,结合认知分析对个体选择的效用期望展开了深入的讨论,并以此质疑和批评新古典经济学的期望效用函数理论。相对于新古典经济学的理性选择理论,虽然现代主流经济学的理性选择理论仍然属于因果思维模式,但它有关偏好与认知以及认知与效用之因果链的分析衔接,明显逼近了实际。

现代非主流经济学的理性选择理论不仅彻底放弃了完全信息假设,而且彻底放弃了主流经济学中隐性存在的属于新古典理论的某些"给定条件约束"[1]。具体地讲,它对偏好与认知以及认知与效用之间因果关系的论证,不是基于纯理论层次的逻辑分析,而是从实验过程及其结果对这些因果关系做出解说。至于效用最大化,该理论则认为认知与效用最大化的关联,并不像先前理论描述的那样存在直接的因果关系。现代非主流理性选择理论通过实验得出一个试图取代传统效用函数的价值函数(Kahneman & Tversky,1979),该函数体现了一种以实验为分析底蕴的不同于先前理论的因果思维模式,开启了以实验数据作为解析因果关联的理论分析先河。不过,现代非主流理性选择理论毕竟还是一种因果思维模式,因而同先前理论一样,在理论建构上它仍然具有局限性。

从理论与实践的联系看,经济学理性选择理论的因果思维模式之所以具有局限性,乃是因为它用于分析的信息是不完全和不精确,甚至有时不准确,以至于造成认知不正确和决策失误。当研究者以不准确或不精确的信息来探寻因果关系时,极有可能致使认知出现偏差;而当认知出现偏差时,理论研究和实际操作就会出问题。诚然,因果思维模式本身并没有错,但问题在于,单纯从现象形态或单纯从结果所做出的理论判断和推论,不足以让研究者揭示真实的因果关系。人们对因果关系的理解过程伴随着认知的形成过程,不是大数据支持的因果思维模式存在局限性,经济学家依据这种模式所构建的理性选择理论,难以得到符合

---

[1] 例如,主流经济学关于人类认知的理解和分析,虽然认为要经历对信息的搜集、加工和处理等,但或多或少隐含着人类能够获取完全信息的见解(何大安,2016)。再例如,主流经济学关于效用最大化的理解和分析,始终是在"能够实现最大化"与"有可能实现最大化"之间游离(何大安,2006)。就彻底放弃新古典理论的"给定条件约束"而论,现代非主流经济学的立场是鲜明而坚定的。关于"给定条件约束"的详细解说,可参阅赫伯特·西蒙(1989,2002)的相关论述。

实际的认知理论。那么，在未来世界是什么影响和决定认知呢？人类认知有没有可能达到准确化呢？我们把目光聚焦于大数据，或许能够找到问题的答案。

第二节 运用大数据获得正确认知的可能性分析

在迄今为止的经济理论研究文献中，经济指标或行为指标所选用的样本数据，不是互联网和人工智能时代表征的大数据。大数据的一般特征是极大量、多维度和完备性，以这三大特征来解析信息，极大量和完备性意味着大数据有可能提供完全信息，多维度则给甄别和处理大数据之相关性从而获取准确信息提供了条件。从理论上讲，人类行为活动表现为庞大或海量的数据堆积，个别行为所产生的数据只是这个庞大或海量数据的元素形式。如果我们以人们投资和消费活动作为考察对象，对大数据蕴含的因果关系以及由此得出的认知进行分析，那么，可认为投资和消费不仅在结果上会产生大数据，而且在运作过程中也会产生大数据。换言之，投资行为和消费行为在"结果"上显示极大量数据的同时，也在"原因"上留下了极大量数据让人们去追溯。因此，人类要取得因果关系的正确认知，离不开大数据，而在样本数据基础上经由判断和推理得出的针对因果关系的认知，至少是不全面的，它不足以作为人们投资和消费选择的最科学依据。

一 运用大数据分析因果关系的条件配置

人类认知的形成离不开因果关系分析，但运用大数据来分析因果关系以求获取正确认知，必须具备以下条件配置：（1）移动设备、物联网、传感器、社交媒体和定位系统等的覆盖面要足够大，以便能搜索到极大量和完备性的大数据；（2）具备运用新科技探索出极大量（海量）数据"算法"的条件，能够搜集、分类、整合、加工和处理大数据；（3）能够运用新科技厘清和区别大数据的不同维度及权重，能够通过大数据分析来甄别因果关系的内在机理。人类从两百年前的工业革命到今天的信息革命，对数据的搜集、整合、加工和处理还不全然具备以上的配置条件，人类运用大数据来分析因果关系还处于起步阶段。

联系经济学理论看问题，经济学家分析投资行为和消费行为以及对其因果关系的研究，主要是在抽象理论和分析模型基础上运用历史数据来完成的。其实，对投资行为和消费行为的研究，不能只是从结果反映的数据来考量，即不能只是局限于历史数据分析，还需要从现在正发生的数据，乃至于对未来推测的数据展开分析。这可以理解为是运用大数据思维来研究经济问题的真谛。从大数据观点看问题，投资和消费的因果关系应该是由历史数据流、现期数据流和未来数据流三大部分构成的。经济学实证分析注重的是历史数据流，很少涉及现期数据流，从未考虑过未来数据流，因此，现有经济理论文献的实证分析以及建立其上的规范分析，很难全面反映或揭示经济活动的真实因果关系。

二　未来几十年大数据揭示因果关系的可行性

在互联网悄然改变人类经济、政治和文化生活的当今社会，互联网的发展历史可理解为经历了三个阶段：从前期"人与信息对话"的1.0版本，经由中期"信息与信息对话"的2.0版本，近期正走向"信息与数字对话"的3.0版本，互联网版本的不断升级是大数据运用范围不断扩大的结果①。随着互联网、大数据和人工智能手段的广泛运用和融合，人类各种活动的数据将极大量地被挖掘和搜集出来，人们行为的因果关系就会以迂回方式通过大数据关联显露出来；特别地，若互联网在将来发展成"数字与数字对话"的4.0版本，以大数据为底蕴的因果思维将会取代只依据部分信息（数据）而判断和推理的因果思维，人类将全面进入大数据和人工智能时代。

如果我们把互联网版本的不断升级以及大数据运用范围的无边界扩大，看成未来运用大数据来分析因果关系的重要配置条件，那么，如何挖掘、搜集、整合、分类、加工和处理大数据，以及如何通过大数据的完备性和相关性来获取因果关系的真实信息，则是运用大数据来分析因果关系的另外两个重要配置条件。工业革命后的人类科学文明对因果关系揭示的主要方法和路径，是先利用掌握的信息，再通过抽象思维建立数学模型或物理模型，然后在实验室通过试错法来设置能反映因果关系的参数使模型具有操作性；但这种方法和路径涉及的数据，是样本数据

---

① 这里的解说仅仅是针对互联网应用扩张的历史和现状而言的，如果考虑未来，互联网在将来会发展到新的4.0版本。

而不是大数据。在大数据和人工智能时代，智慧大脑会运用云计算集约化和人工智能匹配大数据的模式来整合、分类、加工和处理大数据，通过数据之间的相关性来探寻只依据样本数据而无法判断和推论的信息。同时，对模型的处理，智慧大脑不再强调复杂模型而是建立许多简单模型，通过众多的计算机服务器对这些模型进行优化和设定相应的参数，以实现完完全全地运用大数据来揭示因果关系。大数据思维在人机结合上一定会取得突破，人类一定会通过大数据思维打开解析因果关系的窗口。

三 运用大数据分析因果关系所获取的认知，包括对历史数据分析的历史认知，对现期数据分析的现期认知，以及推测未来数据而形成的未来认知

经济学家运用大数据来研究经济现象的因果关系，对经济现象原因和结果关联的解读，只有以极大量、多维度和完备性的数据为依据，才是大数据意义上的思维。大数据思维较之于传统逻辑思维，最显著的特征是它可以通过对不同维度数据之间相关性的分析，得到比传统逻辑思维要精准得多的信息。这里所说的准确信息，是指由大数据规定且不夹带任何主观判断和推测的信息。例如，经济学家要得到特定时期某类（种）产品的投资和消费的认知，其大数据思维过程如下：（1）搜集、整理和分类前期该类产品的投资和消费的极大量和完备性的数据；（2）加工和处理业已掌握的数据，并在结合利润收益率、投资回收期、收入水平和物价水平等的基础上解析这些不同纬度的数据；（3）根据不同纬度数据的相关性，获取该类产品投资和消费的准确信息，从而得出如何应对该产品投资和消费的认知。当然，这只是在梗概层面上对运用大数据分析而获取认知的解说，现实情况要复杂得多。

现有的关于投资和消费的模型分析以及建立其上的实证分析，主要是以历史数据作为分析蓝本的，因此严格来讲，经济学对投资和消费的因果关系分析所形成的认知，属于典型的对历史数据分析所形成的历史认知。众所周知，自经济理论注重实证分析以来，一直存在着如何"从事后评估走向事前决策"问题的讨论。由于经济学家对投资和消费展开实证分析所使用的数据，几乎完全局限于（样本）历史数据，这便导致投资和消费的因果关系分析对现期认知和未来认知的缺位，它不能解决"从事后评估走向事前决策"问题。国内一些著名的成功人士

指责经济学家不能解决实际问题。在我们看来，不熟悉大数据的成功人士的这种指责是可以理解的，但深谙大数据的成功人士带有调侃风味的指责就不公允了。经济学家要在理论上立竿见影地解决实际问题，必须能得到现期数据和未来数据（而不仅仅是历史数据），这需要计算机专家和人工智能专家的配合和支持，否则便不能在准确信息的基础上分析投资和消费的因果关系，但经济学家又不是计算机专家和人工智能专家，因此，经济理论的科学化需要大数据挖掘、搜集、整合、分类、加工、处理、模型参数设置、云计算、机器学习、物联网等人工智能技术及其手段的充分发展。

历史数据是存量，目前计算机对其处理的能力已绰绰有余，难点在于模型和参数设置；现期数据无规则并有着难以把控的流量，对这种流量数据的挖掘、搜集、整合、分类、加工和处理，一方面，取决于移动设备、物联网、传感器、社交媒体和定位系统的覆盖面，另一方面，要求云计算集约化之运算能力的充分发展。未来数据是一种展望流量，它依赖于对历史数据和现期数据的把握而通过大数据思维来预判。如果说经济学家对投资和消费的因果分析以及由此产生的认知主要取决于历史数据和现期数据，那么，解决"从事后评估走向事前决策"问题，既要依赖于历史数据和现期数据，也离不开未来数据。也就是说，在"历史数据＋现期数据＋未来数据＝行为数据流＋想法数据流"的世界中，经济学家要解决实际问题，其理论思维和分析手段都受制于大数据思维，经济学家运用大数据分析因果关系而得到正确认知的前提条件，是必须利用历史数据、现期数据和未来数据以获取准确信息。

就人类认知形成的解说而论，现有的社会科学理论是以信息的搜集、整理、加工、处理、判断和推论来作为分析路径来解释认知形成的。当认知被解释成通过数据的挖掘、搜集、整合、分类、加工和处理而形成，对认知形成的解释，就取得了大数据思维的形式。大数据思维是排斥判断和推论的，它否定一切非数据信息，认为产生准确信息的唯一渠道是大数据。在现有的社会科学理论中，经济学的理性选择理论对人类认知的分析和研究具有极强代表性，经济学家对投资选择和消费选择的解释，便是理性选择理论的代表性运用。基于人类认知形成和变动的一般框架，在很大程度上与理性选择理论的动机、偏好、选择和效用等的分析结构有很强的关联，我们可以结合这个理论来研究在大数据思维下人们对经济、政治、文化和思想意识形态等的认知变动。事实上，经济学关于动机、偏好、选择和效用等关联于认知的分析，存在着一种可以通过对大数据思维的深入研究而得以拓展的分析空间，那就是大数据思维会导致人类认知的变动。

第三节　大数据思维之于认知变动的经济学分析

我们在研究这个专题之前有必要指出这样一个基本事实：大数据思维可以改变人的认知路径，可以改变不同阶段或不同场景下的认知形成过程，但改变不了影响认知的动机、偏好、认知和效用等的性质规定。如前文所述，传统经济学理性选择理论在完全信息假设下，认为个体选择的动机和偏好以追求最大化为轴心，传统理论的这个真知灼见从未被后期理论质疑；但由于传统理论的完全信息假设存在着"知晓选择结果"的逻辑推论，因而认知在传统理论中是黑箱，也就是说，传统理论无所谓认知的形成和变动问题。现代主流经济学尤其是现代非主流经济学在不完全信息假设下开始重视对认知的研究，在他们看来，认知形成过程是从理智思考到信息加工和处理的过程；他们特别注重从心理因素来考察认知变动（Schandler，2006；Rubinstein，2007；），注重通过实验且运用一些数据来分析和研究认知（Kahneman & Tversky，1974，1979；Smith，1994），但遗憾的是，这些分析和研究不是对极大量、多维度和完备性之大数据的分析。因此，经济学理性选择理论发展到今天，还没有进入对大数据思维改变人类认知问题的讨论。

一　经济学家能否对选择动机、偏好和效用期望等进行数据分析，决定其认知分析是否具有大数据思维的基础

经济学关于人类选择动机、偏好和效用期望等反映人们追求最大化的基本性质分析，从这三大要素与认知关联出发，从不同层面或角度对认知形成的分析，主要体现在理性选择理论中。但这方面显而易见的缺憾，是不能对动机、偏好、认知和效用等展开大数据分析。现实的情况是，在大数据、互联网、人工智能等没有问世或没有发展到一定水平以

前，经济学家对这些要素只能做抽象的模型分析。经济学理性选择理论要跳出抽象模型分析，必须选择具有解释义或指示义的指标对动机、偏好和效用期望等进行数据分类分析，以便给认知的数据分析提供基础。显然，这会涉及抽象行为模型的具体化和参数设计的具体化，需要得到大数据和云计算集约化运算模式的支持（吴军，2016）。作为对未来大数据发展及其运用的一种展望，如果经济学家能够围绕最大化这一性质规定来寻觅动机、偏好和效用期望等的特征值，并以之设置参数和模型，则有可能对直接或间接关联于动机、偏好和效用期望的大数据进行分析，从而为认知分析提供大数据基础。

大数据的极大量和完备性有可能消除信息不完全，这给认知的大数据分析提供可行性。诚然，选择动机、偏好和效用期望等只是反映人们选择的现期意愿和未来愿景，其极强的抽象性决定采用大数据分析还有很大困难；不过，选择动机、偏好和效用期望等可以通过实际行为迂回地反映出来，这便给我们提供了解决这一困难的路径。例如，人们在准备投资和消费以前，一般有各种调研活动，即对影响投资和消费的信息进行搜集、整合、分类、加工和处理，值得注意的是，这些调研活动会在移动设备、物联网、传感器、定位系统和社交媒体中留下大数据的痕迹，这些数据痕迹会从某个层面或某个角度显现出投资者和消费者选择动机、偏好和效用期望的倾向或意愿。

智慧大脑依据什么样的标准来数据化这些倾向或意愿，从而对选择动机、偏好和效用期望以及进一步对认知展开大数据分析呢？这里所说的标准，是指通过云计算和机器学习等人工智能技术对人们实际行为的数字和非数字信息进行相关性分类，把反映选择动机、偏好和效用期望的具有共性特征的倾向或意愿进行整理和归纳，以确定符合选择动机、偏好和效用期望之实际的参数。如果智慧大脑能够利用大数据、互联网、人工智能等完成以上工作，根据认知是偏好与效用的中介这个现实，智慧大脑便可以对认知进行大数据分析。如果经济学家能够利用智慧大脑提供的大数据分析成果，经济学理性选择理论将会随着信息不完全假设前提变为我被信息假设，选择动机、偏好和效用期望的抽象分析便有可能演化为大数据分析，以至于认知的抽象框定或心理分析框架便会随大数据分析而发生重大变化。以上的分析性讨论，是我们理解大数据思维改变人类认知之经济学解释的最重要的分析基点。

二 运用大数据思维进行偏好分析会改变认知形成的路径，使经济学理性选择理论接近现实

现有的理性选择理论有关动机和偏好的分析和研究（这里关注偏好的讨论），主要集中于偏好如何界定和形成以及如何随认知和效用期望调整而发生变动等方面，并且这些分析和研究是采用"个体行为"为基本分析单元的个体主义方法论。在大数据时代，虽然个人、厂商和政府的选择偏好仍然是追求最大化，个体选择行为仍然是整个社会选择的基础，个体主义方法论仍然在一定程度上和一定范围内存在合理性，但互联网平台改变了选择偏好的形成过程和机理。如上所述，现今人们的选择偏好已不是经济学理性选择理论意义上的选择偏好，而是表现为一种以最大化为底蕴的具有趋同化特征的偏好。例如，某种产品投资或消费的介绍会和研讨会，对某种产品投资或消费的点赞和评价，中央政府和地方政府关于某种产品投资或消费的统计数据，专家和新闻媒体对某种产品投资或消费的评说和报道，等等，都会成为人们选择偏好出现趋同化的催化剂。因此，经济学理性选择理论跳出抽象模型分析，已经在偏好分析上具备了大数据思维的条件和基础。

智慧大脑与非智慧大脑的区别，在于能否对人们消费和投资的偏好展开大数据分析，智慧大脑能通过大数据的搜集、整合、加工和处理，运用云计算得到来自不同维度数据之间相关性的准确信息，以至于能获取建立在大数据分析基础之上的认知。从理论上来讲，偏好会影响认知但不能决定认知。就偏好影响认知而论，它主要是通过利益诉求、情感驱动、身心体验和时尚追求等对认知产生诱导或牵引作用。但在非大数据时代，这些诱导或牵引作用无法数据化，于是经济学家对偏好影响认知的研究便只能以抽象模型来描述。大数据思维对偏好影响认知的处理，是使用以许多简单而相对具体的模型取代高度抽象的单一模型，运用数据驱动法来设置参数和模型，对利益诉求、情感驱动、身心体验和时尚追求等偏好特征进行解读，这样便实现了很多非数据化信息的数据化，从而使以偏好为基础的在理论上对认知变动的研究有了新的分析路径。

阿里巴巴公司正在奋力打造的线上和线下相结合的"新零售"模式，是以大数据分析和运用的阿里云平台为背景和依托的。这个模式试图通过充分挖掘、搜集、整合、分类、加工和处理已发生的历史消费数

据，正在发生的现期消费数据和有可能发生的未来消费数据，捕捉人们消费偏好的动态变化，以期构建符合大数据思维的全新商业业态。撇开新零售模式在运营过程中的诸如云计算、机器学习和人工智能运用等技术问题，仅以该模式对人们消费行为的系统梳理、分级整合及相关处理来说，它无疑会在引领人们消费行为的同时促进消费趋同化偏好的形成。尤其值得关注和研究的是，随着该模式运营所积累的数据量达到大数据的标准，人们的消费认知将会在消费趋同化偏好的导引下发生变化，这种情形不仅会发生在消费领域，投资领域也会出现投资趋同化偏好。很明显，趋同化偏好具有共性特征，在很大程度上是对个体选择偏好的否定，对于这种偏好所导致的认知应该怎样理解呢？这个问题需要进一步研究。

三 在大数据时代，趋同化偏好会改变认知形成过程，消费者和投资者的认知不再完全是自己独立思考和理智判断的产物，而是在趋同化偏好驱动下对智慧大脑认知的认同

厂商的投资选择偏好是追求利润最大化，这一永恒的事实并不妨碍或不排斥投资趋同化偏好的形成。一般来讲，大数据发展初期的互联网平台对选择趋同化偏好形成的作用力，在消费领域要比投资领域来得更加直接和迅速。究其原因，是两大领域的机会成本和风险程度不同的缘故。但随着大数据、云计算、机器学习、物联网、区块链等人工智能技术的充分发展，智慧大脑有可能对历史、现期和未来的投资大数据进行挖掘、搜集、整合、加工和处理，有可能通过云计算集约化模式来分析不同维度数据之间相关性而获得准确信息，同时，智慧大脑会根据市场"行为数据流"折射出"想法数据流"而产生预见能力，寻觅和遴选出高收益的投资方向和投资标的。若此，智慧大脑投资选择的胜算率（利润率）将会大大提高，非智慧大脑厂商会效尤智慧大脑进行投资选择，从而出现投资趋同化偏好。经济学曾经对诸如"羊群效应、蝴蝶效应、从众行为、信息重叠"等现象有过许多研究（罗伯特·希勒，2001），但严格来讲，这些研究是描述性的，不是联系偏好和认知等的分析性的大数据研究。

消费和投资的趋同化偏好主要是针对消费者和投资者的选择行为方式而言的，它不改变消费和投资选择偏好的追求效用最大化的性质规定，这是问题的一方面。另一方面，在将来大数据充分发展的鼎盛时

期，消费和投资的趋同化偏好会改变认知形成过程，这可以从两种意义上来理解：（1）从原先通过对（部分）信息进行搜集、整合、分类、加工和处理来获取认知，转变为通过对大数据的搜集、整合、分类、加工和处理来获取认知；（2）消费者和投资者的认知不再完全是自己独立思考和理智判断的产物，而是在趋同化偏好的驱动下认同智慧大脑的认知。关于第一点，大数据思维的认知之所以会取代独立思考和理智判断的认知，是因为它能够运用云计算集约化模式，将消费和投资的历史数据、现期数据甚至未来数据进行分类处理和相关性分析，能够运用数以万计的计算机服务器对特定事物的因果关系展开深度机器学习，从而通过分类和归纳不同维度数据而得到准确信息（精准医疗就是基于此原理）。人类对因果关系探索的手段和路径发生变化，认知的形成过程及其机理就会发生变化。

关于第二点，大部分消费者和投资者在未来有可能放弃对信息的搜集、整合、分类、加工和处理，认同和效尤智慧大脑的认知来进行选择，这可理解为他们进行效用比较（投入与收益）时的"幡然悔悟"。尤瓦尔·赫拉利（2017）有关一切有机体和无机体都可以运用"算法"来解构的前景预期，吴军（2016）关于未来制造业、农业、医疗、体育、律师业甚至新闻出版业都将由大数据统治的观点，凯文·凯利（2014）以大数据和人工智能为分析底蕴对新经济十大重要准则的论述，均认为具有大数据思维且不做出主观判断的智慧大脑，将是未来世界的操控者，而Master和AlphaGo战胜世界顶级围棋高手的实践，则显露了人工智能完全有可能战胜人脑的端倪。现实中的普通消费者和投资者通常只是依据有限或不准确的信息进行消费和选择，经济学家也只是根据有限或不准确的信息进行因果关系分析而得出认知，因此，相对于智慧大脑的选择效用，消费者和投资者是相形见绌，经济学家的理论见解和政策主张往往不符合实际。

智慧大脑是运用大数据思维而超越一般智人大脑的大脑。不过，从性质上来讲，极少数拥有智慧大脑的人通过对大数据的搜集、整合、分类、加工和处理所得到的认知，仍然属于人的认知，只是这种认知不同于经济学理论及其他社会科学理论所阐述和论证的认知，它是在大数据思维驱动下的人类认知。对于这种新型认知的理解，如果我们结合经济学理性选择理论对其展开解说，则有着基础理论的分析价值。

四　智慧大脑运用大数据思维所形成的认知的最大特点，是在取得完备信息基础上产生的认知

熟悉经济学理性选择理论的学者知道，无论经济学家是从信息的搜集、整合、分类、加工和处理中获取认知，还是通过心理分析或行为实验获取认知，他们都是在不完全信息或有限理性约束下进行的，这不仅存在着以不准确信息推论认知的问题，而且存在认知形成过程的主观判断问题。现代未来学家曾分别从不同角度和层面对大数据、互联网和人工智能展开了许多讨论，他们的共同见解是认为大数据的极大量、多维度和完备性将有可能解决信息不完全问题（包含信息不对称），并且能够给人类选择提供准确信息，这是一个到目前为止绝大部分经济学家都否定的观点。倘若如此，人类的认知问题便完全成为智慧大脑对大数据的挖掘、搜集、整合、分类、加工和处理问题。

智慧大脑只有极少数人才具备，绝大部分人（包括智人）都是非智慧大脑。前文曾反复指出智慧大脑在未来将引领非智慧大脑进行选择，这里有必要做一总结性概括，这一引领过程由前后相继的两个阶段构成：一是智慧大脑运用大数据对偏好进行分析，通过互联网将偏好传送给具有从众心理和从众行为倾向的非智慧大脑，形成非智慧大脑的趋同化偏好；二是智慧大脑运用大数据分析同样是通过互联网让非智慧大脑效尤智慧大脑的认知，形成趋同化认知，从而使非智慧大脑以智慧大脑的认知为认知来选择。这些情形表明，未来人类智慧大脑将决定非智慧大脑的偏好和认知，进一步说，智慧大脑将影响非智慧大脑的选择行为。这里有一个极其重要的问题须讨论：对绝大部分非智慧大脑而言，他们在选择过程中是否还存在认知？事实上，无论是趋同化偏好还是趋同化认知，非智慧大脑的偏好和认知并没有彻底消失，只是形成的路径和内容发生了变化。关于这个问题的讨论，联系经济学的认知理论进行比较分析，或许会有更深的理解。

传统经济学以完全信息为假设前提，将认知作为理性选择模型的外生变量，或者说"认知"是被理论分析越过的。现代经济学以不完全信息为假设前提，在理性选择模型中，努力通过心理和实验分析把认知作为内生变量，或者说"认知"是被解释为个体对信息进行搜集、整合、分类、加工和处理的结果。但是，以上分析在分析对象、分析方法和分析路径上，是与大数据思维不同的。现代经济学理性选择理论所分析的个体，是通过逻辑推论所抽象出来的芸芸众生；虽然智慧大脑也可以看成个体，但人数极少，是具有大数据思维之共同特征的个体。现代经济学理性选择理论是借助于偏好分析来研究认知的，虽然认知已在一定程度上被视为内生变量，但分析方法和路径仍然是逻辑判断或推论为主。大数据思维对认知分析将会采用的方法和路径，是挖掘、搜集、整合、分类、加工和处理大数据，试图从极大量、多维度和完备性的数据中获取准确信息以得出认知。因此，尽管非智慧大脑的认知出现了趋同化，但人类在大数据思维下仍然存在认知，只不过是非智慧大脑放弃自己的认知而统一于智慧大脑的认知罢了。

总之，偏好趋同化和认知趋同化显示了大数据思维的魅力，这种魅力根植于大数据能够经由智慧大脑而产生准确信息。其实，智慧大脑如何设置参数和模型，如何运用云计算集约化模式，如何利用互联网以及广泛使用人工智能的方法和途径等，主要是计算机运用层面上的技术问题。我们研究大数据思维下人类认知变动需要重点关注的，是非智慧大脑究竟还有没有认知，其效用期望会呈现什么样的格局？既然非智慧大脑只是没有独立认知而不是完全超越了认知，那么非智慧大脑便存在着效用期望，关于这种效用期望，我们可以联系效用函数来解说。

第四节　认知结构一元化与效用期望变动的新解说

经济理论对选择行为与效用期望之间动态关联所建立的基本分析框架，展现出一幅"偏好→认知→选择→效用期望"的图景。各大经济学流派的理性选择理论对这幅图景中的"→"有不同的解说和取舍。概括地说，或侧重于分析这些箭头前后要素之间的相互关联，或侧重于分析这些箭头前后要素之间的正负反馈。但就人们选择动机和目的与效用之间的关联而论，几乎所有理论都不怀疑"追求自身利益最大化"的公理性，于是，"最大化"在成为效用函数核心变量的同时，也在一定程度上被作为理性选择的判断标准。以上图景的逻辑分析链是建立在信息不完全分析假设上的，各大经济学流派的理性选择理论对这条逻辑分析链各环节的不同解说所产生的理论分歧，可归结为在信息不完全假设分析框架内的分歧。值得经济学家高度关注的问题是，当大数据在未来有可能提供完全信息时，这些分歧将会让位于大数据思维背景下新的理论探讨。

经济学家对效用函数的研究是与认知分析紧密相连的。但无论是传统经济理论还是现代经济理论，他们对效用函数以及最大化问题的研究存在着共性，即这些研究都是建立在抽象的认知结构一元化基础上的。具体地说，传统经济理论在完全信息假设上认为，选择者可以得到"获悉选择结果的认知"，从而主张用"最大化"来描述选择者的效用函数。现代主流和非主流经济理论在不完全信息假设上认为，选择者受有限理性约束不可能得到"获悉选择结果的认知"，从而主张不可用"最大化"来描述选择者的效用函数[①]。这里所说的抽象认知结构一元化，是指不是以具体的认知主体作为分析对象，而是把整个人类描述为一个同一的抽象主体，让"最大化"问题成为效用函数的核心问题。在大数据思维的未来世界，随着信息有可能出现完全化，"最大化"问题有可能会成为不是问题的问题。

诚然，智慧大脑对大数据进行挖掘、搜集、整合、分类、加工和处理，通过云计算、机器学习、物联网、区块链等人工智能技术来选择参数和设置模型，并没有越出追求自身利益最大化这一效用函数的性质规定；但由于智慧大脑的认知形成过程是建立在具有极大量、多维度和完备性的大数据基础之上的，大数据有可能提供完全信息的特点会让智慧大脑取得效用最大化。人类绝大部分选择者是非智慧大脑者，从科学意义上讲，大数据对他们可谓是长期的黑箱，而他们依据自己认知所做出的选择又不可能实现效用最大化，于是，非智慧大脑者将以智慧大脑者的认知作为自己的认知而做出选择，这便形成了大数据时代实际意义上的一元化认知结构。如果说我们划分智慧大脑和非智慧大脑是对人类选择主体的一种新界定，那么，我们揭示这两大选择主体实际意义上的一元化认知结构，则是对大数据时代人类认知问题的一种新解说。

[①] 这方面研究的开拓者是赫伯特·西蒙（1986，2002），但通过产权、交易成本、资产专用性、制度演化、心理实验以及理性预期等分析而折射出"最大化"的研究文献包括：科斯（1960，1994）、德姆赛茨（1999）、威廉姆森（1975，1999）、贝克尔（1962，2000）、哈耶克（1969，1987）、卡尼曼、特维斯基（1973，1974，1979）、史密斯（1994）、卢卡斯（1971，1983）等。饶有风趣地讲，最大化问题"绑架"了经济学大师。

大数据背景下人类实际意义上的认知结构一元化，将是未来发展的一种趋势。相对于经济理论抽象意义上的认知结构一元化，这种新的认知结构一元化容易把握和理解；它在将来能否成为一种固定化趋势，将取决于智慧大脑在经济、政治、文化和思想意识形态等领域进行选择时获得的效用函数值。对于该效用函数值的预期，大数据思维下的智慧大脑是具备这种能力的。从经济理论分析看，对效用函数值的讨论，将涉及内蕴且展示效用函数的效用期望问题的讨论。传统经济学的期望效用函数理论，是一种运用数学模型论证选择者能够实现最大化的理性选择理论（Von Neumann & Morgenstern，1947；Arrow & Debreu，1954），现代非主流经济学是在分析风险厌恶和风险偏好的基础上，用一条S形的价值（函数）曲线取代传统的效用函数，并通过相对财富变动对选择者感受的分析，解析了选择者的效用期望会不断发生调整的情形（Kahneman & Tversky，1979）。那么，大数据时代选择者的效用期望会发生怎样变动呢？

人类社会发展的历史表明，人的主观期望与实际选择结果之间会发生经常性偏离。选择者的效用期望能否实现最大化，一是取决于选择者能否得到完全信息，二是取决于选择者认知过程的科学化。事实上，现代经济学对传统经济学以最大化为核心的效用函数的质疑和批评，主要是围绕信息不完全和忽略认知过程展开的。大数据时代存在着提供完全信息的可能性，而智慧大脑利用互联网和运用云计算、机器学习等人工智能手段，正在实现着认知过程的科学化，这便提出了经济学必须回答的两大问题：（1）大数据思维下的人类选择是否可以实现最大化；（2）大数据思维下选择者的效用期望会不会发生调整。这是经济学未来需要重视的两大问题，当我们分别从智慧大脑和非智慧大脑来讨论这两大问题时，结论或许会让笃信经济学经典理论的学者大跌眼镜。

在未来世界，随着互联网平台的日新月异以及移动设备、物联网、传感器、社交媒体和定位系统等搜集大数据手段的覆盖面日益扩大，大数据的极大量、多维度和完备性给人类选择提供了完全信息的基础。智慧大脑在云计算、机器学习、物联网、区块链等人工智能技术的支持下，以数据分析为基础的认知过程也越来越科学化。据此，一方面，智慧大脑有可能知晓选择过程的结果，有可能实现最大化，因此，智慧大脑不存在效用期望的调整问题；另一方面，非智慧大脑以智慧大脑的认知为自己的认知，其效用期望完全依附于智慧大脑的效用期望。具体地说，非智慧大脑不对数据进行挖掘、搜集、整合、分类、加工和处理，超越了认知过程，同样不存在效用期望的调整问题。非智慧大脑效用期望完全依附于智慧大脑效用期望的情形，或者说，非智慧大脑以智慧大脑效用期望为自己效用期望的情形，就会统一于智慧大脑与非智慧大脑的认知结构一元化。如果要追溯非智慧大脑效用期望的变动，那就是从原先属于自己的效用期望转变成了智慧大脑的效用期望。

智慧大脑有可能实现最大化，以及不存在效用期望调整是一回事，但智慧大脑能否在所建模型中给定效用期望值却是另一回事。效用期望作为一种主观预期或判断，它不会在互联网上留下可供大数据分析的历史数据流、现期数据流和未来数据流；也就是说，不会在互联网上留下可供大数据分析的行为数据流和想法数据流，这在决定智慧大脑难以跟踪、模拟和推论效用期望值的同时，也给非智慧大脑放弃认知而效尤智慧大脑提供了某种聊以自慰之处。推崇人工智能可以替代人脑的学者，好用 Master 和 AlphaGo 战胜世界顶级围棋高手的事实作为这种替代的立论依据，但无论我们怎样在大数据分析、机器学习、物联网等人工智能运用方面进行深度挖掘，也找不到智慧大脑能在所建模型中给定效用期望值的科学依据。智慧大脑不能确定效用期望值，也就规定了非智慧大脑不能确定效用期望值。这又提出了一个在理论上有必要回答的问题：非智慧大脑还有没有效用期望？

在交易成本不为零的经济社会，智慧大脑和非智慧大脑的投资和消费选择的效用期望都是追求最大化，这一点是无须争论的。但问题在于，非智慧大脑以智慧大脑的认知为自己认知、以智慧大脑的选择作为自己选择的情形，会使自己的效用期望完全停留在期望智慧大脑选择结果的形式上，这可以解释为大数据时代非智慧大脑的效用期望的一种定势。对于这样的效用期望的理解，与其说它是一种效用期望，倒不如说它是一种效用期待。社会经济的精英是人数极少的智慧大脑群体，但推动投资和消费的是占人口绝大多数的非智慧大脑群体。因此，非智慧大脑群体的偏好、认知、选择和效用期望，应该是理性选择理论研究的重点。关于这一研究重点的逻辑和现实的分析线索，是大数据思维→趋同化偏好→趋同化认知→认知结构一元化→最大化效用期望。不过，这条分析线索包含着许多尚未涉及的交叉性内容，它需要我们在继续研究大数据思维改变人类认知这一理论专题时，做进一步探讨。

大数据时代认知结构一元化以及效用期望不再发生调整的分析结论，在形式上与传统理性选择理论有雷同之处。之所以如此，是因为传统理论的整个分析结论是建立在信息完全假设基础之上的，而大数据思维有关人类认知变化的分析，也是建立在大数据时代有可能提供完全信息的实际基础上的，但这种殊途同归的分析结论并不是性质上的雷同。未来社会学家和社会物理学家开始关注大数据、互联网和人工智能等全面融合对人类社会的影响，大有大数据帝国主义的思想端倪，他们担心以机器人为代表的人工智能技术会致使大量人口失业，恐惧以芯片为代表的大数据监控会导致人类没有隐私可言，并为之出版了许多分析文献。但从基础理论来考察，研究大数据思维如何改变人类认知，无疑是一个十分重要的分析课题。在未来世界，大数据思维究竟能在多大程度和范围内改变人类认知，尚有待观察。

第五节 大数据思维对经济学创新的分析导向

大数据的极大量、多维度和完备性等三大特征，是人类摆脱主观判断分析事物因果关系从而形成大数据思维的客观基质，人们运用大数据思维来解析事物因果关系的前提，是大数据必须能够提供完备信息[①]；正因如此，我们在指出信息来源于大数据的基础上强调大数据思维在未来的趋势性。经济学创新首先需要思维发生革命，这一点是肯定的，那么，大数据思维对经济学创新会产生什么样的分析导向呢？对于这个深邃的具有哲学意味的问题，经济学家要完成经济学创新，至少要有以下几方面的思考和研究：（1）厂商如何通过大数据思维确定产量和价格；（2）大数据和互联网时代的竞争和垄断怎样形成；（3）总供给和总需求及其结构均衡与大数据思维有什么样的关联；（4）政府在大数据思

[①] 有必要预先说明，人类从取得完备信息到获取完全信息的路径问题，这条路径能否走得通和能否实现，主要取决于大数据和人工智能等新科技的发展，本书将在讨论厂商新科技层级和整个社会新科技层级时对这个问题展开讨论。

维下怎样进行宏观调控，等等。客观来讲，这些问题相互交叉和渗透，即便是在梗概层次上对之展开解说，也会使分析画面纷繁多姿。

一 经济学家对厂商投资什么、生产什么以及投资多少和生产多少的理论分析，要从过去单纯以市场机制为依据，转向厂商运用云计算、物联网、机器学习等人工智能技术的大数据分析，以构建新的厂商理论

经济学家与厂商一样需要大数据思维，在考察厂商投资经营时，首先需要在理论上说明厂商运用新科技怎样给自己带来确定性收益。对于大数据思维下的厂商投资经营，必须探寻出能够解释厂商运用新科技进行投资经营的一般性概念，以代替经济理论长期以"偏好内在一致性和效用最大化"为核心的诸如无差异曲线、生产可能性边界、边际成本、边际收益等概念。这样的替代之所以有可能，是因为厂商的选择偏好有智慧大脑（智慧厂商）导引，大数据分析将使厂商对供给和需求的判断越来越逼近现实，也就是说，厂商大数据分析能够得到完备信息，能够获得确定性收益。从厂商投资经营过程以及厂商之间的行为互动看，大数据思维对经济学家重塑厂商理论的导引，是需要概括出一般性概念对以上情形做出符合经济学理论规范的描述。作为一种理论探讨，我们可以考虑以"数据智能化和网络协同化"作为解说厂商投资经营行为的一般性概念。

二 数据智能化和网络协同化这两个概念在体现厂商投资经营之大数据思维的同时，也揭示了资源配置机制的变化，经济学家要顺应这些变化，重塑资源配置理论

资源稀缺性是经济理论经典，市场机制作为资源配置的主导机制，几乎被所有经济学家认可。但我们需要思考的问题是，厂商在工业化时代受信息和认知的双重约束，面对市场，厂商只能被动根据价格信号和供求变动来规划投资经营。随着大数据、互联网和人工智能技术的飞速发展，大数据分析有可能使厂商事先和全面获悉价格和供求变动信息，他们会通过数据智能化做出高效率投资和进行高效率生产经营，这在很大程度上说明以大数据、互联网和人工智能为代表的新科技具有取代市场机制的功能；同时，数据智能化也会使厂商之间的行为互动提前于价格和供求变动而实现各种契约，易言之，厂商也可以通过网络协同化做出高效率投资和进行高效率生产经营。这种情况表明社会经济运行中已存在互联网资源配置机制或大数据资源配置机制，经济学

家应在大数据思维下研究这种新型的资源配置机制，实现经济学创新。

三　大数据和互联网时代的产量和价格确定、竞争和垄断形成路径等正在悄然发生变化，这些变化是厂商大数据思维的结果，它会改变产业组织结构

这类问题涉及厂商实际投资经营的数据智能化和网络协同化的讨论。经济学产业组织理论对产量和价格确定以及竞争和垄断形成路径的学术处理，一直是在经济学经典资源配置理论的基础上依据厂商决策实际而展开的，这种对实践进行抽象分析的理路本身没有错，但厂商在工业化时代的投资经营决策主要是根据市场供求和价格波动进行的，厂商不具有大数据思维的事实决定着经济学家的非大数据思维。进入大数据和互联网时代后，厂商的产量和价格确定开始通过对大数据的挖掘、搜集、整合、分类、加工和处理，即通过数据智能化来进行，厂商之间竞争和垄断的形成路径开始在数据智能化基础上通过厂商之间的行为互动，即通过网络协同化来进行，于是，产量和价格确定以及竞争和垄断的形成路径发生了大数据思维促动的变化，产业组织结构也会因之发生变化。经济学家如何在大数据思维的导引下重塑产业组织理论呢？这是大数据革命与经济学创新的重要内容。

四　探求社会总供给和总需求及其结构均衡，是经济理论研究在宏观分析上的归宿，大数据思维会导致总供给和总需求之动态变动的新形成机制发生，从而对经济运行模式有可能发生的变动有值得深入研究的机理

厂商数据智能化和网络协同化对经济运行的最重要的影响，是将会引致产品和服务总供给和总需求的格局变动。一般来讲，厂商在大数据思维下投资经营的数据智能化会扩大产品和服务的供给端，厂商在大数据思维下投资经营的网络协同化会扩大产品和服务的需求端。厂商数据智能化扩大产品和服务之供给端的最大魅力，是不需要或较少需要供给侧的重大调整；厂商网络协同化扩大产品和服务之需求端的最大魅力，是能够在有效需求意义上扩大需求端。对这些问题的追踪研究有两方面的内容，一是厂商投资经营之数据智能化水平达到什么样的高度才能扩大供给端；二是厂商网络协同化反映厂商之间出现何种状态的行为互动，以至于能够出现高收益的网络协同效应。显然，这两大块内容既涉

及总供给和总需求均衡对全体厂商新科技水平要求的分析,从而引出厂商竞争和垄断的分析,也涉及总供给和总需求格局之重塑对社会经济运行模式有可能发生变动的分析。也就是说,大数据思维会驱动经济学家对互联网时代经济问题的研究从微观领域走向宏观领域,换言之,以大数据、互联网和人工智能等全面融合为标志的新科技会贯穿未来经济理论研究的始终。

五 政府与厂商一样都会受大数据思维的牵引,大数据思维在改变厂商投资经营手段和资源配置机制的同时,也会改变政府宏观调控的路径和方法

政府宏观调控的对象永远是社会总供给和总需求及其结构。单个厂商的产品和服务供给以及单个消费者和厂商的需求,在工业化时代是无法进行准确数量统计的;进入大数据和互联网时代以后,随着智慧大脑挖掘、搜集、整理、分类、加工和处理大数据之新科技的发展,如云计算和机器学习等人工智能技术的高速发展,政府在未来运用新科技,有可能把总供给和总需求及其结构的大数据揭示出来,有可能统计出反映这些结构的GDP价格、财政收入数量、人均GDP数量、就业率及其变动量、物价及其波动、分配构成、对外贸易构成等总量大数据。如果政府的新科技操作水平能够达到以上层级,或者说,政府的数据智能化和网络协同化水平能够达到以上的高度,那么,还需不需要宏观调控和产业规制以及怎样进行宏观调控和产业规制?显然,对这些问题的研究,是经济学家依据大数据革命来创新经济学理论所必须重点关注的,也是我们评判经济学创新成色的依据所在。

总之,大数据革命是厂商和政府在大数据思维下投资经营和宏观调控的一种外在强制,这种强制所形成的经济运行画面要求经济学创新。从经济学创新的分层结构看,经济学家需要从微观经济运行着手,以厂商数据智能化和网络协同化为主要分析对象,通过对产量和价格确定以及竞争和垄断形成路径的分析,探讨大数据时代资源配置方式、产业组织结构和政府宏观调控的改变厂商运行机理。

第三章　厂商投资经营的数据智能化和网络协同化*

厂商投资经营决策之经济理论研究的学理，根植于经济学的理性选择理论，它在运作机理上属于厂商理论。理性选择理论从完全信息假设走向不完全信息假设（包括信息不对称和博弈论）给厂商理论奠定了分析基础，并经由厂商理论为产业组织理论提供了支撑①。在交易成本不为零的经济社会，厂商决策动机和目的是效用最大化，厂商决策的依据和手段会在很大程度上受科技发展水平的影响和制约，这一点几乎所有经济学流派都是认可的。大数据正在改变厂商决策依据，互联网和人工智能技术正在改变厂商决策手段，这些不争的事实要求我们说明大数据作为决策依据的科学性，要求我们解释厂商运用大数据做出决策的路径，要求我们解读厂商如何运用大数据、互联网和人工智能的融合进行决策。

数据智能化是厂商利用互联网和云平台、运用云计算和机器学习等人工智能技术进行投资经营的操作手段和路径，但我们围绕数据智能化来讨论厂商投资经营的思维模式、认知过程、决策依据、决策路径、决策手段和效用期望等的同时，也要以同样的重视程度来讨论厂商之间以行为互动为特征的网络协同化。实际上，数据智能化与网络协同化在大

---

* 本章主要内容已发表于《浙江社会科学》2020年第4期；《学术月刊》2020年第11期。

① 厂商理论的核心是产量和价格以及竞争和垄断等，厂商理论与产业组织理论密切相关的。无论是建立在"结构、行为、绩效"模型之上的哈佛学派和芝加哥学派的产业组织理论（Mason, 1949; Bain, 1959; Stigler, 1971），还是建立在以交易成本为核心的新制度经济学的产业组织理论（Coase, 1937; Williamson, 1985），还是以博弈论和信息经济学为工具而涉及政府产业规制的产业组织理论（Fudenberg & Tirole, 1984），他们有关厂商决策的分析都是以理性选择理论和厂商理论为基础的。

数据时代厂商投资经营中是并行不悖的，具体地讲，数据智能化是网络协同化的基础，即数据智能化的技术层级决定网络协同化的技术层级；同时，数据智能化与网络协同化对于厂商来说，会产生一个两者交融的效用函数——网络协同效应。从现阶段厂商投资经营的数据智能化和网络协同化的实践看，一个引起经济理论高度关注的问题是：数据智能化已经成为厂商之间竞争的主要手段和路径，网络协同化通过网络协同效应已经成为厂商投资经营过程出现局部垄断的充要条件。经济学家讨论大数据革命与经济学创新，必须对这些问题展开基于大数据时代实际的理论解说。

第一节 引论

经济学关于厂商决策思维和认知过程的分析和研究，是以亚当·斯密提出"经济人"概念而演绎成的"理性经济人"范式为导引的。这个范式中的"理性"是对决策主体可以正确加工和处理信息，可以知晓决策结果从而能够实现效用最大化的一种理论设定；这个范式中的"经济人"所内蕴的效用最大化是人类追求自利的永恒存在，它对"理性经济人"范式具有磐石般的支撑作用。当经济学家不能摆脱信息约束和认知约束时，就会倾向于把厂商看成是理性经济人，而当厂商被看成是理性经济人时，经济学家便会选择建构和运用抽象的理论模型，来解释厂商决策怎样才符合理性（Richter，1971）以及厂商如何决策才能实现理性（Edgeworth，1981）。在工业化时代，经济学家和企业家的思维模式和认知过程都会受到来自信息和认知的双向约束，"理性经济人"范式可谓是受这种双向约束的集中理论反映。

主流经济学评判厂商对某种行业或某种产品能不能进行投资经营的标尺，是比较边际收益能不能大于边际成本；这种比较的分析性描述是以供求关系和价格波动为理论依据而展开的；厂商投资经营什么和怎样投资经营，通常被视为厂商理论的核心内容。罗纳德·科斯（Coase，1937，1960）曾讥讽传统厂商理论是黑板经济学，认为它偏离了市场、价格和厂商合而为一的市场制度安排，并且认为它用来解释价格波动和市场形成的供给曲线和需求曲线是一种概念工具，不能揭示市场的真实运行。科斯论证的市场制度安排涉及的内容很宽泛，不仅包括传统理论的分析要素，更重要的是强调要包括以交易成本为核心的产权、契约、科技等要素。或许是因为20世纪技术进步还不足以改变交易方式，因而科技因素也只是作为一种解释变量被嵌入分析模型。

互联网开启了人类交易模式的新篇章，我们仅仅把新科技因素作为解释性变量纳入主流经济学框架进行分析是不够的，而是应该以互联网、大数据和人工智能等相互融合的视野，从人类思维模式转变、厂商投资经营平台变动、交易决策依据变化乃至于人文主义精神演变等方面看待和理解这些变化。厂商投资经营的网络协同化，是指厂商在互联网交易产品和服务时行为互动的协调关联。互联网扩张决定网络协同化的程度和范围，从PC互联网到移动互联网构成了信息互联网，物联网和人工智能的结合构成了物体互联网，区块链的问世形成了价值互联网，厂商互联网的应用过程是其网络协同化的实现过程。厂商网络协同化必须具备一定的技术层级，这个技术层级取决于厂商用人工智能手段匹配大数据的数据智能化水平。我们分析厂商投资经营的网络协同化，需要借用经济学基本原理解析互联网平台的资源配置功能，需要在大数据思维下紧扣数据智能化来进行研究。

理论界对大数据性质规定及其与信息的关联有不同观点，一种具有主流意味的观点认为大数据是工具，它来源于信息，并且认为通过大数据形成的人工智能不可能产生意识性思维。从目前新科技发展的现状看问题，这个观点具有部分的科学性，这是因为大数据永远不会跳出工具的范畴，大数据和信息的外延孰大孰小难以准确界定，人类把机械性思维的人工智能提升到具有意识性思维的人工智能，的确需要相当长的时期才有可能实现，并且具有不确定性。另一种观点认为信息来源于大数据，人类在将来可以利用新科技把机械性思维的人工智能提升到具有意识性思维的人工智能。客观地说，这种观点同样具有科学性，因为大数据是数字化数据与非数字化数据之和，是行为数据流与想法数据流之和，是历史数据、现期数据与未来数据之和，大数据外延要远远大于人们通过眼耳鼻舌身所感知的信息外延，并且随着将来新科技层级的不断提升，人类存在着创造具有意识性思维的人工智能的可能性。

第二种观点显现了对大数据、互联网和人工智能等相融合的未来发展之憧憬，它散见于未来学家的论著中（吴军，2016；赫拉利，2017；舍恩伯格，2012；彭特兰，2015；凯利，2014）。联系厂商思维模式和认知过程考察，笔者倾向于支持这一观点。数字经济的发展趋势是厂商借助互联网平台、运用云平台和云计算以及机器学习等人工智能手段来展开投资经营，这种展现为互联网+的运营模式是以数据智能化为基础的。厂商取得效用最大化的前提条件，是必须知道投资什么和投资多少，生产什么和生产多少，产品和服务的大数据蕴含着导引厂商如何投资和生产的基因；厂商通过对产品和服务大数据的搜集、整合、分类、加工和处理，可以了解乃至于洞悉市场的需求和供给。于是，厂商运用大数据会取得效用最大化这一事实，会驱动他们以数据智能化作为自己投资经营的认知形成过程；与此相对应，厂商会改变原先以部分信息（样本数据）为依据进行推理和判断的因果思维模式，逐步转变成以大数据作为依据的因果思维模式。当然，这种转变包含着极其复杂的内容，需要拓宽分析边界才能得到深刻的认识。

未来学家呐喊科技人文主义的到来，是以人类一切都将成为一种"算法"为立论依据的（尤瓦尔·赫拉利，2017），人工智能专家认为大数据可以通过移动设备、传感器、社交媒体、定位系统等获得，人类可以运用云计算和人工智能等新科技手段把万事万物解析为数据流（Kelly，2010；Hidalgo，2015）。这些观点对经济理论研究应该说有很大的启发，针对网络协同化是厂商与厂商以及厂商与消费者之间在互联网上多对多互动（Web）的事实，经济学家可考虑在大数据思维的导引下把厂商投资经营的一切活动理解为数据流，可考虑从云计算和机器学习等人工智能技术有可能达到的对大数据匹配的状态，对市场出清意义上的产品和服务的供给量和需求量做出分析。倘若如此，经济学家就有可能跳出主流经济学的分析框架，对厂商投资经营做出符合互联网、大数据和人工智能等实际融合的新解说。

经济学世界中的一般均衡理论、局部均衡理论以及非均衡理论的研究对象，都曾在很大程度上将厂商与厂商以及厂商与消费者之间的产品和服务交易的协同问题作为研究对象。例如，一般均衡理论的奠基者瓦尔拉斯（Walras，1874）曾通过一系列给定条件假设对社会总供给和总需求之均衡所做的理论论证，就属于典型的社会产品和服务如何协同的研究。然而，经济学的这些研究只是根据不完全信息（数据）的逻辑推理和判断，其理论模型具有高度的抽象性，即便是分析单个厂商的投资经营也是如此。厂商投资经营的网络协同化，是以互联网为载体、以大数据为基本元素、以云计算和机器学习等人工智能为技术手段的行为互动，这种行为互动涉及的产量和价格以及供求关系的决定，其依据不是抽象的供求曲线以及与此相关的数理推论，而是建立在数据智能化基础之上的对厂商之间以及厂商和消费者之间交易活动的大数据处理，也就是说，对厂商投资经营的网络协同化的论证要摆脱主流经济学的羁绊，从互联网、大数据和人工智能等的融合中寻找论据。

我们研究厂商投资经营的数据智能化和网络协同化的主要任务有两大项，一是在描述网络协同化与数据智能化相关联的基础上，对厂商投资经营活动的技术条件配置、经营场景和交易生态等给出经济学解释；二是解析厂商投资经营的数据智能化和网络协同化共同决定的效用函数，并由此对产业组织变动做出理论解读。很明显，经济学家要完成这两项任务，需要围绕互联网、大数据和人工智能等相互融合的实际来进行，并联系经济学相关理论对之做出一般理论概括。

第二节 数据智能化和网络协同化的理论分析

厂商投资经营落实到具体的操作层面，首先要解决产品或服务的产量和价格决定，其次是竞争路径的选择，最后是如何面对和适应有可能形成的新的行业垄断。这些问题既是经济学家从未停止研究的老问题，也是互联网、大数据和人工智能等相融合而要求经济学家重新思考的新问题。就新问题涵括的内容讲，无论是产量和价格的决定，还是竞争和垄断的形成路径，数据智能化正在成为厂商投资经营的第一推动力。我们需要在互联网、大数据和人工智能等融合的背景下认识和解释厂商的数据智能化，需要对厂商数据智能化过程做出符合实际的解说，需要对厂商投资经营的未来前景做出展望。

一 厂商数据智能化发端于新科技的日新月异，厂商运用大数据分析来规划产供销的过程，就是厂商的数据智能化过程

新科技通过理论模型指导人们实际选择的最重要特征，是模型设置和操作编程以大数据为依据，不夹带主观判断。概括而言，新科技在 PC 互联网走向信息互联网、走向物体互联网再走向价值互联网的背景下得到了长足发展，新科技在互联网、大数据和人工智能等相互融合中落地于人类的经济、政治、文化和思想意识形态等领域，它试图在将一切都数据化和构筑万物互联的同时，朝着将意识赋予人工智能的方向迈进。到目前为止，互联网、传感器、人工智能、社交媒体、5G 通信、GPS 定位等新科技及其操作系统的广泛运用，已产生了囊括人类一切行为痕迹并使之数据化的功能。随着该功能覆盖面的日趋扩大，新科技给人类提供了远超"摩尔定律"上限的大数据，大数据逐步成为人类经济选择的"灵魂"，成为厂商数据智能化的技术基础。

厂商运用大数据进行产供销活动，需要借助互联网等其他科技工具来搜集、整合和分类同自己产供销相关的大数据，然后通过对这些大数据的加工和处理来设置投资经营的操作模型[①]；厂商设置模型是为了准确把控产品或服务的供给和需求，以获取效用最大化，但模型的准确性取决于厂商搜集、加工和处理大数据能力以及与此相对应的人工智能匹配大数据的水平，这些能力和水平的高低会在很大程度上反映厂商数据智能化能力和水平的高低。在不考虑厂商如何具体运用新科技手段匹配大数据的情况下，经济学需要引起关注的是，说明厂商数据智能化的驱动力，解释不同厂商受新科技水平制约的数据智能化水平差异；厂商数据智能化水平差异会涉及很多问题，但最直接的影响关系到厂商投资经营的效用函数这一经济学基本问题。

经济学关于投入与收益比较分析的精髓是效用函数问题。长期以来，许多经济学流派一直将最大化作为效用函数的核心乃至于作为唯一变量看待，现代经济学有关效用函数变量的设置存在很多争议，这些争议是经济学家在工业化背景下以部分信息进行推理和判断的因果思维模式的产物。由于受到信息和认知的双重约束，经济理论界很难取得一致

---

① 目前厂商主要采取"数据驱动法"来建构大数据分析模型，这是一种扬弃了过去注重探寻精准参数来建构模型而代之以许多模型和大量计算机服务器支撑的分析方法（吴军，2016）；数据驱动法是大数据思维在厂商数据智能化中的具体应用，或许厂商并不直接采用模型进行决策，但严格来讲，人工智能技术或程序本身便是模型化的结果。

性的观点①。诚然，即便是在大数据时代，最大化仍然是厂商投资经营之效用函数的主要变量，但从厂商投资经营的路径和手段考察，数据智能化应纳入效用函数而成为重要变量。这是因为，一方面，厂商数据智能化能力和水平的高低会直接影响到厂商投资经营的效用函数值；另一方面，如果细化这样的效用函数，我们还需要把数据智能化看成一个独立函数，将影响和决定这个函数的各种因素作为变量来处理。若此，我们对厂商数据智能化的分析就有了基础理论的分析工具，对厂商数据智能化的理论分析就有了结合点。

二　厂商匹配产供销大数据的主要技术手段是机器学习，他们运用机器学习的能力和水平决定其数据智能化应用的程度和范围

现有的运用"数据驱动法"和人工智能匹配大数据的技术越来越宽泛，但撇开大数据的搜集、整理和分类，仅就厂商规划投资经营的数据智能化而论，机器学习是主要技术方法。机器学习是使用算法来解析大数据的一种人工智能方法，它在无编程下通过"算法"来完成对事件的预测（Taddy，2017）。具体地说，对于具有极大量、多维度和完备性等特征的大数据，机器学习力图通过对海量数据的多维度和完备性的分析处理，通过相关分析以甄别正确信息、扭曲信息和错误信息。厂商在投资经营中根据加工和处理大数据的需要，既有可能运用具有回归算法和分类算法特征的监督学习（Supervised Learning）方法，也有可能运用没有数据样本标识的聚类算法来进行无监督学习（Unsupervised Learning）方法；既有可能运用在动态环境中不断试错以获取决策最大化的强化学习（Reinforcement Learning）方法，也有可能运用把低层级特征数据与高层级特征数据相结合的深度学习（Deep Learning）方法。

关于对厂商机器学习的能力和水平的衡量，我们可以把厂商加工和处理历史数据、现期数据和未来数据作为衡量标准。如果厂商借助云平台和运用云计算进行机器学习的水平不高，只是达到监督学习、

---

① 关于效用函数的变量设置，经济学家既有直接的也有间接的相关理论见解。例如，新制度经济学主张将交易成本、产权、契约、资产专用等制度因素作为效用函数变量（Coase，1937，1960；Williamson，1975，1985；Dequech，2000），现代主流经济学则强调将社会准则等作为效用函数变量（Akerlof，2007），等等。如果经济学家从数据智能化考虑问题，也许会有新的理解。

无监督学习和初级强化学习或初级深度学习水平，也就是说，只能对自己产品和服务的历史数据进行加工和处理，那么，厂商的数据智能化水平是不高的，以人工智能匹配大数据的公司而言，还谈不上是高科技的人工智能公司，充其量是人工智能＋公司①。如果厂商借助云平台和运用云计算进行机器学习的水平较高，能够达到设计多层次神经网络的水平来运用强化学习和深度学习，能够在结合低层级特征数据与高层级特征数据的基础上揭示大数据的分布特征（Lecun et al, 2015; Goodfellow et al, 2016），那么，厂商便达到了完全可以加工和处理历史数据并且能在一定程度上加工和处理现期数据的水平。依据能否加工和处理现期数据的标准来判断，这样的厂商应该列入高数据智能化公司，其人工智能匹配产品和服务之大数据的能力，已远远超过了人工智能＋公司。

厂商数据智能化的发展方向是能够加工和处理产品和服务的未来数据，这要求厂商的新科技水平达到顶级高度。诚然，顶级新科技水平不是单纯依靠机器学习就能实现的，它需要计算机专家和大数据专家探索新的人工智能方法，这是问题的一方面。另一方面，厂商投资经营的数据智能化水平提高与其他厂商和消费者之间的行为互动密切相关，从大数据、互联网和人工智能等的相互融合看问题，数据智能化的运用和发展离不开以网络协同化为特征的融合。因此，我们关于厂商投资经营的数据智能化研究，还需要增加新的分析维度。

三　厂商与其他厂商和消费者之间的行为互动表现为网络协同化，网络协同化有着以数据智能化为底蕴而不同于工业化时代的规定性

在工业化时代，厂商与厂商、厂商与消费者以及消费者之间在投资经营上的关联，是一种生产关系意义上的社会网络协同，而不是互联网意义上的网络协同化。古典经济学曾从生产、交换、分配和消费的传递链对这种协同关系进行了广泛而深入的研究，新古典经济学曾从经济均衡角度对之做出过研究，现代经济学则注重于从决策行为方面对之展开

---

① 人工智能＋公司是对公司数据智能化水平处于起步阶段的一种描述，它接近或类似于互联网＋公司，这两种不同的称谓源于不同分析参照物的差异，这便从侧面解析了大数据时代或互联网时代或人工智能时代，为什么都可以定义为是大数据、互联网和人工智能等融合的道理。

研究①。迄今为止，现有的经济理论文献很少对互联网、大数据和人工智能等融合意义上的网络协同化进行分析，这种状况或许同这种融合出现的时间较短有关，或许与经济学家思维惯性及研究传统有关，或许与经济学长期形成的分析框架有关。面对网络协同化之现实，经济学家如何解析这种以数据智能化为底蕴而不同于工业化时代的规定性呢？这个问题值得经济学家去分析和研究。

厂商投资经营的网络协同化与数据智能化存在相关性。从短期看，标志着厂商新科技水平高低的数据智能化，通常是在既定的技术层级上规定厂商网络协同化扩张的程度和范围，而网络协同化会在运行时不断对数据智能化提出相应的要求，但两者在短期内保持相对稳定，易言之，短期内的数据智能化格局对网络协同化的影响是有限的。但从长期看，数据智能化对网络协同化的影响是广泛而深刻的，厂商数据智能化水平越高，便越能够通过互联网、物联网、机器学习、区块链等人工智能手段来挖掘厂商与厂商以及厂商与消费者之间行为互动的大数据，于是，数据智能化发展会提升和扩大网络协同化的层级和范围；同时，网络协同化的长期运行和发展会对数据智能化提出更高的要求，换言之，厂商与厂商以及厂商与消费者之间的行为互动会出现许多新问题，需要数据智能化来解决。厂商投资经营的网络协同化与数据智能化的相关性，正在逐步改变工业化时代生产、交换、分配和消费的市场自发的协同格局，它们的长期并存和发展有可能改变社会资源配置机制（何大安、任晓，2018），乃至于导致产业组织结构发生相应变化。

大数据时代的网络协同化之所以不同于工业化时代的行业协同

---

① 古典经济学对产品成本和价值（价格）形成的分析，是他们研究生产、交换、分配和消费的理论基础，但这些研究主要发生在个体之间的市场协同和社会化大生产的行业协同等方面（斯密，1776；李嘉图，1817；马克思，1867、1885），很少涉及以科技为基础的厂商与厂商、厂商与消费者之间的行为互动。新古典经济学的一般均衡理论开始重视厂商与厂商、厂商与消费者之间的行为互动，但他们关于这种协同的研究局限于高度抽象的层面（Walras，1874；Pareto，1909）。现代主流经济学尤其是现代非主流经济学有关个体决策的研究，则主要关注个体决策的理性和非理性属性（Kahneman & Tversky，1974、1979；Simth，1994），而没有把研究重点放在对新古典经济学一般均衡理论的承接性研究上。追溯其因，是工业化时代还没有出现互联网、大数据和人工智能，科技基础还不能向经济学家提供研究厂商与厂商、厂商与消费者之间行为互动的大数据分析。

化，原因在于数据智能化使厂商投资经营走向互联网、大数据和人工智能等的融合。具体地讲，就是厂商的产品和服务的供求数量及其比率的决定，已不像过去那样完全受制于市场机制，而主要是搜集、整合、分类、加工和处理大数据，通过运用人工智能匹配大数据来解决。这种情形既可以看成是新科技赋予市场的新功能，从而对市场运行机制的重塑，也可以理解为互联网、大数据和人工智能等融合所产生的新资源配置方式。其实，用什么样的概念或范畴来描述市场机制的这种变化并不是很重要，重要的是要认识到未来市场机制变化的这种趋势，认识到数据智能化和网络协同化是形成这种趋势的微观基础。

四 厂商数据智能化的技术层级高低及其效用函数值大小，取决于网络协同效应，这是一个有必要在理论上阐述的问题

厂商数据智能化的技术层级高低，主要体现在准确扩大产品和服务供给端的同时，能否准确通过网络协同化来扩大产品和服务的需求端。这里的"准确"二字很关键，它是验证厂商数据智能化之技术层级高低的依据。厂商的网络协同化对厂商挖掘、搜集、整合、分类、加工和处理其他厂商和消费者的行为数据提出了很高的数据智能化要求。一般来讲，数据智能化层级低的厂商挖掘和处理行为数据的能力，要比数据智能化层级高的厂商差得多，网络协同化能力自然就低得多，因而其扩大产品和服务的供给端和需求端的能力也就不能与数据智能化层级高的厂商同日而语。以上这些在未来互联网、大数据和人工智能等融合时代长期存在的现象，会对不同数据智能化层级厂商的效用函数产生重大影响，这种影响可解释为不同数据智能化技术层级的厂商具有不同的网络协同效应。

厂商能不能获取网络协同效应，是与厂商能不能运用数据智能化处理复杂的交易场景和生态分不开的。交易场景和生态包括在线支付、信用担保、物流保证、客户拉动、实时评价、风险监控、产品和服务上下游关联等内容，任何一项内容都可以解说为交易场景和生态对厂商网络协同化的约束。如何理解这些约束呢？从厂商投资经营的运行过程现象看，这些约束突出表现为厂商对市场和客户活动的历史数据和现期数据的挖掘和处理上，如果厂商这方面的能力比较弱，即其数据智能化水平难以处理市场和客户的历史大数据和现期大数据，则厂商便处于数据智能化的低技术层级，便不能获取网络协同效应，反之则反是。从经济学基础理论来考察，这些约束则反映在厂商通过大数据分析对客户选择偏好和效用期望的把控上。相对于直接选择的大数据，客户选择偏好和效用期望的大数据是一种潜在大数据，它要求厂商能够通过对业已存在的大数据的相关分析而挖掘获得，也就是说，厂商必须具备很高的挖掘和匹配大数据的数据智能化水准，才有可能摆脱交易场景和生态对厂商网络协同化的约束。联系大数据的分类来看问题，那就是厂商必须具备挖掘和处理现期数据和未来数据的数据智能化水平。

阿里巴巴集团实施的新零售战略拉开了挖掘和处理现期数据和未来数据的序幕，该集团试图通过阿里云平台扩张和新人工智能软件等的开发，来全面加强和提升其数据智能化水平，并希望通过这种提升来实现网络协同效应，但新零售战略的实施是以能够挖掘和处理客户选择偏好和效用期望的大数据为前提的。撇开阿里巴巴集团能否顺利实施新零售战略这个问题不谈，从一般意义上来讲，选择偏好和效用期望的大数据具有十分复杂的交易场景和生态的外延，厂商要掌握这类大数据，从而实现网络协同效应，必须具备极高的数据智能化水平则是不言而喻的。

在大数据时代，网络协同效应实际上是厂商数据智能化和网络协同化达到较高层级的结果，实现了网络协同效应的厂商意味着其数据智能化可以扩大产品和服务的供给端，其网络协同化能够扩大产品和服务的需求端，意味着其在市场竞争中具有一般数据智能化厂商不具备的市场势力，意味着其具有行业垄断的潜质。因此，我们关于数据智能化、网络协同化、网络协同效应等的分析，会发散到对诸如厂商竞争路径和手段、行业垄断形成过程、资源配置机制变化、产业组织变动等问题的讨论，对这些问题探讨要始终贯穿数据智能化这条主线。经济学家贯穿这条主线的研究要借助互联网、大数据和人工智能等领域的成果，要能够把这些成果做出一般性的理论概括。在笔者看来，当未来这些成果可以得到长足发展时，经济学基础理论一定会因为大数据和人工智能的发展而出现革命。

第三节　厂商投资经营的依据、路径和手段分析

无论是在工业化时代还是在大数据时代，厂商决策的一般理论模型都可以概括为：盈利动机→偏好→搜集、加工和处理信息→认知过程形成→投资经营决策→效用期望调整。虽然，这个模型在市场经济运行体制下不会因制度安排的变化而变化，但以影响该模型运行的因素而言，科技水平变化会改变厂商的决策依据、路径和手段。迄今为止，经济学将科技因素作为内生变量的学术处理，只是在解析上述模型时将科技因素作为解释性变量看待，并没有将科技因素作为厂商决策的依据、路径和手段重要因素来考虑，这种把厂商决策理论看成是既定科技水平之生产函数的观点，表明经济学厂商理论还停留在新古典经济学的学术层次。大数据、互联网和人工智能等的全面融合正在改变这样的学术动态。

一　大数据时代与工业化时代的厂商决策模型在形式上不存在区别，但在技术手段运用上却内蕴着对厂商决策过程发生影响的差异

人类从蒸汽机革命走向电气化革命，尤其是走向信息化革命后出现的科技进步，在导致以分工和协作为标志的社会化大生产以后，曾在历史上兴起各种风靡一时的人文主义，但这种以工业化为背景的人文主义正在被以大数据和人工智能为内核的科技人文主义所取代；那些推崇科技人文主义的未来学家认为，人类一切活动以及自然界一切现象都会成为一种"算法"，社会意识或多或少都会打上互联网、大数据和人工智能等相融合的烙印（赫拉利，2017）；撇开科技人文主义对人类经济、政治、文化和思想意识形态等将会产生的广泛影响，仅就它重塑厂商思维模式和认知过程从而对厂商决策发生的影响而论，厂商实际上已迈入了受科技人文主义影响而以大数据和人工智能为导引的理性决策行列；较之于工业化时代的厂商决策，虽然大数据时代的厂商决策还不会偏离一般决策模型，但他们的偏好和认知形成以及效用期望等，已经全面受新科技因素的影响和制约，厂商的投资经营决策开始走向数据智能化。

厂商决策的数据智能化是以新科技手段运用为基础的。概括地讲，互联网、大数据、云计算、机器学习、物联网、区块链等人工智能技

术，对厂商"盈利动机和偏好→搜集、加工和处理信息→认知过程形成→效用期望调整"之决策过程的作用或影响，突出表现为超越了工业化时代以部分信息作为决策依据的模式；厂商投资什么、投资多少、生产什么、生产多少以及怎样投资和生产等，是以互联网为平台，以大数据分析为依据，以云计算、机器学习、物联网、区块链等人工智能技术为手段来规划和实施的。厂商决策受新科技支配的这些变化对微观经济运行有着很大影响，厂商的新科技运营以及对大数据的加工和处理，改变了厂商决策偏好和认知形成过程的机理构成，使厂商决策过程与工业化时代的决策过程有明显差异。理解这种差异很重要，它是我们分析厂商数据智能化的前提。

　　二　厂商决策依据和路径集中表现在对大数据的搜集、整合、分类、加工和处理上，这样的依据和路径是新科技背景下厂商追求效用最大化的反映

　　互联网和大数据时代的重要特征，是新科技广泛运用有可能给人类提供完备信息乃至于在未来提供完全信息。针对大数据究竟能在多大程度上提供信息，学术界主流观点认为，大数据不可能覆盖和解析所有不确定性事件，不可能提供完全信息。这个观点既有正确性也有偏颇之处。人类在现有新科技条件下的确不能正确预判所有不确定性事件，不能通过大数据分析提供完全信息，但断言人类在未来一定不能预判所有不确定性事件则有些武断，这是其一。其二，严格来讲，大数据能不能覆盖所有不确定性事件，与大数据能不能解析所有不确定性事件，不是一回事。事实上，大数据覆盖所有不确定性事件是一种客观存在，只是在没有出现新科技之前，人类不知道大数据和不会运用大数据分析罢了。对于经济理论研究来讲，重要性在于揭示大数据运用的程度和范围给人类决策提供信息的状况。厂商运用大数据和人工智能手段所能获取的决策信息，要比工业化时代多得多。因此，认为人类运用大数据分析可以获取完备信息的观点具有合理性。

　　厂商在完备信息下的投资经营会取得满意的效用函数，但厂商获取完备信息必须能够掌握和运用云平台、云计算、机器学习等人工智能技术手段。厂商投资经营的决策依据和路径，是了解社会需要什么样的产品和服务，知晓社会对自己产品和服务的需求数量及其变动。这样的决策依据和路径只有依靠新科技。具体地讲，厂商要能够运用云平台搜

集、整理和分类大数据，要能够运用云计算、机器学习、区块链等人工智能技术手段来加工和处理大数据。这种按经济学意义概括的数据智能化，超越了计算机专家和人工智能专家有关大数据和人工智能技术应用的内容，是对厂商投资经营决策之效用函数的直面解释。经济学对厂商投资经营依据和路径的关注，是厂商运用新科技的认知形成过程及其决策的效用函数值，至于怎样取得依据和寻觅路径，则是厂商如何利用大数据、云计算、机器学习、区块链等人工智能的融合来实施技术手段的问题。

三 厂商运用新科技手段进行投资经营决策的过程，是厂商数据智能化的运用过程，主要表现为人工智能对大数据的匹配

厂商数据智能化要经历两大阶段，在第一阶段，新科技手段主要是利用互联网、云平台、物联网、机器学习、区块链等人工智能技术，对自己产品的产供销的历史数据进行搜集、整合和分类，在涉及服务时，还需要利用社交媒体、传感器、定位系统等技术手段进行大数据的搜集、整合和分类。如果厂商仅仅停留在此阶段，即厂商只是经历了历史大数据的搜集、整合和分类就做出决策，那么，厂商的数据智能化水平充其量是处于互联网+的技术层级。在现实中，这样的厂商没有能力加工和处理自己产品和服务的产供销大数据，他们的投资经营决策通常距准确性尚远，他们在投资什么、投资多少、生产什么、生产多少以及怎样生产等方面，只能做出比工业化时代要准确的预测但不能做到准确规划。追溯其因，是他们还不能挖掘、加工和处理现期数据，还达不到掌握完备信息的水准，他们的数据智能化水平还处在较低层次。

厂商掌握完备信息至少要满足两大条件，一是不仅能够运用新科技手段对大数据进行搜集、整合和分类，而且能够运用新科技手段来加工和处理大数据；二是不仅能够加工和处理历史数据，而且能够加工和处理现期数据，很明显，具备这两大条件的厂商处于数据智能化的较高层次[1]。这样的厂商运用新科技手段进行投资经营决策的过程，就是他们数据智能化的运作过程。换言之，也只有较高技术层次的厂商才可以进

---

[1] 前文曾提及大数据等于历史数据、现期数据和未来数据之和，在这里，我们暂时放弃对未来数据的分析，是基于现阶段的厂商还不具有加工和处理未来数据之技术手段的考虑；在厂商技术层级的界定上，我们可以将具备加工和处理未来数据之技术手段的厂商，解说为数据智能化的顶级层次厂商。

入数据智能化运作的第二阶段。

数据智能化第二阶段的新科技手段及其运用，是指厂商能够运用人工智能技术匹配产品和服务的大数据，从互联网＋的技术层级提升到人工智能＋的技术层级。厂商从数据智能化第一阶段进入第二阶段，是一个很大的跨越，实现了这样的跨越，厂商的投资经营就全面进入人工智能匹配大数据的阶段。人工智能包括机器学习、逻辑推理、概率推理、专家系统、语音识别、自然语言处理等技术，这些技术对大数据的匹配有不同运用。对于历史数据的匹配，机器学习是主要方法；对于现期数据的匹配，要求在机器学习的基础上运用逻辑推理和概率推理等方法；对于未来数据的匹配，则需要人工智能方法的全面运用。换言之，对历史数据、现期数据和未来数据的匹配，要求厂商具有不同的数据智能化能力。这个问题需要把厂商投资经营与人工智能运用结合起来解读。

第四节　大数据时代厂商网络协同化分析

一　互联网应用扩张是网络协同化的基础，当大多数厂商采用互联网＋模式，厂商投资经营便开始走向网络协同化

从定性的角度讲，互联网＋模式是厂商以互联网为载体与客户进行产品和服务交易的一种平台经营方式，这种经营方式的门槛不高，只是要求厂商必须熟练掌握和操作互联网的搜索引擎、链接并联、在线关注等基本功能，通过产品和服务介绍以及广告宣传等把关联客户链接起来，建立起有着自己"领地属性"的交易平台。在互联网＋模式的初级阶段，并不要求厂商具有很高的数据智能化水平，具体地讲，并不要求厂商拥有云平台，并不要求厂商具有云计算和人工智能技术手段加工和处理大数据的能力。互联网＋模式是互联网应用扩张之于产品和服务交易的一种市场型制度安排。关于这种由新科技催生的制度安排，经济学家需要研究的有两点，一是它引发了去中间化的交易制度，导致了资源配置方式的变革；二是它使厂商开始重视和采用数据智能化，关注互联网在线交易生态和场景变化对厂商与厂商以及厂商与消费者之间行为互动的影响和制约。

互联网应用扩张导致资源配置方式发生大变革，或许要经历相当长时期才会完全成为现实，但这个问题的研究对于经济学基础理论具有创新的革命性。互联网应用扩张的在线交易生态和场景变化会催生网络协同化，这是互联网＋运行模式正在面临的问题。我们可以互联网＋运行模式的程度来解说网络协同化。如果厂商不具有数据智能化能力，即不能利用云平台和不能运用云计算、机器学习等人工智能手段对大数据进行加工和处理，只是通过互联网的搜索引擎、链接并联、在线关注等基本功能把自己的产品和服务推介于客户，那只是低层级的网络协同化，并且从未来发展的眼光看，它只是一种有着网络协同化之形，并没有网络协同化之实的互联网＋运行模式。从厂商与厂商以及厂商与消费者之间的行为互动看问题，具有网络协同化之实的互联网＋运行模式，是厂商能够应对交易的复杂生态和场景，从而能够准确预测产品和服务的供给和需求的运行模式。

在大部分厂商采取互联网＋模式进行投资经营的情况下，追求效用最大化的内在动力和外在强制，会驱动厂商努力提高数据智能化水平，他们会自觉建立云平台或至少会利用公共云平台，提高云计算和机器学习等人工智能技术水平，力图对自己的投资经营做出准确的预测和规划。但对于厂商来说，以上过程不是一蹴而就的，厂商需要在提高新科技水平的同时，借助互联网应用扩张来处理投资经营有可能碰到各种交易的复杂生态和场景。关于这些生态和场景，我们在分析网络协同化将导致网络协同效应时会作进一步的考察，这里需要指出的是，这些复杂生态和场景只有在厂商长期实施互联网＋模式进行投资经营时才会被充分认识，才会激发厂商探求解决问题的动力和途径。因此，厂商长期采取互联网＋模式会推动网络协同化。

二　网络协同化机理是在厂商对大数据加工和处理的数据智能化过程中形成的，并随这一过程扩张得以显现

基于网络协同化是互联网应用扩张的产物，如果我们把厂商长期采取互联网＋模式会推动网络协同化作为一种过程机理来理解，那么，厂商努力提高数据智能化则可被看成网络协同化提升厂商科技素质的一种内在机理。厂商科技素质首先表现为它能随互联网扩张而不断提升自身大数据的运用能力。具体地说，厂商既要能够操作和运用信息互联网，也能够操作和运用物体互联网和价值互联网。物体互联网作为人工智能与物联网的叠加，价值互联网作为区块链运用的体现，它们较之于信息

互联网具有不同逻辑,这意味着人类已结束"人与信息对话"走向"人与数据对话",并在将来极有可能走向"数据与数据对话",这几种"对话"的升级版本,本书第一章曾通过对厂商数据智能化在理论上有过说明。

厂商的数据智能化和网络协同化是大数据、互联网和人工智能等融合的一块铜板的两面,我们可以从数据智能化中探寻网络协同化机理,但这一机理还反映在厂商数据智能化的技术层级上。厂商采用互联网+模式并非意味着实现了网络协同化,也就是说,那些不具备数据智能化或数据智能化技术层级很低的厂商,尽管采用了互联网+模式,也不能实现较高层级的网络协同化;只有那些数据智能化技术层级较高的厂商,才能实现较高层级的网络协同化。这个问题的进一步考察,涉及对经济学有关厂商竞争和垄断之相关理论的讨论,我们联系这些理论来解说网络协同化机理,或许能获得更深刻的认识。

三 经济学关于竞争和垄断的理论不能解释网络协同化,但我们需要结合经济学理论来透视网络协同化机理,这是一个值得重视的分析课题

经济学产业组织理论由竞争和垄断以及产量和价格决定两大块核心内容构成。就厂商与厂商以及厂商与消费者之间的行为互动而论,竞争理论与之关联度最强,经济学家大都通过市场竞争理论分析产量和价格决定,进而对这种行为互动做出解释。熟悉产业组织理论的学者知道,建立在产品同质性假设之上的新古典经济学对竞争的初始研究,是认为技术进步下厂商之间的完全竞争会抑制因垄断引起的产品均衡价格上升,并据此推论产量和价格由市场竞争调节,市场会自动回归到完全竞争模型所描述的情形(马歇尔,1890)。建立在产品差异性假设之上的剑桥学派(Chamberlin,1933;罗宾逊,1982),认为现实市场存在一定市场势力的大厂商,竞争和垄断始终并存。新古典经济学关于竞争和垄断的分析,实际上是对厂商与厂商以及厂商与消费者之间的行为互动的研究,后期运用"结构、行为、绩效"模型的哈佛学派(Mason,1949;Bain,1959)和芝加哥学派(Stigler,1971)也是如此。

新古典经济学家对这种行为互动的分析,是以中间商、批发价、广

告宣传等竞争活动为依据,以市场、价格和厂商相分离展开的①。尽管这些分析把市场看成厂商活动、供求波动和价格形成的网络,但由于这样的市场网络不具有互联网"时空错开、同步并联、客户拉动、实时评价"的特征和功能,因而,无论是完全竞争模型还是后期发展起来的垄断竞争模型和不完全竞争模型,都不能解释互联网意义上的网络协同化。在大数据和互联网时代,网络协同化会致使竞争广泛而长期存在,但由于网络协同化会导致下文将要重点论及的网络协同效应,行业垄断会在相当长的时期内存在。我们如何依据互联网、大数据和人工智能等的融合,来构建厂商投资经营的完全竞争模型或垄断竞争模型或不完全竞争模型呢?很明显,这是大数据革命引发经济学创新的重要内容。

四 在互联网、大数据和人工智能等融合的背景下,高层级技术厂商与低层级技术厂商之间的行为互动,是常态的网络协同化

在未来数字经济发展的相当长时期,真正能掌握和运用大数据和人工智能等技术手段,从而能准确知晓投资经营什么和投资经营多少的高层级技术厂商是少数,绝大部分厂商会在相当长的时期内是低层级技术厂商。有必要指出的是,发生在这两类厂商身上的网络协同化包含着两方面的内容:第一,较之于低层级技术厂商,高层级技术厂商通过数据智能化来扩大产品和服务供给端的同时,也会通过网络协同化来扩大产品和服务的需求端;低层级技术厂商的供给端和需求端,虽然也会扩大但范围要小得多,他们的供给端和需求端的扩大在很大范围内要受到高层级技术厂商的牵引;第二,联系消费者来考察,高层级技术厂商能够通过互联网、传感器、社交媒体、定位系统等挖掘和处理消费者的行为数据,他们与消费者之间具有很强的网络协同化,相对而言,低层级技术厂商挖掘和处理消费者的行为数据能力,以及他们与消费者之间的网络协同化要弱得多,因而他们通过网络协同化扩大需求端时会受到数据智能化制约。

数据智能化和网络协同化是互联网、大数据和人工智能等相融合的数字经济结晶,数据智能化层级塑造了厂商的不同技术层级。虽然,我

---

① 即便是将厂商、市场和价格合而为一的以交易成本、有限理性、机会主义、道德风险、资产专用性等为核心概念的新制度经济学(Coase, 1937; Williamson, 1975, 1985),同样也是以以上要素为依据来分析竞争活动的。这可以理解为工业化时代的理论反映。

们解释不同技术层级厂商之间行为互动的网络协同化基础是偏好、认知和效用期望等的趋同化，但这种解释的落脚点是要说明他们挖掘、加工和处理大数据能力的差别。大数据除了具有极大量、多维度和完备性等特征，还具有导引人类总体思维、相关思维、容错思维和智能思维的功能（Viktor Mayer – Schönberger，2013）。如果厂商有较高级的技术层级，具有总体思维、相关思维、容错思维和智能思维，它就能够对极大量和完备性的大数据进行搜集、整合和分类，就能够运用以机器学习为核心的人工智能技术来挖掘、加工和处理大数据，就能够通过与其他厂商和消费者的行为互动掌握他们现期活动的大数据①，从而更好地发挥网络协同化的优势。

以厂商投资经营选择来讲，由于高层级技术厂商能够从大数据中获取准确信息，即能够通过网络协同化准确了解产品和服务的供求信息，从而在竞争中处于相对优势地位。相对而言，低层级技术厂商要依赖于高层级技术厂商，这种依赖主要表现为它们在网络协同化过程中难以直接通过大数据获取准确信息，也就是说，它们会在偏好趋同化、认知趋同化和效用期望趋同化的驱动下，以高层级技术厂商的投资经营选择作为自己的投资经营选择。这样的网络协同化格局会导致高层级技术厂商的市场势力。比照工业化时代的实际，这样的市场势力凸显了新科技的魅力，它会形成行业或产品和服务的市场势力，以至于形成局部垄断，我们不妨将这种情形称为存在高低技术层级厂商背景下的网络协同效应。显然，如何理解这种网络协同效应，无疑是网络协同化分析的重要内容。

五 网络协同效应是高低技术层级厂商之间行为互动的结果，可以把网络协同效应理解为数据智能化和网络协同化的函数

以上分析实际上已潜在表明，只有高层级技术厂商才有可能获得网络协同效应，其理论依据在于：第一，高层级技术厂商在数据智能化上真正展现了互联网、大数据和人工智能等的融合；第二，高层级技术厂

---

① 大数据也可看成由三大块构成：已发生事件的历史数据、正在发生事件的现期数据以及将来发生事件的未来数据。高技术层级厂商不仅可以挖掘、加工、处理和匹配历史数据，而且能够在一定程度和范围内挖掘、加工、处理和匹配现期数据。需要说明的是，低技术层级厂商充其量只能挖掘、加工、处理和匹配历史数据，至于未来数据，高技术层级厂商也不具备这种能力，只有顶级技术层级厂商才能挖掘、加工、处理和匹配。

商能够在挖掘、加工和处理历史数据并能够在部分地挖掘、加工和处理现期数据的基础上，准确扩大产品和服务的供给端和需求端；第三，高层级技术厂商能够通过数据智能化捕捉其他厂商和消费者的选择偏好和效用期望，从而能够应对复杂的交易场景和生态。这些依据也是对低层级技术厂商难以获得网络协同效应的反证。由此可见，数据智能化是厂商取得网络协同效应的充分条件，而网络协同化则可看成厂商取得网络协同效应的必要条件。我们可依据这两个条件把网络协同效应解释为是数据智能化和网络协同化的函数，即网络协同效应（F）= 数据智能化（X）+ 网络协同化（Y）。该函数在现实中是非线性的，它可表述为：$F(X, Y) = f(X) + f(Y)$。

关于函数 F（X，Y），除了明显属于大数据和人工智能专家的技术内容外，前文的相关分析实际上已经分别对 $f(X)$ 和 $f(Y)$ 做出了一定程度和范围的性质解说。对 $f(X)$ 的分析，可谓贯穿于问题研究的始终；但对于 $f(Y)$ 的性质解说，至少还有两方面内容需要分析：一是交易场景和生态对网络协同化的约束，以及产生网络协同效应的条件配置；二是网络协同化导致网络协同效应对产业组织变动的影响。互联网应用扩张下的交易场景和生态，包含非常宽泛的内容，就网络协同效应而言，涉及产品和服务的上下游关联、在线支付、信用担保、物流保险、客户拉动、实时评价、道德风险监控等一系列问题，这些问题怎样产生以及如何解决，有着包含复杂技术的非线性规定。对于 $f(Y)$ 的主要内容，经济学家要能够借助大数据和人工智能的成果，在建立描述 $f(X)$ 非线性模型的同时，建立描述 $f(Y)$ 的非线性模型。也就是说，函数 F（X，Y）是由 $f(X)$ 和 $f(Y)$ 两个非线性函数构成，在理论上对 F（X，Y）做出大体符合现实的解释，需要经济学家、大数据专家和人工智能专家的共同努力才能完成。

不过，当网络协同效应被解说成高低技术层级厂商之间行为互动的结果时，我们在纯经济理论意义上便有了以下基本分析框架：互联网应用扩张→大数据和人工智能广泛运用→数据智能化和网络协同化→高低技术层级厂商形成→偏好、认知和效用期望趋同化→网络协同效应。这个框架有着改变经济学基础理论的意蕴，对于现实的产业运行，我们可以用它来说明和解释目前产业组织正在悄然发生的潜在变动。

六　从大数据、互联网和人工智能相融合看问题，网络协同效应的经济运行结果之一，将会造成产业组织变动

对于这一理论见解，我们可围绕上述分析框架来展开。厂商偏好、认知和效用期望的趋同化，是大数据、互联网和人工智能等融合形成厂商数据智能化和网络协同化水平差异的结果，厂商的高低技术层级会改变过去那种依据产品供求、价格形成和地理位置等型构的产业链或产业群，这种改变会引起产业组织变动。具体地说，互联网"时空错开和同步并联"平台，会在驱动高低技术层级厂商之间产供销环节去中介化的同时，使产品和服务的产量和价格确定出现网络协同化；较之于工业化时代依据产品上下游关联而形成的垂直整合架构特征的产业组织，高技术层级厂商的投资经营决策会产生具有市场势力的网络协同效应，于是，低技术层级厂商会效仿高技术层级厂商，从而进一步固化这种网络协同效应。以上过程是由厂商碎片化投资经营活动累积而成的，经济学家进行描述和论证，需要提升到理论分析层次来概括。

在大数据和互联网时代，促使产业组织变动的主导机制仍然是市场机制，但互联网扩张和大数据运用使市场机制的发挥途径有了新变化。以产业组织变动来讲，市场机制发挥作用的途径主要受制于新科技发展及其应用。随着云平台、云计算和机器学习等人工智能技术手段在经济活动中的广泛运用，厂商的产量和价格确定以及厂商的竞争和垄断形成路径，已不像过去那样完全依据于市场信号，而是在很大程度和范围内通过数据智能化和网络协同化以及互联网资源配置机制途径来解决。我们应该看到，这种以大数据运用和人工智能技术为手段所推动的产业组织变动，是以互联网扩张导致网络协同为前提的，其结局是产业组织架构由原先的垂直整合架构转变成网络协同架构。

关于厂商与厂商以及厂商与消费者之间的网络协同化以及由此产生的网络协同效应，还有一些理论分析层面和具体操作层面的问题需要进一步研究。但无论我们的研究推进到哪一步，始终离不开厂商掌握和运用以机器学习等为核心内容的人工智能技术对大数据的匹配问题，始终离不开以数据智能化为基础的网络协同化问题，始终离不开互联网、大数据和人工智能等融合背景下的网络协同效应问题。经济学家对数据智能化和网络协同化以及由此产生的网络协同效应等的理论溯源，按照未来学家的观点，都可以归宿到人类经济活动的"算法"上去理解和认

识（吴军，2016；凯利，2014；彭特兰，2015）。我们怎样理解和认识这种"算法"呢？这是大数据革命与经济学创新的基本内容。

第五节 经济学创新有待于深入研究的几个问题

经济理论的分析基础是理性选择理论，该理论主要由选择动机、偏好、认知、效用等要素构成。现有的理性选择理论是工业化时代的产物，它给我们留下的主要理论遗产是最大化学说，但它有关偏好、认知、效用期望等的分析已难以解说大数据时代人们的理性选择。随着大数据、互联网和人工智能等的融合对人们选择行为影响的进一步加深，人们的选择偏好、认知、效用期望等已发生了变化，这些问题需要经济学家在承接最大化学说的基础上通过厂商数据智能化和网络协同化分析，作出一般性理论概括。经济学家借助数据智能化和网络协同化解读选择偏好、认知、效用期望等的困难，发生在理论建构的基本假设上，即将来大数据能不能提供完全信息这个问题上。这是一个牵动整个经济学理论基础的问题，本书在后续的章节中还会反复分析。

产品和服务的产量和价格决定以及厂商竞争和垄断等问题，一直是经济学产业组织理论的重点研究对象。在工业化时代，无论是完全竞争理论、垄断竞争理论还是不完全竞争理论，经济学家都是以供求关系和价格波动为核心的市场机制来进行分析论证的。在市场机制照常发挥作用的大数据时代，厂商竞争和垄断的作用形式发生了变化，厂商可以通过数据智能化预测和规划产品和服务的供求数量，通过网络协同化来制定价格，换言之，产品和服务的产量和价格确定以及竞争和垄断的形成，已经在很大程度上由数据智能化和网络协同化决定，这可以理解为市场机制作用的一种新的表现形式，这种新的表现形式使产业组织由过去那种产品上下游关系、地区性关联、空间和成本约束的垂直整合架构，逐步转化为"时空错开、同步并联、客户拉动、实时评价"的网络协同架构。经济学家应该重视产业组织架构的这种转变，需要以数据智能化和网络协同化作为分析基础来解释这种转变。

关于厂商以数据智能化和网络协同化为基础的决策分析，是以未来大数据和人工智能等的充分发展为分析蓝本的,这样的分析暗含着未来新科技可以通过人工智能等技术手段准确匹配大数据的理论假设,这样的假设需要经济学家精心求证。同时,经济学家对数据智能化和网络协同化的一系列分析,不能仅仅局限于逻辑层面的推论,需要展开新科技运用的具体层面分析。经济学家怎样才能从逻辑层面推论转变为依据大数据和人工智能的实际研究,从而对产量和价格决定以及对竞争和垄断的形成路径做出一般机理性的模型化和系统化解释呢?在经济学世界中,建构理性是主流经济学的哲学基础,而被定性为非主流经济学的学说,通常推崇的是演化理性哲学。从不主张事先框定人类选择行为而避免走向"奴役之路"而论,如果经济学家不局限数据智能化和网络协同化的经验描述,而是能够从分析假设、参照系、分析方法等方面展开数据智能化和网络协同化的分析和研究,那么,经济学家可以在演化理性哲学下构建出以大数据、互联网和人工智能等相融合为背景新的经济学理论体系。

厂商投资经营的网络协同化问题,是一个包含厂商决策偏好、认知和效用期望、投资什么和投资多少、生产什么和生产多少、产量和价格如何确定、竞争和垄断呈现何种格局、厂商与厂商以及厂商与消费者之间怎样协同、效用函数如何解说等的系统性问题。对这些问题的描述、分析和论证的困难,不仅仅发生在对不同厂商数据智能化技术层级界定,以及厂商数据智能化与网络协同化关联等方面;更主要的,是发生在对厂商网络协同化过程的投资经营场景和生态的解说方面。针对厂商数据智能化技术层级的界定,本章在高度概括的层次上把厂商数据智能化划分为高低两大技术层级,并围绕这两大层级讨论了与网络协同化的相关问题,至于厂商各自怎样利用云平台和运用云计算、人工智能技术等来进行具体的投资经营,理应是这两大层级厂商网络协同化的分析基础,这是经济学家后续研究必须关注的。

从交易过程考察,网络协同化既涉及厂商与厂商之间的行为互动,也涉及厂商与消费者之间的行为互动;这些行为互动的基础理论分析,不仅关系到投资经营和消费选择的偏好、认知和效用期望,而且关系到投资经营和消费的资金支付安全、产品和服务质量把控、交易风险和道德风险监控等,即涉及比较复杂的投资经营场景和生态。本章解析了高低技术层级厂商的偏好、认知和效用期望的趋同化,并以此为依据对网络协同化做出了梗概描述，但这些只是对厂商与厂商之间以及厂商与消费者之间网络协同的描述，对交易场景和生态的解说是不到位的。因此，经济学家的后期研究是需要在偏好、认知和效用期望之趋同化的基础上，依据网络交易的现实把厂商与厂商以及厂商与消费者之间的交易场景和生态揭示出来，以完成对网络协同化之交易场景和生态的一般理论概括。

经济学家对网络协同化和数据智能化的分析要点，必须抓住新科技手段对大数据匹配这个根本点；在将大数据解释为数字化数据与非数字化数据之和的同时，要特别重视大数据由历史数据、现期数据和未来数据三大部分构成，并据此对高低技术层级厂商挖掘、加工和处理这三种数据的能力进行解说，这些解说要从描述性上升到分析性，要始终以新科技的未来发展作为解析厂商交易和产业组织变动的分析主线。

互联网和大数据时代的产业组织变动可看成网络协同化和数据智能化共同作用的结果。但就产量和价格确定以及竞争路径和垄断形成而论，在数据智能化水平既定或不考虑数据智能化水平变动的情况下，网络协同化对产量和价格确定以及竞争和垄断有着十分重要的影响。基于这样的考虑，经济学家要从互联网"时空错开、同步并联、客户拉动、实时评价"之功能入手，通过对网络协同化的去中介化属性和功能的分析，解答互联网时代的产量和价格确定以及竞争和垄断的形成问题。对于经济学创新来说，构建大数据运用和互联网扩张背景下新的产业组织理论十分重要，经济学家要分析和研究数据智能化和网络协同化对于厂商竞争路径和垄断形成的导引作用，要说明大数据和互联网时代厂商竞争的具体路径和垄断的形成过程。只有这样，经济学才能实现在重塑理性选择理论基础上的产业组织理论创新。

第四章 大数据时代市场竞争路径分析

第一节 问题的理解

主流经济学关于市场竞争路径的学理性分析和研究，主要是围绕价格确定、产量确定、规模经济、市场占有率、垄断形式、产业组织运行等展开的，而对科技进步会改变市场竞争路径的情形，并没有给予足够的关注。其实，市场竞争路径的变化在很大程度上与科技进步有关，经济学家之所以没有高度重视科技进步对市场竞争路径变动的影响，是因为他们长期偏好于将科技因素作为外生变量处理。大数据和人工智能等的发展可谓是一场史无前例的科技革命，它对人类经济活动产生了广泛而深刻的影响。这些影响主要表现为：大数据分析及其运用会影响厂商投资经营，大数据与机器学习、物联网、区块链等人工智能手段相融合会改变厂商竞争路径，厂商数据智能化和实现网络协同化水平的提高会导致产品和行业垄断，等等。市场竞争路径变化是贯穿于大数据、互联网和人工智能等相互融合过程的一种现象，这种现象对应于厂商新科技水平的不同层级，微观经济分析需要将新科技因素作为内生变量处理，通过分析大数据、机器学习与市场竞争路径之间的关联，揭示市场竞争路径变化机理以及由此引致的微观经济运行问题。

市场竞争路径的形成过程就是厂商投资经营的产量和价格决定过程，这在大数据和互联网时代也不例外。在前面的分析中，我们曾在哲学层次上对大数据内涵作了一个界定，指出大数据是数字化数据与非数字化数据之和，将大数据外延划定为：大数据＝历史数据＋现期数据＋未来数据＝行为数据流＋想法数据流；当我们把将大数据的外延置于大数据、互联网和人工智能等相融合的分析框架，并据此解说大数据革命时，则是对大数据内涵和外延之现实运用的综合解读。这里对大数据内涵的理解是一种静态分析，对大数据外延的理解则是一种动态解读。一方面，大数据时代市场竞争路径的形成，可以看成是大数据内涵和外延之现实运用的综合性结果；另一方面，比照未来学家将人类社会一切活动和自然界一切现象都解说为"算法"的观点（赫拉利，2017；凯利，2014；吴军，2016），我们对大数据的动态解释，突出了不同时空（过去、现在、未来）厂商投资经营的大数据变动，有理由将之看成未来学家有关"算法"观点的具体化。

大数据革命使人类能够充分利用移动互联网、物联网、传感器、社交媒体和定位设备等搜集"行为数据流"，能够运用机器学习、语音识别、指纹识别、影像识别等人工智能技术来处理"行为数据流"，这便给厂商不断提升数据智能化和网络协同化提供了基础。基于大数据、互联网和人工智能等的融合将会覆盖所有经济活动，一些文献称当今是大数据时代，也有文献将之称为互联网时代或人工智能时代。其实，怎样称呼并不重要，重要的是能够解析大数据、互联网和人工智能等融合将会给人类经济活动带来什么样的影响。就云计算、机器学习等人工智能手段匹配大数据究竟能在多大程度上影响和决定人类选择行为而论，厂商投资经营之竞争路径的选择，就存在许多以数据智能化和网络协同化为基础的机理和机制需要我们去研究。

大数据时代市场竞争路径的经济学解释，可概括为厂商利用云平台和运用云计算，对影响投资经营的大数据进行挖掘、搜集、整合、分类、加工和处理，并通过互联网平台确定投资什么、生产什么以及投资和生产多少，以追求市场占有率和实现利润最大化。在当今社会，厂商驾驭大数据和人工智能技术能力的强弱，直接决定其市场竞争能力的强弱。在未来，大数据将会驱动所有厂商采用互联网、云计算、机器学习等人工智能技术作为竞争手段，但由于不同厂商掌握和运用大数据和人工智能的水平存在差异，高水平厂商通常要比低水平厂商更具竞争力，他们会通过数据智能化和网络协同化取得市场势力（乃至于实现局部垄断）。这种状况要求经济学家重新审视现有的有关竞争的理论，要求经济学家对大数据时代的市场竞争路径做出新解释。

经济学建立在产品同质性假设上的完全竞争理论，认为完全竞争会抑制人为的市场定价和确定产量，垄断会导致均衡价格上升，技术进步会致使垄断消失（马歇尔，1890）；剑桥学派依据产品异质性假设，认为竞争和垄断会长期并存，大厂商具有形成进入壁垒的市场势力，厂商投资经营的竞争路径始终伴随着垄断（Chamberlin，1933；罗宾逊，1982）；哈佛学派和芝加哥学派可以用"结构、行为、绩效"模型来解释竞争路径垄断形成（Mason，1939，1949；Bain，1959；Stigler，1971）；新制度经济学对市场竞争路径展开了以交易成本、有限理性、逆向选择、机会主义、道德风险、资产专用性等为分析主线的制度性解释（Coase，1937；Williamson，1975，1985）；博弈论和信息经济学对市场竞争路径做出了实行政府规制条件的新解读（Fudenberg & Tirole，1984；Rey & Tirole，1986；Hart & Tirole，1990）。随着大数据和人工智能的飞速发展和广泛运用，这些理论的解释力越来越显得苍白。

经济学家要建构出适合大数据和人工智能时代的产业组织理论，需要建立新的竞争和垄断理论，需要对价格和产量决定、市场占有率、产业竞争度和集中度等问题有新的解说；市场竞争路径作为新理论的重要分析基础，它主要反映在大数据及其运用对厂商投资经营选择过程的影响。厂商如何通过云计算和机器学习等人工智能技术来匹配大数据，以大数据和人工智能为代表的新科技如何改变市场竞争路径，这些实际和逻辑的一致性问题，要求经济学家有基础理论的解释。

第二节 大数据改变市场竞争路径的理论分析

厂商投资经营涉及投资什么、投资多少、生产什么、生产多少等内容，厂商市场竞争路径的选择始终是围绕这些内容进行思考和操作。关于厂商投资经营的理论分析，我们需要对它的假设前提、参照系和分析方法等做出新解释。主流经济学理性选择理论的假设前提曾由完全信息假设转向不完全信息假设，分析参照系曾对选择偏好、认知和效用等做出过有重点的取舍，只有分析方法始终是坚持采用以"个体行为"为基本分析单元的个体主义方法论。然则，随着互联网、大数据和人工智能的广泛运用，无论是经典的"偏好的内在一致性"理论，还是把心理学与经济学并轨"以心理活动为分析底蕴的认知"理论，或是经过几代经济学家精心论证和发展的"效用函数"理论①，都难以准确解释大数据时代的厂商投资经营行为，以至于难以梳理和描述厂商竞争路径。厂商选择行为的变化反映在大数据、互联网和人工智能等的融合上，我们可沿着这一思路来讨论厂商竞争路径。

一 大数据时代厂商投资经营行为仍然是理性选择，但较之于工业化时代，这种理性选择集中体现在对大数据的挖掘、搜集、整合、分类、加工和处理等方面

在工业化时代，科技发展水平还不能够挖掘、搜集、整合、分类、加工和处理具有极大量、多纬度和完备性特征的大数据，厂商只能在信息不完全和不对称基础上通过加工和处理有限信息而形成认知，并做出追求效用（利润）最大化的决策。从定性的角度看，工业化时代的厂商理性行为与大数据时代一样，都表现为"先思考后认知再决策"（何大安，2014，2016），但从厂商获取信息的途径和方法以及认知和决策的形成过程来看，这两个时代的厂商理性选择是不同的，这便决定了厂商竞争路径选择的差异。大数据和互联网时代厂商投资经营的决策依据是大数据，厂商会利用云平台和云计算，对影响或决定投资经营的大数据进行挖掘、搜集、整合、分类、加工和处理，以形成怎样投资经营的认知，并在此基础上形成决策。也就是说，厂商投资经营的理性选择已开始走向数据智能化，大数据和人工智能等已成为厂商理性投资经营的行为基础。

大数据和人工智能等之所以是厂商理性投资经营的基础，依据在于大数据时代厂商的决策信息开始来源于大数据，这可从厂商获取大数据和甄别信息得到解释。首先，厂商会通过移动互联网、社交媒体、传感器和定位系统等挖掘和搜集大数据；其次，厂商会利用云平台和云计算来整合、分类、加工和处理大数据；再次，厂商会通过机器学习等人工

---

① "偏好的内在一致性"是新古典经济学运用数理逻辑论证个体理性选择的经典，它对选择行为的非此即彼的解析，使偏好相对于效用取得了函数的形式（Neumann & Morgenstern, 1947; Arrow & Debreu, 1954; Arrow, 1951）；现代非主流经济学并轨心理学和经济学把认知作为解释性变量，通过心理和行为实验，运用偏好函数和认知函数揭示了传统理论与人们实际选择行为之间的系统性偏差，以一条反映财富相对变化和风险偏好呈 S 形曲线的价值函数来替代传统的效用函数（Kahneman & Tversky, 1979, 1973, 1974），但迄今为止的理性选择理论都是建立在信息不完全和不对称基础之上的，并且作为立论依据的信息都是从反映局部实际的样本数据而来，因而这些理论难以解释大数据时代厂商的投资经营行为。

智能手段来匹配大数据；最后，厂商试图从大数据中得到准确信息来做出投资经营决策。针对厂商这种以大数据的挖掘、搜集、整合、分类、加工和处理等为特征的理性选择行为，有两个理论问题值得研究：一是如何在理论层面上论证大数据时代的厂商选择行为，从而重塑经济学的理性选择理论；二是解析厂商如何运用云平台、云计算、大数据和机器学习等人工智能手段来进行具体投资经营的过程。以大数据时代厂商竞争路径的研究来讲，我们可以将关注点放在后一理论问题的讨论上来。

经济学理性选择理论以部分信息为依据，对选择偏好、认知和效用期望等的研究，是在假定这部分信息真实的情况下，通过对这部分信息的定性分析来展开选择行为研究的。与此不同，大数据时代厂商的选择偏好、认知和效用期望等的形成，相伴于大数据的挖掘、搜集、整合、分类、加工和处理。这个区别很重要，它表明建立在建构理性之上的经济学理性选择理论，难以解释大数据时代的具有演化理性特征的厂商选择行为。因此，当我们联系大数据和人工智能等来研究厂商竞争路径选择时，经济学理性选择理论留给我们的学术遗产，可以理解为该理论有关理性选择的性质界定、假设前提、参照系、分析方法等，这些学术遗产对市场竞争路径的研究具有承接性。换言之，我们对厂商竞争路径研究的理论承接，需要在大数据的挖掘、搜集、整合、分类、加工和处理等的分析框架内进行。

二 在未来有可能提供完备信息的大数据时代，厂商会利用互联网、云平台、云计算和人工智能技术等选择竞争路径

工业化时代厂商用于投资经营决策的信息，局限于历史数据和样本数据。就信息关联于市场竞争路径而论，由于厂商难以从历史数据和样本数据全面知晓产品和服务的供求数量及其结构，厂商竞争路径的选择主要是围绕价格波动、供求变化、产量变动和质量控制等形成的。经济学产业组织理论所涉及厂商竞争路径的分析和研究，通常是与垄断问题的讨论联系在一起的。这里有一个问题需要指出，在信息不完全和不对称的工业化时代，经济学家用信息不完全假设或信息不对称假设来研究竞争和垄断问题，很容易淡化科技因素的影响，以至于把这两大假设看成是长期不变的分析前提。当我们考察大数据和人工智能时代的厂商竞争路径的选择时，由于大数据的极大量、多维度和完备性等存在着提供完备信息的可能性，因而厂商通过互联网、云计算和人工智能等对大数

据的挖掘、搜集、整合、分类、加工和处理，是有可能获取对称信息的，这样的理论见解会给我们提供厂商竞争路径选择的新视野。

大数据改变厂商竞争路径的主要依据在于：（1）随着新科技的发展，大数据及其运用有着解决信息不完全和信息不对称问题的可能性；（2）随着厂商利用云平台、运用云计算和人工智能手段等处理大数据能力的增强，厂商在新科技支持下有可能获取产品和服务的供求数量及其结构的准确信息；（3）厂商通过人工智能来匹配大数据，可从过去那种完全依据市场信号来选择投资经营的思维逻辑中走出来，以大数据思维取代过去依据部分信息进行推论的因果思维；（4）厂商将会在确保产品和服务质量的前提下，力图准确地决定符合市场供求的产品和服务的数量和品种。这些依据再次表明我们以上反复强调的两大事实：一是厂商能利用和熟练操作移动互联网和人工智能技术进行投资经营，实现了数据智能化；二是厂商能够根据复杂场景或生态，实现了厂商与厂商、厂商与消费者之间的网络协同化。因此，从理论上讲，大数据、互联网和人工智能等的相互融合所型构的数据智能化和网络协同化，正在改变着厂商投资经营的竞争路径选择。

厂商的数据智能化和网络协同化包含着极其丰富的内容，我们联系这些内容来解说市场竞争路径的形成及其作用过程，一方面，需要将分析重点放在数据智能化如何使厂商准确获取产品和服务数量及其结构的信息量，以阐述这种不同于工业化时代的信息获取途径；另一方面，则需要解释网络协同化反映厂商运用以机器学习为代表的人工智能手段，来匹配大数据进行投资经营的信息。这里所说的信息，指厂商对多维度的大数据进行相关分析后获取的信息，随着新科技的充分发展，这些信息在多大程度上接近完全信息或对称信息呢？显然，这取决于大数据、互联网和人工智能等的融合，具体地说，取决于厂商利用云平台、运用云计算和人工智能等搜集、整合、分类、加工和处理大数据的能力。厂商要获得市场出清意义上的产品和服务的准确供求数据，必须能够运用人工智能手段来挖掘、甄别和匹配大数据，能够熟练地将机器学习为代表的人工智能技术作为市场竞争手段。

三　在未来，市场竞争路径将不可避免地走上以机器学习为代表的人工智能匹配大数据的道路

机器学习分为监督学习、无监督学习、强化学习和深度学习等类

型。目前，厂商在投资经营过程中运用机器学习的最基本方法，是通过有样本标识的监督学习和无样本标识的无监督学习来匹配产品和服务之供求数量的历史数据，至于投资经营过程中正在发生的现期数据，厂商通常是运用动态试错的强化学习和组合低层级数据与高层级数据的深度学习。厂商对产品和服务之供求数量的现期数据进行匹配，其落脚点是选择投资什么、投资多少、生产什么、生产多少和怎样生产，这是永远不会变的。尽管目前机器学习方法还不能对产品和服务之供求数量的未来数据进行匹配，但较之于工业化时代的决策方法，厂商竞争路径的选择实际上已进入了数据智能化。西方学者有关计算机怎样才具有更强学习能力从而实现人工智能匹配大数据的讨论（Taddy，2017），主要是基于对有明确事件支持的历史数据和现期数据的讨论，这些讨论明显涉及厂商竞争路径的选择问题，但值得进一步讨论的是，如果机器学习能够匹配即将发生的未来数据，厂商运用数据智能化来选择竞争路径会不会成为大数据时代的主流呢？这是一个有必要深入讨论的理论问题。

对于厂商来说，通过数据智能化和网络协同化能不能形成高效的市场竞争路径，关键在于这样的路径能不能使厂商确定产品和服务的供求数量及其结构。在工业化时代，由于信息约束和认知约束，厂商无法准确把握产品和服务的供求数量及其结构，他们主要是根据市场信号，并通过研发新产品、加强经营管理和提高产品质量等形成有效的竞争路径。诚然，经济学家难以通过很正确的理论来设置具有明确编程的模型，难以研判和处理产品和服务的供求数量及其结构，因而市场失灵和政府失灵问题难以得到有效解决。机器学习作为利用云平台和云计算之人工智能的主要手段，是在互联网、大数据和人工智能等融合场景驱动下发挥作用的，它落实到具体操作层面是结合"数据驱动法"而运营的①。现阶段的厂商已开始运用机器学习方法对已发生和正在发生的产

---

① 我们有必要再次对厂商提升数据智能化的"数据驱动法"这一软技术方法做出说明。较之于几百年来人类一直寻求事物运行可控参数而力图设置单一精准模型的分析方法，虽然"数据驱动法"仍然采用数理模型分析，但它充分利用了大数据的极大量、多维度和完备性，对大数据的多维度进行相关分析，它的线性或非线性的关联参数和模型设定是通过大量计算机服务器展开的，是用许多简单化模型取代单一复杂模型展开数理逻辑证明的（吴军，2016）。很明显，当厂商主要是应用该方法来进行投资经营，市场竞争路径便大数据化了。

品及服务的大数据进行加工和处理,即厂商正在试图通过把投资经营的历史数据和现期数据转换成一种"算法",以获取产品和服务的供求数量及其结构的准确信息。

对大数据改变市场竞争路径的理论分析,需要关注的另一重要侧面,是厂商运用大数据经营在改变竞争路径的同时,也会潜在地改变厂商垄断的形成路径。经济学针对工业化时代竞争和垄断而展开的产业组织分析,是紧扣产量和价格两条分析主线进行的。瓦尔拉斯(Warlas,1874—1877)和帕累托(Pareto,1909)创立的一般均衡理论,曾通过对产量和价格的分析,将平均生产成本、竞争度和产业集中度等作为研究竞争和垄断路径的解释性变量,剑桥学派(Chamberlin,1933)、哈佛学派(Mason,1939,1949;Bain,1959)和芝加哥学派(Stigler,1971)也曾将这些解释性变量放置于竞争和垄断的分析框架。我们对大数据时代厂商竞争和垄断路径的解释离不开这些解释性变量,但对这些变量的数值界定则可以通过大数据分析来完成。这是因为,大数据时代的平均生产成本、竞争度和产业集中度等经由大数据分析后可事先确定,并且随着厂商驾驭移动互联网、大数据、人工智能以及运用物联网水平的空前提高,经济学家笔下的这些解释性变量有可能慢慢趋近于常量,因此,对厂商竞争路径的分析论证,可以看成是对厂商运用大数据进行投资经营的分析论证。

关于厂商利用移动互联网、运用云平台和云计算,以及运用机器学习等其他人工智能方法匹配大数据,从而形成厂商竞争路径的进一步解说,对于经济学家来说,还需要在互联网、大数据和人工智能等相互融合的背景下,对企业投资经营的数据智能化和网络协同化这两大技术操作问题做出理论解释。目前,针对业已出现的互联网产业链聚合生产资源以及互联网共享经济聚合碎片资源等实际,国内学者(江小涓,2017)分析了产品和服务在互联网的点击力、关注度、网红等现象,这一分析实际上是试图通过描述海量企业和个人在互联网或物联网上的行为互动,通过分析互联网的网络价值效应来揭示市场竞争路径,但严格来讲,这样的分析只是描述市场竞争路径的一种思想端倪,若要在理论上解析大数据时代的市场竞争路径,还需要对数据智能化和网络协同化展开讨论。

第三节　大数据时代市场竞争路径的过程分析

　　经济学经典理论认为市场充分竞争会抑制超市场力量，垄断只是在特定背景或特定条件配置下才会形成。关于这些特定背景或特定条件的学术处理，经济学蕴含以上判断的竞争和垄断的理论分析模型，主要是围绕市场机制及其作用过程展开的，至于科技因素引发市场竞争和垄断路径变化，经济学家并没有将科技因素作为分析模型的主要解释性变量来对待。大数据时代市场竞争与工业化时代的最大区别之一，是数据智能化和网络协同化会导致高技术层级厂商形成一种超市场能力，这种能力主要表现为大数据、互联网和人工智能等相互融合所引致的网络协同效应上。在市场体系内考察问题，大数据时代产品和服务的实际供求及其数量结构有着逐步摆脱市场机制引导的趋势。对这个问题的理论解析，可以市场竞争路径的具体过程的研究作为分析窗口。

　　一　竞争路径具体过程一：厂商利用互联网和搭建（利用）云平台，对投资经营大数据进行搜集、整合和分类，实现传统行业向互联网和人工智能行业的靓丽转身

　　厂商投资经营效用函数的最大化，是检验厂商竞争路径选择效用的终极表现。在非互联网时代，由于厂商不可能通过市场信号搜集到关乎自己投资经营的所有信息，更不可能推测和预判投资经营的未来信息，因而效用函数最大化只是厂商的一种愿景。以互联网时代厂商竞争路径的选择而言，高大上的厂商要实现投资经营的效用最大化，必须知晓自己应该投资什么、投资多少、生产什么、生产多少以及怎样生产，但要寻找到这种最有效的竞争路径，厂商不仅需要运用新科技手段来处理数字化数据，而且需要运用新科技手段来处理非数字化数据。在"大数据＝数字化数据＋非数字化数据"这一等式中，蕴含着厂商实现投资经营效用最大化所必备的所有潜在信息，厂商只有掌握挖掘、加工和处理大数据的新科技方法和手段，才能获取这些信息。随着大数据、互联网和人工智能等相互融合的加深和拓宽，厂商要想取得有利的竞争途径，需要掌握以云计算和人工智能等为标志的新科技。

　　在现实中，主要掌握新科技的行为主体是运用互联网进行投资经营的企业，也就是我们通常讲的"互联网+"厂商。从厂商掌握新科技层级考察，"互联网+"只是厂商掌握新科技的初级形式，较高的科技层级还要有其他条件配置。一般来讲，新科技最基本的条件配置是厂商搭建云平台或至少能全面利用公共云平台。这是因为，厂商要实现效用最大化，必须能够搜集与自己投资经营相关的产品和服务的供求数量及其结构的大数据，这类大数据十分庞杂；在不考虑未来数据的情况下，它包括已经发生的历史数据和正在发生的现期数据。撇开大数据的加工和处理，仅就大数据的搜集和储存来讲，厂商必须搭建云平台或借助公共云平台来整合和分类大数据，这是问题的一方面。另一方面，互联网与云平台是交织在一起的，厂商投资经营主要是依靠互联网搜集大数据，如果"互联网+"厂商不能运用云平台储存和分类大数据，而只是纯粹以"互联网+"模式进行投资经营，那么，厂商竞争路径便得不到新科技较高层级的支持。

厂商实现传统行业向互联网行业的靓丽转身，存在着新科技特质所规定的一些内容。这里所说的新科技特质，是针对新科技运用之于处理大数据而言的。如果说互联网与云平台的交织发挥了搜集、储存、整合和分类大数据的作用，那么，云计算和机器学习等人工智能手段明显是具有挖掘、加工和处理大数据的功能。我们分析厂商在竞争中处于什么样的位置可有以下判断：能够挖掘、加工和处理大数据的互联网企业是第一层级，能够加工和处理但不能挖掘大数据的互联网企业是第二层级，仅仅能够搜集和储存大数据的互联网企业则是第三层级。之所以有这样的判断，是基于厂商利用新科技驾驭大数据从而揭示其竞争能力的考虑，这可从以下进一步分析厂商竞争路径的具体过程得到说明。

二 竞争路径具体过程二：厂商运用云计算对大数据的加工和处理，是厂商竞争路径选择的至关重要的环节

厂商的云计算实力，是判断其是纯粹"互联网+"企业还是真正拥有高科技能力的互联网企业的标志。互联网、大数据和人工智能等发展到今日，以这一标志的现实情况而言，只有极少数厂商具备云计算实力，而绝大部分厂商并不具有云计算能力。换言之，大部分厂商从大数据中获取决策信息，还得倚靠专业公司的云计算才能解决。如上所述，厂商运用云计算处理的大数据包括历史数据、现期数据和未来数据。我们判断厂商云计算实力的高低有两个标准：一是看厂商能处理哪个层级的数据，具体地讲，能处理未来数据的是最高层级的厂商，能处理现期数据的是第二层级的厂商，只能处理历史数据的是第三层级的厂商；二是看厂商处理数字化数据和非数字化数据的能力。关于厂商云计算层级的技术梯度，未来数据的挖掘和云计算，是建立在能够处理历史数据和现期数据基础之上的，现期数据的云计算是建立在能够处理历史数据基础之上的；关于厂商云计算数据类别的技术层级，既能处理数字化数据也能处理非数字化数据的厂商，是高技术层级厂商，只能处理数字化数据而不能处理非数字化数据的厂商，则是一般技术层级的厂商。

  以上的划分和判断很重要，因为，云计算层级高的厂商可以处理历史数据和现期数据，甚至可以处理未来数据，同时，既可以处理数字化数据也可以处理非数字化数据。从这一边界考察，厂商要取得较高的投资效用函数，必须能对其产品和服务的供求数量及其结构的大数据进行云计算。这个问题的深入讨论有以下几点需要解释：（1）厂商的云计算对象不仅包括自身投资经营的大数据，而且涉及相关厂商投资经营的大数据；（2）历史数据和现期数据表现为行为数据流，它既反映在数字化数据方面，也反映在非数字化数据方面；（3）未来数据是有关厂商提供产品和服务的供求数量及其结构的预期数据，它属于想法数据流。由此可见，厂商竞争路径的选择要想得到高效用，在具体选择过程中必须具备云计算能力。

  厂商的云计算能力及提高要有大量投资，除软硬件投资外，研发费用至关重要。在现实中，中小厂商一般不具备这样的资金实力，它们通常只能投资于数据搜集所需要的软硬件，而难以在技术研发上"伸展拳脚"，云计算的技术研发是大厂商的专利。不过，资金雄厚并不一定能得到高层级的云计算技术，云计算技术层级的高低，取决于其与大数据、互联网和人工智能等的融合，取决于模型和参数的设计。这是因为，厂商运用云计算加工和处理大数据是一回事，厂商能不能够通过云计算从大数据中获取准确信息是另一回事。厂商必须能够运用人工智能匹配大数据从而获取准确信息的情况下，才能准确确定产品和服务的供求数量及其结构，才能在竞争中处于有利地位，也就是说，大数据时代市场竞争路径选择的具体过程与人工智能运用密切相关。

三 竞争路径具体过程三：为了确定投资什么、投资多少、生产什么、生产多少和怎样生产，厂商会运用机器学习和其他人工智能手段匹配大数据

机器学习作为人工智能的重要手段，最主要功能是与互联网、云平台和云计算等融合以匹配大数据，从大数据中获取用于选择的准确信息。机器学习离不开云平台和云计算，它在匹配大数据时，同样存在不同技术层级。在大数据和人工智能时代，厂商要取得投资经营的高收益，需要设置参数、建立模型和编制程序，并使用大量计算机服务器展开机器学习。由于机器学习具有很高的科技要求，中小厂商很难胜任这项技术，即便是大厂商，如果资金投入不够或研发能力不到位，其机器学习能力也不会处于较高水平。机器学习的对象是数字化数据和非数字化数据。一般来讲，对非数字化数据的参数、模型设定和程序编制，要比数字化数据难得多，厂商进行机器学习需要把非数字化数据转化为数字化数据，需要对相关目标数据进行甄别、加工和处理，需要在云计算基础上优化和预判大数据。对于厂商来讲，机器学习是获取产品和服务供求关系及其数量结构之准确信息的关键手段，是影响和决定厂商竞争路径选择的重要科技环节。

在工业化时代，厂商利用科技手段展开竞争，凭借的数据是业已发生的数字化历史数据，而不是互联网和人工智能意义上的大数据，这不仅是因为厂商得到的数字化历史数据不完全，更重要的是因为它不包括非数字化数据。这里顺便评论一下经济学的实证分析，经济学家一直致力于用历史数据来设置参数和模型，试图通过设计单一精确模型来确定投资什么、投资多少、生产什么、生产多少和怎样生产。这些参数和模型以价格、供求、成本、利润为解释变量，但在非互联网时代，由于经济学家无法得到代表这些变量的大数据，因而主流经济理论的实证分析只是对关联于部分历史数据的经济活动前景的预判，很难对经济活动前景做出准确的预判。从古典经济学到新古典经济学，从新古典经济学到现代主流和非主流经济学，无论是数理模型的理论分析还是实证分析，经济学家对经济活动的分析始终没能从事后评估走向事前决策的根本原因，就是因为工业化时代没有出现互联网、大数据和人工智能的融合。

在历史数据、现期数据和未来数据中，非数字化数据占有相当大比重，如果语音、影像、图文和指纹等人工智能识别技术能提供海量非数

字化数据，人们能够通过机器学习等人工智能技术对这些海量非数字化数据做出处理，则标志着新科技匹配大数据的水平达到了空前的高度。这里有一点需要说明，所有的人工智能手段在挖掘、搜集和提供大数据时都不是孤立的，而是互联网、大数据和人工智能等相互融合的场景。我们姑且不考虑这一场景的复杂性，单就厂商运用机器学习等人工智能手段匹配大数据而言，不同厂商的科技能力是不同的，这可以解释为厂商新科技水平的 DNA 差异，正是这种差异导致厂商竞争路径选择的差异。具体地讲，新科技水平高的厂商能够在这种复杂的场景中最大限度地挖掘、搜集、整合、分类、加工和处理与自己投资经营相关的大数据，通过云平台、云计算和运用机器学习等人工智能手段从大数据中获取投资什么和生产什么的准确信息，而新科技水平低的厂商就不能做到这些，这便导致这些厂商竞争路径的选择处于劣势。

从全社会层面看问题，如果新科技能提供超出人类想象的大数据，那么，未来掌握顶级机器学习技术的厂商，就有可能从海量的数字化数据和非数字化数据中得到接近于完备信息的信息，甚至有可能得到完全信息。因此，接下来另一个值得思考的问题是，如果新科技在未来得到了充分发展和运用，以至于所有厂商都能够以数据智能化和网络协同化来投资经营，那么，厂商竞争路径便开始趋同化。这里讲的新科技的充分发展和运用，指互联网、大数据和人工智能等的相互融合使新技术走到了非常高的水准（这有待商榷）。实际上，在未来一个相当长的时期内，新科技发展到非常高的水准可能是人类的美好愿景。例如，以机器学习匹配未来数据这项新技术为例，它首先涉及对未来数据的挖掘，其次涉及对未来数据的相关性分析，最后涉及对未来数据的人工智能化。由此可见，在今后相当长的时期，尽管厂商竞争路径可能会出现趋同化，但这种趋同化并不排除不同厂商因新科技水平差异而出现竞争实力的差异。

四　厂商竞争路径全景：先步入数据智能化，再打造网络协同化，以网络协同效应作为实现效用最大化的竞争路径

厂商步入数据智能化和打造网络协同化的全景是：挖掘和搜集大数据→整理和分类大数据→加工和处理大数据→构建厂商与厂商以及厂商与消费者的交易平台→实现网络协同效应导致的市场实力。关于这幅全景图的前半部分，前文已从互联网、大数据和人工智能等相互融合的角度进行了解析，我们在此关注这幅全景图的后半部分。厂商构建与其他厂商和消费者之间交易平台的过程，也就是实现供求及其数量结构的智能载体的过程；这个平台最主要的功能是衔接供应链和需求链，该平台功效的大小反映厂商数据智能化水平的高低。当厂商将这个平台与其他厂商的数据智能化平台结合在一起，便形成了互联网技术、信息技术和通信技术相融合的跨领域平台，即物联网。物联网是厂商选择数据智能化作为竞争路径的产物，一些以数据智能化作为竞争路径但尚未进入物联网的厂商，迟早都将被吸引到这个数据型平台上来。不过，最重要的是物联网具有与互联网类似的功能，它会使厂商投资经营产生网络协同效应。

我们可以将物联网的网络协同效应理解为：在实体企业之间产品和服务的复杂交易场景中，企业（个人）行为互动所引致的网络价值效应。联系数据智能化看问题，厂商以计算机语言编程、加工和处理数字化数据和非数字化数据，以及用人工智能匹配大数据所形成的数据智能化，是连接企业和用户从而形成智能化平台的关键因素，是实现网络协同效应的基础。厂商之所以要选择数据智能化和网络协同化作为竞争路径，是因为这一路径可使厂商通过物联网分享网络协同效应。从现实来看，物联网智能化能不能达到对非数字化数据做出数据化处理的水准，关系到厂商能不能运用 App 软件使人工智能经由物联网落地；物联网数据采集、处理和智能运用等技术实现供求均衡目标的条件，是厂商能够运用机器学习等人工智能技术对产品和服务的供求及其数量结构做出甄别和确定，以及厂商能够通过物联网实现网络协同化。如此，物联网便使传统厂商转变成基于数据和算法的智能厂商。

从机器学习等人工智能技术的运用可看出智能厂商的层级。厂商的强化学习和深度学习的技术水平越高，其数据智能化和网络协同化的能力就越强，厂商竞争路径也就越能迅速从过去以价格等市场信号为主的竞争路径，转变成以"算法"为核心而运用物联网的竞争路径。厂商成为智能厂商后通常会采取智能竞争模式，如智能家电、智能家居、机器人等产品所反映的竞争模式。但无论采用什么样的新科技手段进行竞争，厂商都必须了解其他企业供求信息以及消费者的选择偏好，而要做到这些，厂商仅仅具备数据智能化是不够的，还必须实现网络协同化。事实上，网络协同化不仅体现产品和服务的供应链和需求链在大数据和人工智能运用上的关联，更重要的，它是检验新科技手段能否融入大数据、互联网、人工智能等并产生经济效用的动态标尺。

从近几年的情况看，网络协同效应突出反映在多维度市场场景支撑的共享经济中，最著名的是阿里巴巴的电商支付和腾讯的社交媒体微信。这里有一个问题需要解释，就是智能厂商通常都会在一定程度和范围内出现网络协同化，但不一定会产生网络协同效应。例如，滴滴打车通过 GPS 定位系统，把闲置出租车和需要打车者协同于数据智能平台，但却不能产生网络协同效应，原因在于它的运营场景单一，难以阻挡别人进入数据智能化的出租车市场；与此不同的是，阿里淘宝的在线支付、担保交易、消费保证和信用评级等构成了一个数据智能化的复杂场景（腾讯也如此），这些场景涉及供求双方、物流公司、在线客服、存货管理乃至于网红等，以至于形成了一个多维度的极其复杂的网络协同。我们如何理解网络协同呢？在下一章，我们分析大数据和人工智能时代的行业垄断形成时，将会对这种复杂的网络协同做出进一步的讨论。

第四节　几点概括性的分析结论

1. 市场竞争路径是经济学家一直关注的理论问题，在不同的科技背景和制度背景下，厂商投资经营模式的不同决定他们的竞争路径选择会采取不同的方法和手段；在大数据和互联网时代，数据智能化和网络协同化是厂商竞争路径选择的基础，这一基础揭示了大数据革命将会致使经济学创新成为一种必然。

2. 数据智能化对厂商投资经营的规定性，在很大程度上反映了大数据革命的内容，厂商只有顺应大数据、互联网和人工智能等融合的趋势来进行投资经营，才能在市场竞争中长期立足，才能使自己从传统厂商转变为互联网＋厂商和人工智能＋厂商，以至于找到实现最大收益的市场竞争路径。

3. 大数据时代，市场竞争路径的形成可概括为以下情形：厂商为实现投资经营的效用（利润）最大化，会通过数据智能化和网络协同化来完成资本、技术、规模优势和价格控制等市场势力，而要取得这样的市场势力，厂商一定会采用以大数据和人工智能为代表的新科技手段作为投资经营的最佳竞争路径。

4. 网络协同化与数据智能化是一块铜板的两个方面，数据智能化对网络协同化具有基础性的决定作用。厂商只有达到一定的数据智能化水平才具有网络协同化能力，只有达到一定的网络协同化水平才能实现网络协同效应，只有具备较强的网络协同效应才有可能形成产品或行业垄断。

5. 经济学家分析市场竞争路径需要结合垄断形成路径进行研究，这些分析和研究向前承接理性选择理论和资源配置理论，向后承接产业组织理论和宏观调控理论，是经济学家依据大数据革命来创新经济理论的重要内容。

第五章 大数据时代厂商垄断形成路径分析

第一节 对经济学有关垄断的主流观点之概评

人类自进入工业化时代以来，产业垄断一直是经济学家潜心研究的重要理论问题。虽然，经济体制或经济运行模式会对产业垄断发生影响，但科技进步对产业垄断所产生的影响也是非常明显的。大数据诞生于互联网广泛运用，操作于云计算和机器学习等人工智能技术，它在以下几方面悄然重塑着产业组织：厂商投资经营开始从原先完全根据价格机制和供求关系等为导引信号，逐步走向借助互联网、运用云计算和人工智能匹配大数据来进行；企业市场势力或市场占有率，不再完全采用规模经济的手段和途径获取，而是开始通过数据智能化和网络协同化获取；产业组织开始逐步从原先的垂直整合架构向网络协同架构转化。根据以上情形，对现阶段已出现端倪且将来极有可能出现的大数据式的产业垄断进行分析，应该把分析重点放在大数据、互联网和人工智能等相互融合对形成垄断的作用过程上来，对产业垄断形成的条件配置及其机理展开分析，并根据大数据挖掘和运用的技术逻辑对未来产业组织变动做出展望，以勾勒出一幅大数据时代产业垄断形成的图景。

经济学对竞争和垄断问题的分析视角具有多维度，新古典经济学在产品同质性假设之上建立的完全竞争理论，认为垄断、技术、价格、产业规制之间有以下关联：垄断会引起产品均衡价格上升，技术进步会使垄断现象消失，人为的市场定价会得到抑制，产业组织会自动回归到完全竞争状态而不需要产业规制（马歇尔，1890）；同属于新古典经济学的垄断竞争理论则是以产品异质性为假设前提，认为大厂商具有一定的决定市场的力量，现实中竞争和垄断是并存的（Chamberlin, 1933；罗宾逊，1982）。人类进入大数据和互联网时代以后，针对产量和价格决定以及竞争和垄断，经济学家可放弃产品同质性或异质性假设，因为这两种假设是基于人类无法获取完全信息、无法真正实现有效需求意义上的市场出清、从而不能准确规划总供给和总需求的考虑；当未来大数据、互联网和人工智能等全面融合能够提供完备信息，以至于能够准确规划总供给和总需求时，经济学家可依据大数据革命放弃经济理论中的许多给定条件约束。

其实，经济学放弃先前理论假设早已不乏其例，哈佛学派、芝加哥学派和新制度学派（Mason，1939，1949；Bain，1959；Stigler，1971；Coase，1937；Williamson，1975，1985）就放弃了"制度既定假设"，他们或运用"结构、行为、绩效"模型来研究产业垄断问题，或用交易成本、有限理性、逆向选择、机会主义、道德风险、资产专用性等概念来研究产业垄断问题，而侧重于政府规制研究的博弈论和信息经济学，则通过分析政府规制条件和路径把制度问题引入产业垄断的研究框架（Fudenberg & Tirole，1984；Rey & Tirole，1986；Hart & Tirole，1990）。但是，无论是对平均生产成本、市场占有率、产业集中度和竞争度等涉及产业垄断问题的理论，还是重点关注政府产业规制从而对产业垄断展开研究的理论，都具有一个共同的特征，那就是都基于信息不完全对经常出现的市场失灵或政府失灵现象的理论推论和实证分析。很明显，随着大数据、互联网和人工智能等的融合发展，这些理论都有着进一步完善的分析性空间。

在以极大量、多维度和完备性为特征以及机器学习等人工智能会创造智能的大数据时代，或者说，在物理世界即将全面进入在线状态的万物互联的大数据时代，人类活动的动机、偏好、目的和过程等都可以通过大数据来揭示；人类可以利用云平台和运用云计算对大数据进行搜集、整合、分类、加工和处理，有可能获取无所不包的大数据，都有可能通过大数据多维度之相关性获取准确信息，乃至于获取完全信息。大数据革命的上述背景给我们思考产业运行的竞争和垄断提供了以下启迪：（1）厂商投资经营活动基础发生了怎样的变化，其竞争和垄断途径显现了什么样的格局；（2）产业组织运行在什么样的条件配置下会形成产业垄断，或者说，大数据时代产业垄断的形成机制是什么；（3）面对大数据时代所形成的产业垄断，政府需不需要进行产业规制以及怎样规制，政府规制的政策效应如何，等等。揭示这些问题很重要，它是我们把经济学与大数据、互联网和人工智能等相结合，从而重塑经济理论的一个窗口。

关于第一个问题。经济学依据供求关系和价格波动所创立的一般均衡理论（Warlas，1874－1877；Pareto，1909）是资源配置理论和产业组织理论的基础，但在信息不完全的工业化时代，厂商之间竞争的手段和途径主要是根据供求关系和运用价格机制来做出选择。这里需要说明的是，无论是供求关系还是价格波动所反映的数据，都是业已发生的数据，经济学家对这些数据搜集、整理、分类、加工和处理所得到的信息，只是依据部分数据做出因果分析的夹带主观判断的不准确信息。在大数据时代，厂商可利用云平台挖掘和收集由移动互联网、物联网、传感器、社交媒体和定位设备等提供的有关供求关系和价格波动的海量数据。具体地说，企业会通过参数和模型设计对多维度数据进行以机器学习为标志的人工智能处理来获取准确信息，厂商会在垂直联合的基础上利用大数据和机器学习等人工智能技术展开平台式竞争（Shapiro & Varian，2017），会利用大数据和人工智能平台所具有的"跨边网络外部性"作为抢占市场的主要竞争手段，从而使自己的市场份额迅速扩大（Caillaud & Jullien，2003；Autor et al，2017）。厂商竞争手段和途径的这些变化是形成产业垄断的基础。

关于第二个问题。西方产业组织理论关于产业垄断的分析，主要是以厂商平均生产成本、产业集中度和竞争度等作为垄断配置条件展开分析的。剑桥学派认为厂商在这些条件配置下会形成一定的市场势力（Chamberlin，1933；罗宾逊，1982）；哈佛学派认为具备这些条件配置的行业集中度高的厂商，会通过抬高产品价格和设置行业进入壁垒来谋取垄断利润（Mason，1939，1949；Bain，1959；Stigler，1971）。不过，这些条件配置放置于大数据时代，则更多地表现为产业垄断的结果。这是因为，互联网、大数据、云计算、物联网、机器学习等人工智能的深度融合正在逐步消除产品和服务供求的中间环节，即产品和服务的供给和需求正在消除中间商，或者说，大数据时代会形成一种全局动态优化的具有网络协同化的资源配置机制，并由此决定产量和价格。从产业垄断的配置条件来考察网络协同化，它突出反映在产业垄断的形成机制上。我们研究大数据时代产业垄断演绎及其发展，需要通过说明网络协同化与产业垄断形成机制的关联来解释产业垄断的配置条件。

关于第三个问题。经济学产业规制理论是基于市场失灵而主张政府干预的一种理论。半个多世纪以来，产业规制理论重点集中于产业自然垄断的研究。关于政府产业规制会实现经济福利和社会福利双赢的公共利益规制理论的学术观点，瓦尔拉斯可谓是理论先驱，他曾分析过铁路营运的自然垄断与产业规制之间的联系，认为政府应对明显具有自然垄断特性的铁路业实施产业规制（史普博，1999）；与此不同，规制俘虏理论依据产业规制有利于生产者的大量经验事实，认为立法者和规制者均被产业利益集团所俘虏（Posner，1974）；同时，规制经济理论认为产业规制是政府重新分配财富以维持社会稳定和谋求政治支持最大化的一种理性行为（Stigler，1964）。针对公共利益规制理论能够纠正市场失灵的观点，也有一些经济学家通过实证分析，指出该理论关于政府规制行为能够实现经济福利和社会福利双赢的立论缺乏现实支持的说服力（Viscusi，Vernon & Harrington，1995）。我们在此感兴趣的问题是，大数据时代的产业垄断需不需要进行产业规制，假若需要，如何在理论上承接产业规制理论的研究，以便对政府规制政策做出适应大数据时代的解说。

值得我们重点关注和研究的事实是，大数据时代产业垄断的形成机制在许多方面已明显不同于工业化时代。大数据时代产业垄断条件配置与工业化时代产业垄断条件配置的不同，根植于两个时代科技革命的不同内容；两个时代企业选择行为的区别，发端于大数据、互联网和人工智能相互融合的影响；两个时代政府产业规制政策和手段的差异，产生于产业垄断形成机理的差异。因此，我们要解释大数据时代产业垄断的演绎及其发展趋势，必须对大数据时代的企业行为、产业垄断条件配置和形成机制有正确的解读。

第二节 大数据时代产业垄断的条件配置及其形成机制

在互联网问世以前，人类还不具有让万物处于实时在线互联的科技手段，计算机也只是人们处理日常工作和学习的一种高效率工具。大数据是互联网诞生后的产物，但随着互联网从消费和娱乐等领域向生产和生物等领域的扩张，人类开始逐步进入万物都有可能通过数据解构的大数据时代（赫拉利，2017）。就大数据时代厂商的投资经营而言，计算机不仅提高了厂商的运算效率，而且具备了将厂商投资经营置于在线状态的屏幕市场化功能（张永林，2016）。所谓屏幕市场化功能，可解释为企业运用互联网平台开展产供销业务以完成交易的功能，该功能的市场化程度取决于互联网应用扩张，企业搜集大数据和运用云计算能力，以及企业通过云平台和人工智能手段挖掘、处理和匹配大数据能力。一旦企业之间的竞争采取屏幕市场化方式（互联网、物联网等平台），产业形成垄断的技术条件配置就会发生变化，大数据时代的产业组织就会发生变化。

一　产业垄断技术条件配置之概览

移动互联网尤其是方兴未艾的物联网技术的发展，正在使企业之间的交易实现全面的互通互联。移动互联网和物联网包括三大内容：一是将海量企业和个人联结起来，实现物理世界在线化；二是全方位突破单向技术（如收音机、电视等）联结，在海量企业和个人之间搭建互动平台；三是通过结网互通，使海量企业和个人之间行为的协同成为现实。随着5G通信以及未来出现6G、7G等技术，大数据革命必定会上更高的台阶。如果说移动互联网和物联网是产业垄断形成的前提条件，那么，对海量数据的挖掘、搜集、整合、分类、加工和处理，以及人工智能技术在投资和消费领域的广泛运用，则是产业垄断形成的必备技术条件。诚然，大数据时代与工业化时代的产业垄断现象都会表现在市场占有率和产品集中度上，但两者的产业垄断形成机制明显不同，这主要反映在数据智能化和网络协同化对产业垄断形成的影响上。因此，我们对大数据时代产业垄断技术条件配置的认识，可归结为对数据智能化和网络协同化的认识。

数据智能化是以数据的挖掘、搜集、整合、分类、加工和处理为基础的。大数据的挖掘和搜集，是通过移动互联网、物联网、传感器、社交媒体和定位系统等渠道或方式实现的，它要求有诸如像谷歌和百度搜索引擎等极高的技术设施配套。大数据的整合和分类是针对数据的极大量、多维度和完备性而言的，需要有储存和处理海量数据的云端技术和云计算技术，例如，阿里云新近出现的ET、新近产生的GPU驱动云服务以及适用于人工智能的 GPU 驱动的云计算服务等。大数据加工和处理的过程，则是通过对具有多维度和完备性特征的海量数据进行相关性分析，以甄别和获取社会经济、政治、文化乃至于思想意识形态等活动的信息。人工智能的发展和运用取决于对数据的挖掘、搜集、整合、分类、加工和处理的技术条件配置；以大数据、互联网与人工智能等的融合而言，产业垄断技术条件配置集中反映在企业数据智能化和网络协同化上。

二　基于数据智能化和网络协同化的技术条件配置解说

在问题分析前，我们先考察一下实现数据智能化的技术条件配置。事实上，数据智能化是人工智能的前提，这是注重从数据编程和模型运用两角度对人工智能的解读。目前，企业主要是运用"数据驱动法"使数据实现智能化的。具体地讲，就是企业运用大数据使人工智能在"算法驱动"下完成[①]。在工业化时代，人们探索事物因果关系所运用的各种模型分析方法，可概括性地表述为：通过对有限数据（信息）的深入分析，确定直接或间接影响目标问题且能揭示因果关系的参数，再依据参数之间的线性或非线性关联来建立可掌握和运用的单一复杂模型。由于这类单一复杂模型的信息基础不充分，解释性变量范围小和过于抽象，并且夹带着很强的主观判断，因而该类模型不能运用于数据智能化，不能成为产业垄断的软技术条件配置。"数据驱动法"是与云平台和云计算相匹配的分析方法，它的基础是大数据，研究对象是人工智能，因而它构成了数据智能化的一种软技术条件配置。

在大数据时代，企业利用云平台和运用云计算来挖掘、搜集、整合、分类、加工和处理大数据，是不是只能运用"数据驱动法"才能使数据实现智能化，或者说，企业提升数据智能化的软技术条件配置只能依靠"算法驱动"模式，显然，答案是否定的，正确的理解应该是，它将会在很大程度上和很大范围内取决于未来人类对数据智能化处理方

---

① 数据智能化作为人工智能技术的前提，比较耀眼的地方是它在"算法"上会对企业投资选择行为和消费者剩余产生影响。有学者认为，企业可以运用大数据和机器学习并通过"算法歧视"完成工业化时代难以做到的价格歧视，以实现对消费者剩余的占有（Shapiro & Varian，2017）；也有学者指出，企业可以借助大数据和机器学习并通过"算法合谋"寻找到瓜分市场从而实现产业垄断的路径（Ezrachi & Stucke，2016）。但在笔者看来，算法歧视和算法合谋这两种策略是企业完成数据智能化后方可进行的具体操作方法，我们研究大数据时代产业垄断形成机制暂可不以之作为关注对象。

法的创新。从"数据驱动法"特征看,虽然它解析事物因果机理时仍然采用数理模型分析,但它在设定线性或非线性关联参数时充分利用了大数据的完备性和多维度,大大拓宽了参数的选择范围,并且模型设定是在大量计算机服务器支持下用许多简单化模型取代单一复杂模型获得的。基于"数据驱动法"参数选取和模型设计始终捆绑于大数据和机器学习等人工智能技术,并且不夹带任何主观判断,因此,从企业是否具有产业垄断能力考察,在企业不能掌握和运用像"数据驱动法"这类实现数据智能化工具的情况下,企业便不具备产业垄断的软技术配置条件。

网络协同化可解释为厂商之间以及厂商和消费者之间的行为互动,也可理解为厂商数据智能化在屏幕市场上的综合反映,其最重要的作用是产生扩大产品和服务需求端的网络效应。当我们从企业投资经营能否产生网络效应看问题时,网络协同化可被看成是大数据时代产业垄断形成的必要条件。较之于数据智能化会扩大产品和服务供给端从而会产生规模经济的情形,网络协同化所导致的网络协同效应会扩大产品和服务的需求端。如果企业只能通过数据智能化扩大供给端,不能通过网络协同化扩大需求端,那么,企业最多具备了部分市场势力而不可能形成垄断;企业要在屏幕市场上形成网络协同效应,必须依靠数据智能化以形成产品和服务的进入高门槛,使得消费者转移购买产品和服务会产生较高的成本。企业如何才能实现具有这种高门槛的网络协同效应呢?从Facebook、腾讯和阿里巴巴等巨型互联网企业所具有的网络协同效应来考量,企业必须具备极强的数据智能化能力,其产品和服务的屏幕市场化必须构成复杂场景,并且具有多边市场和潜在生命力生态。与数据智能化一样,网络协同化作为大数据时代产业垄断形成的一种技术条件配置,是不可以视而不见的。

数据智能化与网络协同化都是大数据时代企业市场势力扩张,以及形成产业垄断的不可或缺的技术条件配置。以两者的联系而言,企业投资经营的数据智能化与互联网高度融合会演绎出网络协同化,而网络协同化的纵深和全面发展将不可避免出现对数据智能化的依赖。关于这种联系,可以从短期和长期来认识。从短期看,由于企业网络协同化格局是由其前期数据智能化水平决定的,因而在企业数据智能化水平以及运用程度和范围相对稳定的情况下,企业网络协同化是相对稳定的。但从长期看，由于企业数据智能化水平会不断提高，它会提高企业运用人工智能匹配大数据的能力，以至于全面提高企业运用人工智能等新科技手段，因此，长期内的数据智能化对网络协同化有着决定作用。当某些企业数据智能化和网络协同化达到其他企业无法企及的高度时，这些企业是否就有了形成产业垄断的能力和条件呢？对这个问题的研究涉及大数据时代产业垄断的形成机制。

三 产业垄断形成的机制构成

西方经济学以产业垄断作为明确对象的比较系统的分析性理论，是以"成本劣加"为核心概念的自然垄断理论。这个理论认为，若单个企业能够比两个或两个以上企业低成本地提供产品或服务，那么，企业在规模经济下的成本会呈现递减趋势，进而会出现以"成本劣加"为特征的产业自然垄断（Baumol，Panzar & Willig，1982；William & Sharkey，1982）。针对产业自然垄断，政府要以价格等于边际社会成本作为效率评判标准，实施价格规制，规范产品或服务价格趋于边际成本，以便从卖方垄断角度对自然垄断企业建立约束机制（Baumol & Bradford，1970；Lerner，1964）。但值得探讨的是，大数据时代产品或服务的规模经济范围，已大大突破了经济学家引以为例的电力、自来水、通信等基础部门的自然垄断产业界限，规模经济引致产业自然垄断的情形在大数据时代已不再局限于这些基础产业部门。换言之，当移动互联网以及其延伸形式的物联网等成为企业投资经营的屏幕化市场载体时，数据智能化和网络协同化会改变产业垄断的形成机制。

（一）企业运用云计算处理大数据以及运用人工智能技术匹配大数据来选择投资经营将会成为一种趋势，它正在重塑着产业垄断形成机制的基础

在万物互联的大数据时代，所有产业都具有互联网属性，所有产品和服务最终都有可能成为大数据行业，所有企业都将成为物联网一员。正如前几章反复强调的，企业利用大数据投资经营所产生的突出效用，是对其投资经营的历史数据、现期数据和未来数据所蕴含的市场出清意义上的供给量和需求量的确定。这里必须强调，在工业化时代，企业无法用数学模型和计量方法来处理以上三大时空上的海量数据，基于产品和服务客观存在着由实际供给量和实际需求量规定的最佳产供销方法和途径，经济学家和精英管理阶层曾力图寻找这些方法和途径，但一直没

有取得令人信服的成功。值得欣慰的是，大数据革命为人类寻找这些方法和途径提供了可能性，企业可以在大数据、互联网和人工智能等相互融合的背景下，通过云平台和云计算加工和处理大数据，运用人工智能技术匹配大数据，在成本控制、市场销售、盈利方式等方面构建出以数据智能化与网络协同化为基础的最佳经营模式。

产业垄断形成机制赖以产生的基础，是产品和服务的规模经济水平、价格确定和技术门槛等那些被市场势力控制的存在，这一点，大数据革命发生后也是如此；但在社会经济发展的不同时期，特别是在新科技推动经济发展的变动时期，产业垄断形成机制主要表现为产业垄断的形成路径越来越受到新科技应用的制约。现实的情况是，无论是考虑还是不考虑资本和劳动两大要素的变动，新科技的应用都会影响企业选择行为，都会改变企业的产供销运营模式，都会重塑规模经济的运行格局。就大数据时代产业垄断形成机理的构成来讲，新科技改变企业选择行为、产供销运营模式以及重塑规模经济运行格局，始终是围绕如何确定产品和服务的供给量和需求量这个中心展开的，而大数据、互联网、机器学习等人工智能技术在企业投资经营中的融合，实际上是要把产品和服务的供给量和需求量作为一种"算法"来处理。这个问题的深入讨论涉及很多技术性问题，但新科技促动了产业垄断形成机制的变化则是毋庸置疑的。大数据革命将会使垄断形成机制逐步告别工业化时代。

（二）现有的关于用"算法"解析数据的各种类型的机器学习，尚未包括对未来大数据的解析，这对于揭示大数据时代产业垄断的形成机制是不到位的

关于大数据在企业投资经营中的作用，我们可以从"行为和想法"两个角度进一步展开解说。如上所述，已经发生的历史数据和正在发生的现期数据是"行为数据流"，将要发生的数据是"想法数据流"[①]。易言之，大数据＝历史数据＋现时数据＋未来数据＝行为数据流＋想法数据流。理解这一点很重要，它可以帮助我们认识大数据时代企业运用新科技进行投资经营对产业组织变动的影响，可以帮助我们认识大数据革

---

① 社会物理学家阿莱克斯·彭特兰（2015）认为"想法流"与人们实际行为间有着可靠的数量关系，它是互联网时期人们投资选择和创新的催化剂。当我们把"想法流"定格于"想法数据流"，大数据时代的许多经济现象便有了解析的依据。

命之于产业垄断形成机制的核心意义。

事实上,大数据时代的企业要获得市场势力,对"行为数据流"的加工和处理是基础,但对于"想法数据流"的挖掘和处理特别重要。这是因为,企业要扩大市场势力,投资什么、生产什么、生产多少和怎样生产,不仅要从包含真实供求关系和市场价格的"行为数据流"中获取大数据,而且要从反映未来变化的"想法数据流"中获取大数据,只有如此,才能从蕴含着极大量、多维度和完备性的大数据中通过机器学习等人工智能技术甄别出真实信息。现有文献对机器学习的理解,主要集中于如何用"算法"来解析大数据,重点讨论了在没有明确编程条件下计算机如何具有学习能力,从而说明如何通过对大数据的加工和处理找到用人工智能技术解决问题的方法(Taddy,2017)。关于机器学习,这里有一个问题值得讨论,直到现在,学术界按学习特征分类的监督学习、无监督学习和强化学习,以及依据神经网络架构将低层级特征数据组合成高层级特征数据而进行抽象分析的深度学习(Lecun,2015),均是以"行为数据流"为考察对象的,并不涉及"想法数据流"。这种状况在不久的将来或许会改变。

机器学习使用什么样的"算法"让计算机在没有明确编程条件下能够解析"想法数据流",是计算机和人工智能专家的未来艰巨任务,但经济学家需要运用特定概念来描述这一类型的机器学习。相对于"行为数据流"来讲的深度学习,我们姑且将针对"想法数据流"的机器学习,称为"想法流机器学习"。这种机器学习形式是建立在机器深度学习和强化学习基础之上的,具体地说,就是根据历史数据和现期数据(行为数据流)来拟合、编程和推论未来数据(想法数据流),并通过选择参数和模型以建立新的"算法"来解析未来数据。阿里巴巴集团的"新零售"实际上就是这种"想法流机器学习"模式[①]。鉴于未来数据将会对产业垄断的形成机制发生重要影响,我们需要重视"想法数据流"的分析和研究,并在此基础上关注"想法流机器学习"这一

[①] 本书已多次提及阿里巴巴的新零售战略,这并不奇怪,因为它的战略指向是对未来大数据的挖掘、加工和处理,即对"想法数据流"的战略。不过,该战略成功与否的关键是对消费者和厂商之选择偏好、认知过程和效用期望的大数据解析,这实际上也是我们论证大数据革命与经济学创新的理论分析基础,本书在以下的分析中还会在不同程度和范围内涉及这些基础理论问题。

含苞待放的新型机器学习方式。

  其实，针对一种尚未被人们发现的现象，用什么样的概念进行描述并不是很重要，重要的是揭示这种现象存在的机理。随着企业在云平台上运用云计算处理大数据能力的加强，随着企业用大数据和人工智能等进行投资经营成为一种趋势，如果企业不仅可以挖掘和处理"行为数据流"，而且能够挖掘和处理"想法数据流"，那么，这样的企业就有可能会运用包括"想法流机器学习"在内的所有机器学习技术和手段，逐步扩大产品和服务的供给端和需求端，取得满意的乃至于最大化的投资经营效用，从而成为拥有市场势力的潜在产业垄断者。作为对产业垄断形成机制另一侧面的探讨，我们可以认为机器学习层级的提高会加速大数据时代产业垄断的机制形成。不过，企业从潜在的产业垄断者变成现实的产业垄断者，始终离不开在投资经营上实现数据智能化和网络协同化。

  （三）数据智能化会显著降低企业经营成本，扩大供给端而产生规模经济，它是大数据时代产业垄断形成机制的充分条件

  对大数据时代产业垄断形成机制的探索，还需要分别从数据智能化和网络协同化以及相应的网络协同效应展开分析。从投资经营角度看，数据智能化的较高境界，是企业在大数据思维下利用移动互联网和运用物联网，让企业之间、企业与消费者之间的产供销各环节处于"时空错开、同步并联、客户拉动、实时评价"的在线状态，从而构建出能够处理不同场景的数据智能平台。在特定的时空上，企业究竟需要向客户提供多少数量和何种品种的有效需求的产品和服务，涉及企业能否从大数据中获取有关产品供求的准确信息，但企业要获得准确信息，仅仅通过加工和处理历史数据和现期数据是不够的，必须能够对未来数据进行加工和处理，这是企业通过机器学习等人工智能手段完成数据智能化，从而由潜在产业垄断者转变成现实产业垄断者的重要条件，是大数据时代产业垄断形成机制之充分条件的底蕴。

  数据智能化要求企业能够运用人工智能技术和手段来匹配数据，需要通过移动互联网和物联网把企业与客户之间的供给和需求连接起来，这是问题的一方面。另一方面，企业数据智能化会通过各种途径显著降低经营成本。例如，客户在网络上对产品和服务的点击率、关注力、实时评价以及网红推销等，会使广告费用大大减少，同时也会

在很大程度上和很大范围内消除工业化时代广泛存在而不得不支付的交易成本。诚然,企业经营成本降低并不直接为产业垄断创造条件,但这些点击率、关注力、实时评价以及网红推销等会扩大产品和服务的供给端,它的终极结果是在降低经营成本的同时有助于规模经济的产生。规模经济是产业垄断得以形成的前提,这一点并不会因大数据革命和新科技运用改变,企业数据智能化通过扩大供给端会进一步引发规模经济是无疑的。

数据智能化正在催生规模经济是一个不争的事实,但大数据时代的规模经济不同于工业化时代的规模经济。首先,企业产品和服务供给端的增量不是主要取决于资本和技术等要素,而是取决于数据智能化在互联网和物联网所推动的供需链接;其次,大数据时代的规模经济不具有显著的自然垄断特征,即产品的"成本劣加性"已不是广泛存在;最后,却是最重要的,则是规模经济越来越依赖于网络协同化。企业数据智能化能力的大小,在极大程度上反映为对历史数据、现期数据和未来数据的挖掘、搜集、整合、分类、加工和处理。当某些企业的数据智能化不仅能够处理历史数据和现期数据,而且能够处理未来数据时,或者说,不仅有能力进行深度学习,而且有能力进行本书界定的"想法流机器学习"时,这些企业便在数据智能化方面具备了产业垄断的条件。不过,数据智能化通常是偏重于供给端的信息准确性,而需求端的准确信息却在很大程度上与网络协同化相关。因此,我们研究大数据时代的产业垄断形成机制,还必须对网络协同化以及对应的网络协同效应做出考察。

(四)企业与客户之间的互动结果会形成网络协同效应,网络协同化是大数据时代产业垄断形成的必要条件

企业与客户之间的网络协同化主要表现为互联网上的多对多互动(Web)。从互联网上消费和投资的互动升级来看,门户网站的Web1.0实现了消费和投资一对多的网上在线,移动互联网的Web2.0实现了消费和投资的以"关注"为核心内容的多对多互动,Web3.0实现了消费和投资的社交网络服务互动(例如中国的微信,美国的Facebook)。互联网从连接到互动导致了人们消费和投资的协同、分工和合作,使人们消费和投资活动中的互动、沟通、体验、协作等置于在线网络。这种互动对产业组织的影响突出反映在网络协同化上,网络协同化最重要的功

效是让许多潜在信息以大数据方式显现出来，它消除了工业化时代因信息不透明而产生的"桌子底下企业竞争"的现象。同时，网络协同化之于产业垄断形成机制，通常表现在网络协同化与数据智能化配套所形成的投资经营的进入壁垒上。关于这个问题，我们可以通过网络协同效应予以解释。

准确地讲，网络协同效应是展现网络协同化绩效的。在大数据时代，数据智能化和网络协同化之所以构成产业垄断的充分条件和必要条件，乃是因为规模经济虽然是产业垄断前提，但并不意味着有了规模经济就一定会形成产业垄断。在大数据、互联网或物联网、机器学习等人工智能技术全面融合的未来，具有产业垄断特征的企业一定是数据智能化和网络协同化相融合的企业，这些企业一定具备着其他企业难以置喙的网络协同效应。从实践方面来看，网络协同化可分为简单场景和复杂场景两种类型，在企业具备数据智能化的条件下，只有具备复杂场景的网络协同化才能实现网络协同效应，而仅仅具备简单场景的网络协同化难以实现网络协同效应。例如，Uber和滴滴打车运用智能化手机和GPS定位系统，把出行打车者和闲置出租车并联于智能数据平台，大大扩张了供给端从而产生了规模经济优势，尤其是滴滴打车合并Uber后规模经济优势更加明显，但由于出租车行业的用户场景比较简单，这便决定了它难以阻止其他玩家进入出租车市场，无法在网络协同效应下形成壁垒和行业的局部垄断。

较之于Uber和滴滴打车的简单用户场景，谷歌、亚马逊、Facebook、阿里巴巴和腾讯则有着极强网络协同效应的生态潜力。例如，阿里淘宝的数据智能化平台就是一个复杂场景，它不仅包括在线支付、担保交易、消费保证和信用评级等复杂内容，而且还包括诸如卖家、物流公司、在线客服、存货管理乃至于网红等行为主体。淘宝数据智能引擎及其平台的运作流程表明，高层级的互联网经营场景是一个多维度的极其复杂的协同网络。当企业不能驾驭这样的协同网络，即便在投资经营上实现了数据智能化的规模经济优势，也难以取得互联网经济内生的从而得以构筑行业壁垒的网络协同效应。从目前实体经济有可能形成产业垄断的情形看，企业利用资本、技术、规模优势和价格控制等形成的产品和服务的市场势力，虽仍然是产业垄断的主要形式，但追溯其源，乃是因为很多企业还没有真正让产品和服务进入在线状态，网络协同效应还没有得以真正发挥，或者说，体现企业在线状态的物联网还没有得到充分发展。

（五）物联网作为一种人工智能技术，它会借助数据智能化和网络协同化从而形成产业垄断的催化剂

大数据革命可以在一定程度上看成产品和服务交易的在线化。无论我们把大数据革命称为大数据时代，还是称为互联网时代，企业价值创造和实现的社会性将会体现在网络协同效应上，这是大数据时代与工业化时代的区别。就产业进入壁垒而论，网络协同效应壁垒要比规模经济壁垒高得多，它要求企业具有能应对复杂用户场景的数据智能引擎以及与主营业务密切相关的网络平台，企业只有在此基础上依靠以物联网为核心的人工智能来实现了规模经济，才有可能实现产业垄断。从理论上来讲，虽然物联网在本质上属于人工智能，但它是互联网、通信和信息三大技术的融合，它既是大数据的来源，也是借助大数据创造智能化平台的载体，它将物理世界和互联网紧密连接，运用数据采集技术和智能网络来分析、预测和优化物理世界。从操作上来看，它可以把机器学习的结晶运用到供求关系和价格确定的判断上，具有通过促发条件和自动控制将重复事件记录下来的学习能力，以至于挖掘出许多有潜在价值的关联于企业产供销活动的准确信息。物联网的充分发展将是形成产业垄断的催化剂。

在不考虑物联网所具有的技术融合、智能运用和机器学习能力的情况下，仅就物联网的生态圈而论，它的充分发展同样是产业垄断形成的催化剂。较之局限于电子商务和娱乐等互联网生态圈，物联网生态圈的边界大大拓宽，它不仅包括诸如云平台及云计算、标准制定、应用软硬件供应、网络软硬件供应、系统整合、测试机构、传感装置等服务机构，还包括消费者、各级政府、大学和科研单位等行为主体。这个生态圈是企业有可能取得网络协同效应的物质基础，是企业伸张数据智能化和网络协同化之"拳脚"的标志。当我们结合这个生态圈并考虑到物联网具有的技术融合、智能运用和学习能力时，便可推断现实中那些掌握和运用物联网的佼佼者，极有可能在投资经营中运用数据智能化而取得网络协同效应，最终迈进产业垄断者的行列。从这个意义上讲，物联网的发展在很大程度上预示着大数据时代产业垄断的发展趋势。

第三节 大数据时代产业垄断形成机制的趋势展望

经济学针对产业垄断源于资本和技术门槛、规模经济以及在价格控制等方面表现出的有关市场势力的分析，是在理论上对工业化时代产业垄断现象的分析性诊断，如果我们将这种诊断放在大数据时代则更多体现为对产业垄断结果的分析，而不是对产业垄断形成机制或路径依赖的揭示。客观来讲，我们将数据智能化和网络协同化解说为产业垄断的充分条件和必要条件，将物联网解说为产业垄断形成机制的催化剂，只是在理论上对大数据时代产业垄断形成机制的概要描述，随着数据智能化、网络协同化和物联网的充分发展，产业垄断的未来发展将更加与大数据、互联网和人工智能的相互融合密不可分的。是故，对大数据时代产业垄断发展趋势的研究，在很大程度上和很大范围内可归结为对这种相互融合的研究。

一 大数据、互联网、物联网等人工智能技术相互融合的关键，是数据的采集、挖掘、整合、分类、加工和处理，这种融合的技术层级决定产业垄断的未来发展

这里所说的产业垄断的未来发展，是泛指未来产业垄断有可能形成的范围、程度及其趋势的变动。企业数据智能化和网络协同化离不开数据的挖掘和采集，离不开数据的整合和分类，离不开数据的加工和处理。但就产业垄断的未来发展来说，只能采集数据而不能挖掘数据的企业，只能整合和分类数据而不能加工和处理数据的企业，难以同时实现数据智能化和网络协同化，难以取得网络协同效应，难以使自己的产品和服务具有很高的市场占有率而处于局部垄断地位。在大数据时代，绝大部分企业不可能形成产业垄断，只有极少数实现了极高水平数据智能化和网络协同化并取得网络协同效应的企业，才有可能形成局部的产业垄断。对企业做出这样的划分，是基于企业在融合大数据、互联网、物联网等人工智能技术上的 DNA 差异。这是我们理解大数据时代产业垄断的未来发展首先要有的认识。

关于这种 DNA 差异，我们可有以下高度概括：绝大部分企业只能利用公共资源或借助其他公司平台来采集大数据，不具有挖掘大数据的能力，同时，绝大部分企业只具有较弱的大数据整合、分类、加工和处理数据的能力。严格地讲，这些企业在互联网或物联网上的投资经营，还没有实现大数据、互联网、物联网等人工智能技术的真正融合。与此不同，极少数拥有属于自己的数据资源平台的企业，通常具备了大数据采集、挖掘、整合、分类、加工和处理数据的能力，具有融合大数据、互联网、物联网等人工智能技术的能力。论始求源，可以认为是这些极少数企业具有资金和技术的先发优势，内蕴着大数据时代产业垄断的基因。不过，这些具有产业垄断基因的企业在未来能否形成产业垄断，仍然要看这些企业在实现数据智能化和网络协同化过程中处理大数据、驾驭物联网、掌握机器学习的水平，尤其要看这些企业挖掘、加工和处理未来数据及其进行"想法流机器学习"的能力。

二 未来有可能形成产业垄断的企业，是可以挖掘大数据并在机器深度学习基础上能够胜任"想法流机器学习"的企业

从人工智能技术运用角度来考量企业投资经营所面临的大数据，以及机器"深度学习"对应的数据智能化，是对历史数据和现期数据的加工和处理。"想法流机器学习"对应的数据智能化，则是对未来数据的挖掘、加工和处理。就企业投资经营的参数选用和模型设计所采用的"数据驱动法"而论，企业加工和处理历史数据和现期数据的技术含量要求，要大大低于挖掘、加工和处理未来数据的技术含量要求。企业要获悉产品和服务的未来供求数量及其结构，必须能够在对历史数据和现期数据进行数据智能化的基础上，挖掘和处理未来数据并对之数据智能化，但筛选、甄别和获取未来数据是一个很复杂很艰巨的工作，它不仅包括实际客户和潜在客户的在线点击率、关注度、实时评价等显性和隐性数据，而且包括对产品和服务直射或映射的相关数据以及客户偏好变动等。实际的情况是，只有极少数企业能挖掘、加工和处理"行为数据流"，只有极少数企业能在实现数据智能化的基础上基于"想法数据流"来进行"想法流机器学习"。

未来有可能成为产业垄断者的企业，除了通过广泛采用的互联网、物联网、传感器、社交媒体和定位系统来挖掘和搜集数据，还必须利用以纳米、石墨烯等材料芯片为载体的人工智能技术，来挖掘客户对产品和服务的直射或映射的数据，以及由社会因素和心理因素导致的客户偏好变动数据等。如果说大数据和机器学习是企业未来投资经营的趋势，那么，产品和服务的线上和线下结合，则是企业未来投资经营以取得网络协同效应的保证。从这个意义上看，大数据时代产业垄断的未来发展，将会不同于经济学理论描述的根植于资本、技术和价格等壁垒的分析图景。但从产业垄断的形成路径及短期可行性看，由于无障碍实现线上和线下结合的企业不是精密加工业和制造业，而是以直接经营数据或提供技术平台的互联网或物联网企业，所以，我们分析大数据时代的产业垄断要研究大数据和人工智能在不同产业间的应用程度和范围。

三 未来的产业垄断首先产生在经营互联网的公司，继之，会出现在经营消费品和提供服务的公司，最后会波及加工制造、公用事业和医疗卫生等领域的公司

中国正逐步进入大数据时代，腾讯的社交媒体、阿里的中介购物平台所形成的互联网经营格局已拉开了产业垄断的序幕。从这两家市值逾3000亿美元且世界排名前10的顶级公司基质分析，无论是腾讯还是阿里，都是采用数据智能化且具有极强网络协同效应的公司，这两家公司的数据智能化都是以采集覆盖面极广的大数据为基础，网络协同化都是以数亿用户为前提，而网络协同效应则是建立在与其主业密切相关的复杂场景之上的，以至于几乎没有竞争者能够有效染指他们的经营领地。相比之下，那些在消费流通、加工制造、公用事业和医疗卫生等领域的公司，则明显不具备像腾讯和阿里那样的极强数据智能化和网络协同化能力。尽管现在越来越多公司的投资经营已朝着线上和线下结合的方向迈进，但由于这些公司的投资经营场景还没有得到充分的发现和利用，并不具备以数据智能化为基础的能够阻止竞争者入侵的网络协同效应，这些公司只存在行业性质或制度因素导致的反映工业化时代特征的产业垄断。

目前，一些经营消费品和提供服务的公司正在数据智能化和网络协同化的道路上迅跑，但这些公司与前文所提及的 Uber 和滴滴打车公司一样，投资经营场景单一，在大数据和人工智能运用等方面存在着一时难以逾越的网络协同化制约。至于那些在流通、加工制造、公用事业和医疗卫生等领域之场景都比较单一的公司，即便他们在数据智能化上有一定的进展，但在短期内也很难取得网络协同化的显著成功，再加上工业化时代产业垄断格局的长期积淀，这些公司要摆脱原有经济势力的羁

绊而在数据智能化基础上实现网络协同效应,恐怕还要经历一段相当长的时期。不过,问题与解决问题的方法和手段可以同时产生,数据智能化和网络协同化在微观经济领域将会形成飓风之势,这在推进大部分公司数据智能化和网络协同化的同时,也会诱导那些在工业化时期就具有垄断势力的公司顺应这一飓风潮流,进而成为大数据时代的产业垄断者。我们的预期结论是:物联网覆盖面日益扩大以及网络协同效应普遍出现之时,便是大数据时代产业垄断形成之日。

四 物联网发展步伐决定大数据时代传统行业的产业垄断步伐,解构物联网的发展层级,可预判传统行业的产业垄断进程

物联网是一种跨领域的技术融合,它同样可以解释为大数据、互联网和人工智能等的融合。早在通信行业解决了人与人之间的信息互通后,深谙通信行业的业内人士就以M2M（machine to machine）来理解或定义物联网;在互联网普及后,深谙传统互联网的业内人士则将物联网解释为物与物之间的联网（Internet of things）;德国和美国的业内人士则针对生产经营中物与物之间的关联,提出了未来自动化领域的硬件会产生虚拟数字信息映射的见解,将物联网解释为Cyber physical System（CPS）。以上有关物联网的各种理解或定义,均可看成对互联网功能在企业生产经营上的延伸,这些解释不是以数据智能化和网络协同化为底蕴或内涵对物联网所展开的解说。换言之,在物联网发展初期,由于数据智能化和网络协同化对企业投资经营产生质变的作用还没有得到彰显,传统产业不会出现大数据革命意义上的产业垄断,因而大数据时代的产业垄断形成机制便不会被理论界所关注。

物联网内蕴着较高的技术层级,它突出反映在大数据采集和人工智能运用两大方面。物联网技术层级的最底层是物理世界,中间层是公用网络（主要是移动互联网）和物联网专网等,它通过各类传感器从底层采集数据汇总到中间层,再由操控物联网的智慧大脑把经过预先设计的参数和模型所选定的执行指令送达到最高技术层级的应用层。如果这些指令的形成不具有海量数据背景,并且用户场景单一而不能形成网络协同效应,则表明物联网的技术层级较低。企业利用较低技术层级的物联网进行投资经营,充其量只能实现像智能家电、智能家居、机器人等这样的传统产业向智能产业转化的情形,而不可能出现运用物联网而形成以数据智能化和网络协同化为标志的产业垄断。如果物联网的技术层级很高，企业便有可能运用物联网而形成以数据智能化和网络协同化为标志的产业垄断。也就是说，物联网发展步伐决定大数据时代传统行业有可能形成产业垄断的步伐，我们可以用物联网技术层级来验证数据智能化和网络协同化的层级。

从经济理论视角来分析物联网的技术层级，是与纯技术视角不同的。具体地讲，经济理论分析不仅要看企业能不能通过物联网实现数据智能化，以实时调节产品和服务供给端来适应市场需求，而且要看企业能不能通过物联网实现网络协同化，以实现企业与客户之间"时空错开、同步并联、客户拉动、实时评价"的网络协同效应。其实，从物联网融合信息技术（IT）和控制技术（OT），以及连接互联网和物理世界来管理物理世界这两大角度看问题，物联网最高技术层级及其运用所反映的社会性意义，更多的是企业运用数据采集技术和智能网络技术做出的能够实现市场出清意义上的投资经营选择，而不是仅仅局限于新科技层面的创新。因此，当具有规模经济的企业能借助最高层级的物联网进行投资经营时，传统产业实现大数据意义上的产业垄断也就为期不远了。

大数据时代的产业垄断不同于工业化时代的产业垄断，这种不同只能在梗概的层次上通过揭示大数据时代产业垄断的形成机制来概括。但是，无论在什么样的技术革命时代，只要出现垄断，就会有规模经济引发的价格操控、进入壁垒和超额利润以及由此导致的社会福利损失等问题，这是政府管理层需要认真分析对待的。迄今为止，世界各国政府规制产业垄断的立论依据都是基于工业化时代的实践，面对大数据时代的产业垄断，政府应该如何选择呢？

第四节 大数据时代的产业规制分析

政府产业规制的理论依据是市场失灵，以及由此引致的价格扭曲和资源配置不合理。公共利益规制理论（Baumol, Panzar & Willig, 1982; William & Sharkey, 1982）认为，具有规模经济的企业会致使单位产品或服务出现显著的成本劣加，这些企业会通过限制产量或直接制订出高于边际成本的价格获取垄断利润，政府实施反垄断价格可以消除价格扭曲和提高社会净福利。对于这种观点，除了前文提及的规制俘虏理论（Posner，1974）和规制经济理论（Stigler，1964），阿顿（Utton，1986）曾提出过产业规制会在"增进社会福利"旗帜下掩饰政府失灵的观点，其依据是政府采取强制性边际成本定价的规制政策不能解决价格扭曲问题。Kahn（1960）曾以美国20世纪60年代对天然气销售和20世纪70年代对石油产品销售所实施的价格管制为例，认为除非有证据说明一些商品短缺产生的危害比不能降低价格的危害要小，否则便不能证明产业规制提高社会净福利观点的正确性。

政府产业规制究竟能不能提高社会净福利，通常是与经济增长、就业和收入分配等问题相联系的。一些经济学家对人工智能与经济增长关联的关注，涉及人工智能对经济增长及资本回报率的效应分析，涉及人工智能应用能否使生产率提高和经济增长具有持续性的分析。Aghion 等（2017）认为，人工智能会减少人力成本和提高资本回报率，但也会增加非人工智能部门成本和降低资本回报率；Brynjolfsson（1993）及 Brynjolfsson 和 McAfee（2014，2017）认为，以人工智能为代表的新科技会大大提高生产率和推动经济增长；而 Gordon（2015）以美国经济增长长期趋势的分析为例，认为以人工智能为代表的新科技只能产生较低的经济增长。以上分析只是从经济增长折射到了社会净福利问题，并没有对产业垄断与社会福利关联展开专门的分析，我们难以从中看到这些经济学家关于大数据时代政府产业规制的明确观点。

经济学推崇的基本信念是经济增长要带来社会净福利。由于经济增长产生的产业垄断会导致社会净福利损失，于是，经济学从超额利润侵蚀消费者剩余角度来解说社会净福利损失，从社会净福利损失来解说市场失灵，从而主张政府产业规制。经济学的上述理论是以工业化时代为背景的，工业化时代的垄断企业获取超额利润、侵蚀消费者剩余、降低社会净福利的主要途径，是通过价格操纵、设置进入门槛和合谋等手段。随着大数据、互联网、人工智能等融合的充分发展，垄断企业有可能通过数据智能化和网络协同化，将产品和服务的供给和需求作为"算法"来处理。从这个意义上讲，大数据时代的人为市场定价会得到抑制，垄断价格会趋向于均衡价格，产业组织会走向由新科技主宰的竞争和垄断并存状态，在未来，政府需要宏观调控，而且要考虑调整产业规制的路径。

大数据时代产业垄断与工业化时代产业垄断的最大区别，是那些实现了数据智能化和网络协同化，从而达到规模经济优势的垄断企业有一种超市场的经济能力。这种能力主要反映在以下几个方面：（1）产品和服务的价格形成，不完全是经济学解析意义上的由市场供求关系决定，而是在一定程度上取决于互联网等反映的由网络协同效应决定的供求关系；（2）产业垄断的形成机制具有明显反映大数据时代特征的内部性和外部性；（3）数据智能化和网络协同化的技术门槛日益提高，资金门槛和政策门槛有降低的趋势；（4）产业规制政策措施和手段对产业垄断的抑制性作用将逐步趋于弱化，数据智能化和网络协同化会逐渐成为产业垄断的主导因素。这些区别会启迪经济学家重新评判政府产业规制。

经济学关于供求关系变动影响产品和服务价格的分析，主要是围绕产品和服务的供求总量、平均量和边际量，进而运用边际均衡方法展开的。这种分析方法所得出的结论，给政府运用价格手段实施产业规制提供了理论依据。例如，政府反垄断政策所采取的价格限制、价格补贴、税种和税率变动等。在大数据时代，产品和服务的供求关系越来越反映为在线交易，逐步剔除中间商环节的趋势非常明显。换言之，无论是产品和服务的供给者还是需求者，他们接受特定价格的选择行为已完全不是按"理性经济人"范式所解说的方式进行，而是在相当大程度上受到诸如点击率、关注度、实时评价、网上支付等所引起的从众行为的影响，并且产品和服务价格会瞬间变化。这种情形表明，供求关系变动在互联网交易平台上出现了新形态，这种新形态说明产品和服务的价格形成有着数据智能化和网络协同化的规定性。

在大数据时代，垄断企业有着融合互联网、大数据、人工智能等的极强能力，这种能力在管理和投资经营上可概括地描述为两大方面：一是通过数据智能化重塑着企业经营管理的内部性，二是通过网络协同化使企业有着十分清晰的外部性。以内部性而言，企业在管理上会通过数据智能化对生产过程各个环节做出大数据安排，能够对公司治理结构的权责利关系实施最佳效率配置，能够实现对现金资产、负债资产、原材料、中间产品、出厂产品和库存产品的最佳效率配置，能够实现对各类型收入及其比例的最佳效率配置等。企业内部经营管理的数据智能化既是产业垄断者的基础，也是企业之间互动的网络协同化基础。

就外部性而论，企业具备了融合互联网、大数据、人工智能等的极强能力，交易活动很少会出现以第三方支付交易费用为特征的外部性，也很少会产生与政府政策的博弈和反博弈。这是因为，一方面，企业具有这种极强能力便可以在云端运用人工智能对历史数据、现期数据和未来数据进行集约化的云计算，从而将投资经营选择活动作为一种"算法"来处理。另一方面，企业具有这种极强能力便可以通过分析多维度大数据之间的相关性获取精准信息，从而在复杂场景中取得网络协同效应。如果企业与企业、企业与消费者、企业与政府之间的互动会产生网络协同效应，那么，它既有可能消除市场失灵，也有可能消除政府失灵。

经济理论著名的施蒂格勒—佩尔兹曼—贝克尔等规制模型有关供给和需求、政治支持函数、不同利益集团政治压力的分析，从不同角度或层面描述了工业化时代企业与企业之间，以及企业与政府之间的市场不和谐和博弈[1]。这个模型有着极其宽泛的内容，它试图囊括一切有可能导致政府规制的问题，但遗憾的是，该模型无法解释大数据时代的许多现象。随着大数据和人工智能的广泛运用，经济学家开始关注人工智能冲击就业和影响收入分配问题。

一些经济学家针对 Autor 等（2013）提出的将生产划分为低技能程式化生产和高技能非程式化生产（ALM 模型），针对人工智能会冲击低技能就业岗位、对高技能就业岗位冲击不大的分析，或认为人工智能在减少低技能就业岗位时也会创造出一些高技能就业岗位，这两种就业岗位变动取决于均衡条件下劳动和资本的使用成本（Acemoglu，2016）；或认为人工智能可以完全替代低技能就业岗位，但也可以部分替代高技能就业岗位（Benzell et al，2015）。还有一些经济学家针对人工智能影响就业展开了实证分析（Goos et al，2014；Autor & Dorn，2013；Graetz & Michaels，2015）。

这些分析和研究的倾向性观点可以概括为以下几点：（1）人工智能对就业岗位的冲击是显而易见的，但在低技能就业岗位与高技能就业

---

[1] 这三个理论模型有关企业与企业之间以及企业与政府之间的市场不协调和博弈分析，属于新古典经济学的研究范式（于立等，2002），尽管这些模型力图将政治支持、不同利益集团政治压力等纳入规制分析，但并没有从机制上说明政府规制如何在主体行为上解决这种市场不协调和博弈（Stigler，1971）。

岗位之间存在互补；（2）人工智能应用会在不同层级的就业岗位之间，以及在同一层级就业岗位内部形成收入再分配；（3）在不同国家，人工智能应用对GDP增长贡献、对就业影响、对收入分配以及对社会福利影响是不同的；（4）即便不考虑垄断因素，政府对人工智能应用应该实施适当的规制。笔者趋向于赞同对人工智能应用及其导致的收入再分配等实施合理产业规制的观点，但立论依据不是西方经济学家的理论和实证分析，而是大数据、互联网、人工智能等融合在现阶段数据智能化的不到位。

企业投资经营的数据智能化实质上是一种"算法"，这种"算法"对于场景单一、解释性变量相对可控的经济现象是容易实现的。就业和收入分配问题涉及的变量众多且场景十分复杂，在人工智能等技术冲击的背景下，不仅就业者的偏好、认知和效用期望等会致使就业和收入分配形成众多变量和复杂场景，而且企业和政府的行为动机和目标函数也会导致众多变量和复杂场景。一般来讲，众多变量的处理要求有极高的人工智能匹配大数据的能力，在现阶段还不具备这样能力的情况下，政府应该根据劳动者的异质性采取诸如财政价格补贴、金融支持、上岗培训、职业规划诱导等经济性和非经济性规制措施，而不是采取一刀切的产业规制措施。

本书关于大数据时代产业垄断形成机制的分析，是基于不久的将来大数据、互联网、物联网、机器学习、区块链、边缘计算、AR \ VR等人工智能技术的覆盖面越来越宽广的事实。这一事实导致的结果是：（1）产业垄断的资金门槛、技术门槛和政策门槛有降低趋势；（2）数据智能化和网络协同化使企业能够获取供给和需求的准确信息；（3）互联网使企业跳越了中间商而直接把产品和服务提供给消费者；（4）企业通过数据智能化解决了以前难以解决的技术问题；（5）企业能够通过网络协同化让场景复杂的外部性统一于实时在线的具有协同效应的网络平台。因此，数据智能化和网络协同化已逐渐成为产业垄断的重要因素，政府在工业化时代进行产业规制，应该考虑到这些因素。

中国现阶段的大数据、互联网、人工智能等的融合正向深度和广度行进，但从大数据中获取精准信息，从而将一切有机体和无机体的存在和发展都转化为"算法"的时代还为时尚早。因此，真正大数据意义上的产业垄断在现实中暂不存在，本书只是对产业垄断形成机制做出的一种前瞻性研究。这项研究给我们留下两大值得思考的问题：一是对于大数据时代有可能出现的产业垄断，究竟应当如何规制；二是大数据时代的产业垄断会不会减少消费者剩余和降低社会福利。显然，对这两大问题的深入研究，需要等到数据智能化和网络协同化在微观经济运行中全面展开后，才能给经济学家提供理论分析和实证分析的素材。

第五节 行业垄断形成中网络协同效应的结论性考察

经济学有关垄断的模型研究存在主观判断，无论是新古典经济学的完全竞争模型和垄断竞争模型，还是以交易成本为核心和以博弈论和信息经济学为分析工具的现代经济学，都是借助（部分）数字化数据来研究垄断的，在工业化时代，经济学家不能利用新科技手段来处理非数字化数据。在大数据和人工智能时代，厂商以数据智能化作为竞争手段，已能够运用云计算、机器学习、物联网等人工智能技术来处理非数字化数据。值得研究的是，数据智能化在能够相对准确地预判产品和服务的供求及数量结构时，在什么样的条件配置下会形成行业垄断；如果出现行业垄断，它对产业组织结构会发生哪些影响，等等。

一 新科技层级低的厂商可以在数据智能化基础上实现一定程度和范围内网络协同化，但难以产生网络协同效应

物理世界的在线化以及由此产生的互通互联，是大数据、互联网和人工智能等相互融合的结果，企业之间以及企业和个人之间的结网互通，使网络协同化成为现实[①]。厂商投资经营实现网络协同效应的前提是数据智能化，标志是厂商能够挖掘、搜集、整合、分类、加工、处理和匹配大数据。现有文献所描述的互联网+企业，通常是指那些初步具

[①] 网络协同可以这样直观解释，即企业和个人在互联网或物联网上互动所形成的关联。例如，美国的亚马逊、Facebook、谷歌和中国的腾讯、阿里巴巴就是网络协同化的典型代表，网络协同化创造出互联网价值的网络协同效应。

备了数据智能化和网络协同化能力，但难以实现网络协同效应的企业。对此，我们不能简单地将网络协同效应理解为企业与企业、企业与个人以及个人与个人之间在互联网或物联网上的行为互动，而是要考虑到网络协同的场景或生态。

在投资经营场景或生态简单单一的情形下，厂商不可能实现网络协同效应，反之则反是。这个问题的进一步探讨，涉及数据智能化和网络协同化对厂商投资经营的效用函数问题。从产业组织变动来考察这个效用函数，网络协同效应便成为一个宽泛论题。首先，该效应要求厂商具备较高的新科技层级；其次，该效应对竞争和垄断会发生影响；再次，该效应是衡量厂商的产量和价格决定、产品集中度以及市场占有率等能不能取得效用最大值的参照系；最后，该效应是引致大数据时代产业组织演变的重要因素。当我们将厂商竞争路径看成既定、进而重点关注网络协同效应之于行业垄断的关联时，我们会发现只有新科技层级很高的厂商才有可能成为行业垄断的行为主体。

二　网络协同效应以数据智能化和网络协同化为前提，厂商网络协同效应的实现过程是行业垄断的形成过程

行业垄断意味着该行业的产品和服务规模、价格确定和技术门槛等被市场势力很大的厂商操控。这样的厂商具有以下特征：（1）在大数据挖掘和处理上具有极高的云计算和机器学习能力；（2）能够在互联网或物联网平台上协调多边市场和适应潜在生命力生态的能力；（3）通过数据智能化预判供给端，通过网络协同化预判需求端；（4）能够通过复杂场景设计来稳定客户群，以至于客户转移购买和消费会产生较高成本。厂商通过数据智能化竞争路径而取得网络协同效应，除了新科技层级的规定性外，行业的产品和服务对象也存在着规定性（如前文论及的难以实现网络协同效应的出租车行业）。换言之，网络协同效应不是单纯的新科技层级的产物，而是技术面和市场面之于复杂场景的综合。诚然，与工业化时代一样，大数据时代行业垄断的终极表现形式，仍然是价格操纵、产品高度集中以及极高的市场占有率等，但工业化时代的行业垄断是新科技竞争路径导致，它是以数据智能化和网络协同化为前提的，它的标志是出现网络协同效应，并且这种行业垄断的市场化程度很高。因此，网络协同效应的实现过程是行业垄断的形成过程。

三　网络协同效应和行业垄断的未来格局，归根结底，取决于机器学习等人工智能手段匹配大数据的科技发展，取决于大数据、互联网和人工智能等的融合程度

在新科技发展日益加深的未来，科技创新及其应用会推动厂商通过数据智能化和网络协同化来重塑产供销运营模式，这可以理解为大数据时代厂商竞争路径和行业垄断的形成机制。网络协同化所催生的网络协同效应，是针对新科技层级极高的厂商而言的，理解这一点非常重要，它是我们解释网络协同效应引致行业垄断的立论依据。大数据、互联网和人工智能等融合对于未来网络协同效应及行业垄断的形成，既是条件也是结果。从条件看，这一融合使厂商的云平台利用、云计算运用和人工智能匹配大数据等成为可能，即厂商只有在这种融合的条件下才有可能实现网络协同效应和行业垄断；从结果看，网络协同效应和行业垄断会驱动厂商开辟新科技支撑的竞争路径，从而使这一融合进一步加固。如果说厂商选择数据智能化作为竞争路径，是厂商实现网络协同化的充分条件，那么，厂商投资经营产生网络协同效应，则是实现行业垄断的必要条件。

随着5G（6G、7G等）搜集大数据覆盖面扩大及其对时滞性的大大缩小，未来移动互联网的多对多互动，会极大扩大厂商网络协同化的覆盖面，这种扩大了覆盖面的互动对产业组织也会发生网络协同化影响。网络协同化的"消费和投资的一对多互动→消费和投资的多对多互动→消费和投资的社交网络服务互动"的演变史，可看成是大数据、互联网和人工智能等逐步融合的进程史，这一历史在检验厂商科技层级成色的同时，也在推动着产业组织结构的变动。随着多对多互动的网络协同化席卷厂商投资经营的所有领域，产业组织会从网络垂直架构转化为网络协同架构，网络协同效应就会出现，行业垄断便会伴随着产业组织的网络协同架构和网络协同效应而产生。在未来的投资经营竞争中，厂商一定会通过数据智能化提高技术层级，一定会通过网络协同化去追求网络协同效应。如果某一行业的产品和服务具有复杂场景或高级生态，则这一行业中技术层级极高并且能够取得网络协同效应的厂商，就很可能成为行业的垄断者。

综上所述，厂商运用大数据和机器学习等人工智能手段等进行产供销的过程，是其数据智能化的过程；厂商与厂商、厂商与个人以及个人

与个人之间在移动互联网上投资经营的互动过程，是其网络协同化过程；厂商数据智能化和网络协同化的完美结合过程，是其网络协同效应的实现过程。政府要不要对数据智能化和网络协同化造成的行业垄断进行产业规制的理论依据，在于这种背景下的产业垄断会不会影响资源合理配置，于是，问题的讨论转向了大数据时代的资源配置和政府宏观调控分析。目前，新科技层级较高的厂商已经能够驾驭历史数据，对现期数据的加工和处理也取得了一定的进展，但他们还没有掌握加工和处理未来数据的机器学习方法。因此，从资源合理配置计，社会经济运行仍然需要政府宏观调控，但政府怎样进行宏观调控呢？这是一个结合大数据革命和经济学创新所需要研究的问题。

第六章 大数据时代的政府宏观调控与资源配置机制*

政府作为宏观调控的行为主体,其选择行为在受到动机、偏好、认知和效用期望等内生规定的同时,也会受科技进步及其实施手段的影响。互联网、大数据以及相关的人工智能技术的未来发展,也在改变着政府思维模式及其选择行为。我们如何在结合政府选择行为的基础上,解说政府宏观调控思维模式的转变,如何解释大数据和人工智能技术对政府宏观调控提供的技术支持,如何认识政府运用大数据和人工智能技术进行宏观调控的效用函数。同时,在互联网、大数据和人工智能等深度融合的当今社会,资源配置机制正在发生演变,这种演变主要反映在对资源配置发生影响的背景、因素、手段和过程等方面,而资源配置机制变化也与政府宏观调控模式变化相关。因此,经济学创新包括政府宏观调控和资源配置机制两大块内容。

第一节 引论

经济学关于政府选择行为的研究属于宏观经济学范畴,但其理论基础是微观经济学的理性选择理论。长期以来,新古典经济理论和以之为底蕴的主流经济理论在完全信息或完全理性假设上,一直将政府看成与个体无本质差异的抽象行为主体,即把政府理解成既不涉及行为互动,也不涉及信息约束和认知约束的单纯追求自身福利的"经济人"(约翰·伊特韦尔等,1996)。在经济学理性选择理论的分析框架中,政府被解说为"理性经济人",是经济学家受信息约束和认知约束的逻辑推

---

* 本章主要内容已发表于《学术月刊》2018 年第 5 期。

论，是经济学运用个体主义方法论的逻辑必然。"理性经济人"成为一种分析范式被广泛运用，突出反映的是行为主体能够知晓选择结果和能够实现效用最大化，这种排除了信息和认知双重约束的分析范式的出现，在哲学上可归因于经济学家对建构理性的偏爱。建构理性将一切知识和制度都视为理性思维、推理和演绎的结果，它对经济学家研究方法的影响是深刻的，政府选择行为的解释便是受这种影响的产物。

有必要再重温一下"理性经济人"这一经典范式赋予个体选择行为的两个重要给定条件约束：一是个体具有"偏好内在一致性"，二是个体具有知晓选择结果的完全理性认知。这两大给定条件约束是传统理性选择理论的基础，它将偏好函数、认知函数和效用函数糅合于完全信息和完全理性的分析框架。传统主流经济学曾通过一系列参数设计和数理模型分析，论证了个体选择行为的"偏好内在一致性"，论证了个体认知统一于偏好和效用等给定条件约束的可行性，并以此建立了期望效用函数理论（Neumann & Morgenstern, 1947; Arrow & Debreu, 1954）。联系政府选择行为考察，当政府被看成是抽象行为主体时，前一给定条件约束在追求自利最大化的同时，也规定了政府在预设的两大选择子集中存在非此即彼的选择偏好规定；后一给定条件约束则意指政府选择行为可绕避或跳过认知而展开。许多后期的经济学流派普遍认为这两大给定条件约束是一种追求完美理论逻辑的产物。

现代主流经济学通过对利他等社会偏好的研究，对传统理性选择理论进行了批评[①]，曾尝试将"认知"作为内生变量，并围绕最大化问题探讨效用函数。现代非主流经济学（Kahneman & Tversky, 1973, 1974, 1979; Smith, 1994）认为"理性经济人"与人们实际选择之间存在系统性偏差，他们彻底将"认知"作为内生变量，展开心理和行为实验分析，运用认知心理学来研究偏好、认知和效用之间的现实关联，讨论效用期望的调整问题，并通过风险厌恶和风险偏好等概念论证了以相对财富变动为分析参照的价值函数。但无论是现代主流经济学还

[①] 现代主流经济学率先关注到了诸如公平、施惠、受惠、报复等利他性社会偏好（Goranson & Berkowitz, 1966; Marwell & Ames, 1979; Forsythe et al., 1994; Berg et al., 1995; Fehr et al., 1996），但到目前为止，经济学家从未停止对社会偏好的研究，2017年诺贝尔经济学奖得主理查德·塞勒通过对社会偏好、有限理性和自我控制缺失的探究，试图揭示人类特性如何系统性地影响个人选择及市场结果。

是现代非主流经济学,他们有关人类理性选择所涉及的思维模式分析,都主张对影响选择的信息进行搜集、整合、分类、加工和处理来解释认知的形成。也就是说,现代经济学认为考察人类理性选择的因果思维模式,应该以研究认知的形成为核心,就对象性而言,政府选择的思维模式与个人和厂商一样,也必须围绕认知这一中心来展开。

经济学解说人类认知形成过程所反映出来的因果思维模式,是与人类信息获取途径、信息获取量大小以及对信息处理的方法和手段等相联系的。理性选择理论产生于工业化时代,但如果依据大数据是数字化数据和非数字化数据之和的界定,在工业化时代,人类获取信息的途径只能对数字化数据进行挖掘和搜集,并不能对包括图片、图纸、图书、影像、视频、声音、指纹等非数字化数据进行挖掘和搜集;人类获取信息量的大小基本上被限制在已发生事件的数据,或者说,只能从历史数据而不能从正发生数据和未来发生数据中获得;人类处理信息的方法和手段,充其量是运用单机电脑而不能利用云计算、机器学习等人工智能方法和手段。在大数据时代,人类获取信息途径、信息量大小以及对信息处理的方法和手段等发生了翻天覆地的变化,大数据革命无时无刻不在给我们提供海量数据,因此,我们要把工业化时代和大数据时代因信息获取途径和处理手段不同所决定的思维模式区别开来。

人类从工业化时代进入大数据时代的显著标志之一,是原先依据部分信息进行逻辑推理和判断的因果思维模式,在未来将逐步转变成依据不夹带任何主观判断的大数据思维模式。近几年来,未来学家(赫拉利,2017;凯利,2014,2016,2017;吴军,2016)大都倾向于认为未来社会是大数据社会,人类一切有机体和无机体都将成为一种"算法"。仔细品味,未来学家得出的这种展望性的分析结论,不难发现,它实际上内含着未来人类将以"大数据思维模式"取代"因果思维模式"的观点。但是,表达一种观点和阐释一种观点毕竟不是一回事,我们怎样理解大数据、云平台、云计算、移动互联网、物联网、机器学习等人工智能技术的融合对大数据思维模式的作用过程呢?如何解释大数据思维模式解析因果关系的准确性呢?这些问题的研究可联系行为主体的选择活动来展开。

在工业化时代,政府宏观调控与个体选择一样,同样是在因果思维模式支配下进行的。政府在制定和实施产业政策、财政政策、金融政策时，通常要对影响政策制定的信息进行搜集、整合、分类、加工和处理，需要通过判断和厘清因果关系后做出政策选择。但由于工业化时代的科技水平和技术手段只能搜集和提供不完全信息，因而作为政府选择依据的信息是不完全和不准确的，政府在因果思维模式下的政策选择将不可避免有主观判断的成分。在大数据时代，科技水平和技术手段存在着搜集和提供完全信息的可能性，政府是通过对极大量、多维度和完备性的大数据进行搜集、整合、分类、加工和处理后获得信息的，也就是说，政府经由大数据智能平台和机器学习，通过数据智能化有可能获得完全信息和准确信息[①]。因此，如果政府在大数据思维模式下进行政策选择，则有可能不夹带主观判断。

针对政府宏观调控，理解因果思维模式和大数据思维模式的差别很重要，它是我们解释大数据时代政府宏观调控思维模式将会发生转变的枢纽。我们把两者的差别看成问题研究的枢纽，并不是否定作为科学基础的因果思维模式，而是强调不同技术支撑的信息获取途径和处理方式有不同的因果思维模式的规定性。正像前几章多次解析的那样，大数据思维模式本质上仍然是一种因果思维模式，政府以大数据思维进行宏观调控，是以具备能够对大数据加工和处理的云平台、智能开发平台、云计算、机器学习等人工智能技术为前提的，政府进行宏观调控是以多维度和完备性的大数据来确定因果关系，而不是根据部分信息来推理和判断因果关系。因此，大数据思维模式能否成立，取决于政府具不具备在云平台运用云计算和人工智能手段来加工、处理和匹配大数据的能力。现实已趋向于证明，随着互联网、大数据分析、机器学习、物联网、区块链等人工智能技术的日新月异，大数据革命会促使政府宏观调控思维模式的转变。

资源配置问题是经济理论的研究基础。自以成本价格理论为核心的古典经济学诞生以来，经济学家（斯密，1776；李嘉图，1817）曾围绕产品价值决定和供求关系导致价格波动两大方面对资源配置展开分析和研究。马克思经济理论主要在两大方面发展了资源配置理论：一是在

[①] 本书多次提及的"大数据革命有可能提供完全信息"的观点，是针对未来大数据和人工智能技术的充分发展和运用而言的，是对未来新科技发展提升人类掌握信息能力的一种展望，并不是断言大数据革命一定能提供完全信息，特此说明。

劳动价值论框架下以两种含义的社会必要时间理论奠定了人力、物力和财力合理配置的分析基础（马克思，1867，1894），二是解析了资本主义社会单纯以平均利润率和生产价格所驱动的市场配置资源机制会导致社会劳动的巨大浪费（马克思，1894）。马克思的资源配置理论在《1844年经济学哲学手稿》（马克思，1998，中译本）以及其他早期论著中已具备了雏形。总的来讲，马克思并不否定市场机制配置资源的作用，但强调政府宏观调控配置资源的重要性，主张以计划机制作为资源配置的主导机制。撇开马克思经济理论的历史实践，仅就其对经济学世界的影响而论，它是西方经济学有关政府宏观调控配置资源理论的重要思想来源。

马歇尔（1890）开创的边际分析理论的问世，标志着经济学世界出现了新古典经济学的资源配置理论。新古典经济学作为一种承前启后的理论，它在理论上催生了现代主流经济理论。不过，所有这些理论都是工业化时代的产物，当我们把科技因素作为内生变量处理时，资源配置理论应该要有更大的发展。其实，资源配置机制的变化内蕴着科技进步的因素，科技进步不仅会影响厂商生产什么、生产多少和怎样生产，而且会影响人们消费什么、消费多少和怎样消费，即科技进步在一定程度和范围内会影响市场调节机制和政府宏观调控政策，以至于制约着产品和服务的产量和价格确定。在涉及资源配置的经济理论文献中，经济学家主要是从经济运行的一般均衡和局部均衡对资源配置进行研究的，这些研究是以理性选择理论为基础并围绕市场机制配置资源展开的，是在假定科技不变的前提下对工业化时代人们选择行为进行研究的理论反映。

经济学世界的一般均衡分析是资源配置理论的经典。戈森（Gosson，1854）和杰文斯（Jevons，1871）最早对产品和服务的总供给和总需求及其数量结构展开过一般均衡探讨，瓦尔拉斯（Warlas，1874—1877）通过模型分析对产品和服务的总供给和总需求做出了一般均衡分析，帕累托（Pareto，1909）则依据市场需求函数在满足齐次条件预算约束条件时能够实现一般均衡的推论，论证了著名的帕累托最优配置模型。在后续的研究中，经济学家针对瓦尔拉斯一般均衡分析和帕累托最优模型展开过广泛的讨论，他们或是从技术能力角度探讨不变规模报酬模型下的生产效率均衡（Koopmans，1951；Dantzig，1951），或是探讨不变规模报酬模型下的生产效率均衡（Hayek，1945），或是围绕帕累托最优探讨实现竞争均衡的条件约束（Arrow，1951），等等。但是，以上分析和研究基本上都是建立在对偏好、认知和效用等一系列给定条件约束的"经济人"或"理性经济人"假设和推论之上的，明显具有工业化时代所规定的现实基础和思维逻辑。在新科技能够搜集和处理海量数据的互联网时代，资源配置的均衡问题值得进一步探索。

第二节 大数据融合平台与政府认知过程刷新

这里所说的大数据融合平台，是为突出大数据对新科技运用的重要作用而提出的一个描述性概念，它是指大数据、互联网、机器学习、物联网、区块链等人工智能等的全面渗透和融合，从而导致一切与互联网、物联网和人工智能相关的新技术运用都离不开运用大数据分析的情形。类似地，如果我们以互联网、物联网、人工智能等作为问题研究的辐射平台，那么，也可以有互联网融合平台、物联网融合平台、人工智能融合平台等概念[①]。这里所说的政府认知过程刷新，是指外在因素对影响政府认知形成的依据、途径和手段等的驱动所引起的认知变化，当我们将这种外在因素聚焦于大数据时，政府认知过程刷新便有了大数据时代的烙印。大数据融合平台与政府认知过程刷新之间存在相关性，当这种相关性达到一定高度时，我们对政府思维模式转变就会有比较清晰的认识。

一 大数据融合平台对人类思维模式转变的影响

人类社会的进步是在探索事物内部或事物之间因果关系的过程中起步和发展的，这种探索在历史上创造了灿烂的农业文明和工业文明；事物因果关系只有在完全信息背景下才能得到完全正确解读，在不完全信息条件下，人类的因果思维模式在推动社会前进的同时，也有可能在方

[①] 在一些业内人士的分析文献中，时常可看到这样一种困惑，即对大数据、互联网、物联网等人工智能技术运用很难给出明确定义，这样的困惑与它们之间全面渗透和融合有关。基于大数据贯穿于互联网、物联网、人工智能等运用始终，在以上列举的平台中处于主导或主流地位，使用"大数据融合平台"这个概念比较恰当，也正是在此意义上，我们把新科技时代称之为大数据时代。

法论上成为一种桎梏。大数据融合平台是以大数据思维为基础的，厂商利用互联网、云计算、机器学习、物联网等人工智能技术进行投资经营，政府利用互联网、云计算、机器学习、物联网等人工智能技术进行宏观调控，都需要对海量数据进行挖掘、搜集、整合、分类、加工和处理；个人、厂商和政府运用大数据融合平台将会产生大数据思维；大数据思维模式的最大亮点，是可克服以部分信息作为因果关系判断所出现的主观推论；大数据思维模式正在改变个人、厂商和政府的选择行为。

经济学理性选择理论有关个人、厂商和政府选择行为的解说，主要是在建构理性基础上围绕个体应如何符合理性（最大化）的选择（Harsanyi，1977）以及个体如何选择才符合理性（Edgeworth，1981）两大方面展开的。前者主要反映了新古典经济学对个体选择偏好、认知和效用等的定性分析，后者则主要反映了主流经济学对个体的选择偏好、认知和效用等的模型论证。尽管这两大经济学流派在假设前提、参照系和分析方法上有许多不同，但它们都是工业化时代的因果思维模式的产物。大数据思维模式对个人、厂商和政府选择行为的影响，突出表现在它要求人类根据极大量、多维度和完备性的大数据来筛选和甄别出接近准确的信息，力图让大数据成为因果关系分析的依据，并据此对个人、厂商和政府的选择偏好、认知和效用等做出解释。在现实中，大数据思维模式是以"大数据融合平台"作为背景和依托的，这个平台符合从基础理论角度对选择主体之思维模式转变的解释。

政府作为理性选择者，其宏观调控的政策制定和实施有着特定的思维模式。在工业化时代，政府宏观调控是一种依据部分信息进行推论的因果思维模式，该模式对应于特定的认知过程。随着大数据融合平台覆盖面的全面形成，政府宏观调控的认知过程变化会催生出大数据思维模式。从思维模式受制于认知形成来看，政府宏观调控的思维模式的转变过程，可看成是政府认知形成的刷新过程。

二 政府认知过程刷新分析

熟悉经济学理性选择理论的学者都知道，"认知"在新古典经济理论中是一个被作为外生变量处理的黑箱，这个黑箱造成新古典经济学的厂商理论成为由技术因素决定的生产函数。从因果思维模式来考察新古典经济理论，认知过程黑箱之"果"，归因为"选择者知晓选择结果"这个给定条件假设之"因"；在哲学分析层面上，新古典经济学家是逻辑推理和演绎的因果思维模式的实践者。现代主流和非主流经济学努力将"认知"作为内生变量，他们把选择者认知过程解释为对信息的搜集、整合、分类、加工和处理，认为对信息之"因"的分析，会产生认知之"果"。然则，迄今为止的经济学理性选择理论都没有走出"依据部分信息并夹带主观判断"的因果思维模式，从因果思维模式的层级变化考量，从新古典经济学到现代经济学发生了因果思维模式的层级转变，这种转变体现在他们对"认知"的不同学术处理上。

经济学在基础理论上把个体和政府解说为没有本质差异的行为主体，是一个对经济理论发展有着深刻影响的长期传统。从宽泛的意义上理解，计划经济与新古典经济学"选择者知晓选择结果"的论断可谓有"神合"之处。当社会主义各国纷纷破冰计划经济而引入市场机制，政府认知过程实际上是在因果思维框架内得到了一次刷新，即"认知作为内生变量"的理念贯穿到了政府宏观调控的实践。经过这次因果思维框架内的刷新，政府开始依据前期经济运行的诸如总供给、总需求、国民生产总值、物价水平、就业率、财政收入、国际贸易等情况，在得出认知的基础上对宏观调控的政策和手段做出选择。具体地讲，政府开始注重对影响以上诸因素的信息进行搜集、整合、分类、加工和处理来选择宏观调控的政策和手段。政府认知过程得到刷新后，确实解决了经济实践中的部分市场失灵问题，但由于工业化时代科技手段能够提供给政府宏观调控选择的信息只是部分信息，并且经济理论界和政府执行机构作为立论依据的实证分析数据只是样本数据，因而政府认知过程经过这次刷新并不能完全解决市场失灵和政府失灵问题。

政府认知过程的第二次刷新，是大数据思维所引致的刷新。大数据和人工智能等在微观经济领域成功运用及其公认的经济效益，表明了这样一个事实：完全信息和准确信息都是源于极大量、多维度和完备性的大数据，以及人工智能匹配数据技术。大数据的极大量和完备性特征蕴含着提供完全信息的可能性，大数据的多维度特征，蕴含着通过数据相关性可甄别和获取准确信息的可能性。政府对经济运行进行宏观调控要取得高成效，必须能够把握宏观经济数据及其比例变动。换言之，政府必须拥有容纳海量数据的云平台，精通机器学习等人工智能匹配数据的技术，这是政府在大数据思维模式下实现认知过程刷新的物质技术基础。大数据思维模式下政府认知过程得到刷新的标志是，政策制定和手段实施都以数据智能化所提供的数据为依据,不再夹带任何主观推论和判断,宏观经济变量及其比例变动在政府的认知中表现为一种"算法"。

数据智能化是一个凸显"算法"且反映大数据时代烙印的问题,政府认知过程是经过数据智能化得到刷新的,政府认知刷新后的制度和政策制定,通常是以掌握厂商投资经营大数据为基础的,在很大程度上反映了同厂商和消费者之间行为互动,也就是说,政府运用数据智能化来制定制度和政策,将会形成政府与厂商之间的网络协同化。就政府宏观调控的网络协同化而论,中央政府和地方政府以及政府和企业之间复杂场景的处理,必须具备较高的数据智能化和网络协同化水平。因此,网络协同化同样是政府在大数据思维模式下认知过程刷新的基础。政府认知过程刷新后的决策所发生的很大变化,简单地讲,就是政府通过大数据融合平台知晓什么样的事需要宏观调控,什么样的事不需要宏观调控,什么样的事需要在多大程度和范围内进行宏观调控。这个问题在宏观层次上有许多值得深入讨论的内容,最重要的问题之一,是资源配置机制的改变。基于资源配置机制问题仍然同大数据融合平台有关,我们现在先讨论大数据融合平台与政府认知过程刷新之间的关联。

三 大数据融合平台与政府认知过程刷新的相关性

现实中的经济现象 A 与 B 之间的关联,有直接、间接和迂回三种形式。当我们分析它们的相关性时,通常强调它们的直接关联,至于间接关联尤其是迂回关联,则未必会列入相关性分析的视域。大数据融合平台与政府认知过程刷新有着明显的相关性。从长期看,大数据、互联网、云计算、机器学习、物联网等人工智能的相互融合所导致的数据智能化和网络协同化,会彰显出信息准确性以及投资和消费的高效用;为提高宏观调控效率计,政府会搭建智能化平台以实现数据智能化和网络协同化,利用云计算的集约化模式处理大数据,将过去对部分信息进行加工和处理而存在主观判断的认知过程,转变为对大数据进行加工和处理而具有客观性的认知过程。由于这种转变主要是在数据智能化和网络协同化推动下完成的,因而在长期内,大数据融合平台与政府认知过程刷新具有很强的相关性。

但在短期内,大数据融合平台与政府认知过程刷新则呈现出弱相关,这可以从技术因素和时间纬度两方面予以解释。在大数据时代的伊始阶段，短期内的大数据、互联网、云计算、机器学习、物联网等人工智能技术因素是相对稳定的，大数据融合平台的发展水平也处于相对稳定状态，以至于政府还不能在对全部信息进行加工和处理和排除主观判断的情况下完成认知过程，这是问题的一方面。另一方面，在不同的时间维度中，大数据、互联网、云计算、机器学习、物联网等人工智能的融合是不同的：时间越长，它们的融合就越深，反之则反。这种融合之深度和广度的显著标志，是大数据能够通过机器学习等人工智能技术转换成准确信息。但是，将大数据转换成准确信息需要智能平台支撑，智能平台建构需要深谙大数据的智慧大脑设计参数和模型，但这些在短期是难以实现的，因此，短期内的大数据融合平台与政府认知过程刷新是一种弱相关。

从理性选择理论看政府选择行为，撇开政府认知过程向前关联于选择偏好，向后关联于实际选择行为的一些性质规定，政府认知过程刷新后需要研究的问题之一，是政府思维模式的变化。前文曾概要谈到大数据时代会出现政府大数据思维取代因果思维的情形，梗概描述了政府宏观调控选择行为的内生规定与思维模式转变的联系，但没有专门对政府大数据思维模式的大数据和人工智能技术支持手段、大数据思维过程及对应的效用函数等问题展开讨论。大数据时代政府思维模式转变对宏观调控会产生什么样的影响呢？我们有必要对之进行探索。

第三节 大数据时代政府思维模式转变分析

一 人类运用大数据思维模式的物质技术基础

互联网、大数据和人工智能等的相互融合导致了大数据革命，大数据革命催生了大数据思维，大数据思维使人类能够在利用人工智能等新科技手段获取准确信息的基础上，揭示事物内部或事物之间的真实因果关联，但人类运用大数据思维模式必须具备以下物质技术基础：（1）以互联网和物联网运用为标志的平台能够提供海量数据，数据智能化能够搜集完备性的大数据；（2）以5G技术为代表的信息输入和输出的覆盖面会无限扩展；（3）云平台和云计算集约化模式能够整合、分类、加工和处理大数据；（4）由人工智能技术所设计的参数和模型，能够将云计算、机器学习、物联网、区块链等成果落地；（5）大数据、互联网、物联网、区块链等人工智能新科技能在很大程度上支配或决定人类认知过程。

以上对人类大数据思维模式的物质技术基础的分析，可看成是对"大数据融合平台"的另一种描述。依据人类思维模式在很大程度上要取决于认知过程的事实，个人、厂商和政府因果思维模式转变的前提条件是，必须让认知过程置于大数据融合平台，并利用这个平台挖掘、甄别和处理隐匿在大数据中的准确信息，这样才能使认知过程与大数据思维配套，以实现追求最大化愿景的效用函数。

二 工业化时代政府宏观调控的认知形成过程及其思维模式

政府宏观调控主要是运用财政政策和金融政策对国民经济中的总供给和总需求、物价、汇率、就业率、投资与储蓄、国际贸易等施行干预，其主旨是实现产业结构的动态平衡。政府作为选择主体，同样存在着偏好、认知和效用期望。撇开主流经济学将政府雷同于个体所展开的有关偏好、认知和效用的性质分析，仅就政府认知过程对其选择行为的影响及其蕴含的思维模式而论，主流经济学的分析是到位的。这可以从以下过程得以证实：政府会运用以统计计量等科技工具进行宏观调控，因而政府认知形成过程表现为，首先，根据各省市自治区汇总于国家统计局或上报政府职能机构的有关不同产业统计数据，了解和掌握宏观经济运行现状（信息搜集过程）；其次，运用各种模型工具来分析宏观经济结构及其动态分布，找出问题症结（信息的整合、分类、加工和处理过程）；最后，做出干预经济运行的各种政策选择（认知决定选择的过程）。

不可否认，较之前工业化时代，政府宏观调控的理性程度有了很大提高，认知过程明显反映了对信息不完全或有限理性约束的应对，选择行为也明显反映了与认知过程的因果关联。但在工业化时代，政府宏观调控的选择过程暗含着建构理性的哲学背景，这主要表现为政策选择是对理论建构规则的遵循。在宏观调控的实践中，政府制定宏观调控政策的依据，是通过对已发生事件的信息进行搜集、整合、分类、加工和处理而得出的，并没有得到下一周期经济运行所反映的信息支持。但有趣的是，政府在宏观调控时总是可以找到为政策辩护的理论依据，这便有一个问题需要讨论，即政府的理论依据来自何处？答案显然是来自经济学家对经济运行的实证分析所得出的理论判断和推论。然则，从古典经济学到现代经济学，经济理论主要是在建构理性的哲学分析框架下发展的，因而我们有理由认为政府宏观调控的选择过程在一定程度上是建构理性的产物。理解这一点很重要，它是我们解析政府思维模式及其转变的重要内容。

建构理性是将一切知识和制度都解说成理性思维、推理和演绎使然。与此不同，演化理性认为一切知识和制度都是历史和文化的产物（哈耶克，1969）。但无论是主张规则遵循的建构理性，还是主张自然法则的演化理性，它们都强调和推崇非大数据的因果思维模式。政府作为建构理性的选择者，不折不扣贯彻着这种因果思维模式。诚然，政府在宏观调控中对信息的搜集、整合、分类、加工和处理所产生的认知，对这种因果思维模式的形成有着实证主义哲学的意义，但政府这种以不完全信息为基础并且存在主观判断的因果思维模式，很难准确判断经济运行中资源配置、总供给和总需求、产业组织、投资结构、产业结构等的内在机理构成；也就是说，在得不到完全信息和不能绕避主观判断的情况下，政府便只能自觉或不自觉地按建构理性的规则遵循来进行宏观调控。这既可以看成政府宏观调控之因果思维模式的特点，也可以看成政府宏观调控之因果思维模式的内在规定。

自凯恩斯《就业、利息与货币通论》问世到世界各国先后实行宏观调控的一百多年来，政府依据因果思维模式进行宏观调控，在很大程度上和很大范围内解决了许多市场机制难以或无法解决的经济问题；但由于依据不完全信息的因果思维模式具有局限性，政府宏观调控会出现这样或那样的被称为政府失灵的问题，但这不是因果思维模式的错，而是信息不完全造成的。总之，政府采用因果思维模式的宏观调控要取得好的宏观经济效益，取决于新科技发展能否提供完全信息，取决于能否掌控大数据融合平台，取决于能否实现数据智能化和网络协同化。

三 大数据时代政府宏观调控的大数据思维模式

随着大数据融合平台的日新月异，大数据时代将成为这一平台的全面覆盖时代，将成为数据智能化和网络协同化的时代。政府在这个时代采用大数据思维模式进行宏观调控也就势在必行。大数据思维模式的最主要特征，是从大数据中提取准确信息，并通过对大数据的搜集、整合、分类、加工和处理来形成认知和做出选择。在很多场合，信息与数据的区别甚微以至于被交叉或重叠使用，但从准确性角度来考察，信息与数据的区别反映了工业化时代与大数据时代的区别。以宏观调控为例，政府要想得到前一时期国民经济各部门产品和服务的准确信息，靠对各省市自治区上报的不完全信息（有限数据）进行加工和处理是不行的，它必须拥有国民经济各部门产品和服务提供的海量数据，必须能通过云平台和运用云计算、机器学习、物联网等人工智能技术，从这些海量数据获取准确信息的科技能力来看，显然是工业化时代不具备的。当政府将宏观经济的资源配置、总供给和总需求、产业组织、投资结构、产业结构等各自内部及相互之间的联系，全都看成是一种"算法"并放弃主观判断时，政府宏观调控便进入了大数据思维模式。

互联网、云计算、物联网、机器学习、区块链等人工智能技术的运行体系，正在持续打开大数据融合平台的空间，政府认知过程正在不断被刷新；人类经济、政治和文化等活动每年提供的大数据远远突破了"摩尔定律"每年数据增加率的上限。这种情况表明，一个经济周期结束后的国民经济体系的资源配置、总供给和总需求、产业组织、投资结构、产业结构等提供的数据，通常会具有极大量、多维度和完备性的大数据特征。如何从这些大数据中获取以上宏观经济变量的准确信息，如何通过准确信息来制定宏观调控政策和实施手段，这是政府采用大数据思维模式进行宏观调控的核心内容。

事实上，新经济及其科技水平已经具备让政府采用大数据思维模式进行宏观调控的条件。如果政府能投入大量资金建立囊括国民经济各行各业大数据的云平台，掌握云计算集约化技术，并大力发展人工智能技术来加工和处理国民经济各行各业所汇集的大数据，那么，政府在实现数据智能化和网络协同化的基础上，便可以运用深度机器学习和强化机器学习等技术手段，通过大数据的完备性和多维度的相关性获取准确信息，从而使大数据思维走向实际操作。政府能否在宏观调控实践中真正做到采用大数据思维模式，除了大数据融合平台的许多技术规定，还要看政府在制定宏观调控政策时有没有完全排除主观判断。我们可以将以上情形看成是大数据思维模式的条件约束，这些约束对于中央和地方两级政府都是适用的。在未来，政府采用大数据思维模式进行宏观调控，将是政府干预经济的主导形式，因果思维模式一定会让位于大数据思维模式，这既是新经济之科技发展的驱动，也是政府宏观调控力图有效解决市场失灵和防止政府失灵等的驱动，即政府追求宏观调控的效率使然。

四 政府采用大数据思维模式进行宏观调控的效用函数

宏观调控的效率问题涉及政府选择的动机、偏好和效用，在理论上对这个问题做出解说，则可归结为对效用函数的分析。经济学认为个人、厂商和政府的选择行为都对应于特定的效用函数。关于效用函数与选择行为直接关联这一永恒主题，经济学家最关注的是效用函数的变量构成。新古典经济学通过对"偏好一致性、认知确定"等给定条件的约束，把"最大化"作为效用函数的唯一核心变量，以对应于选择主体唯一追求最大化选择偏好的理论假设；主流经济学质疑和批评新古典经济学的给定条件约束，他们通过对偏好影响认知、认知影响选择和效用的分析，开始尝试将偏好和认知作为效用函数的变量。总而言之，西方经济学标准的效用函数是以利润最大化和消费最大化来解说的，这种只考虑正效用而不考虑负效用的效用函数显得有些狭窄。

关于效用函数变量构成的不同学术观点，是与研究者的思维模式密切相关的。经济学家在信息不完全下的因果思维模式，很难把一些得不到充分信息支持却与效用有着因果联系的变量纳入效用函数[①]。在大数据时代，这种状况将会因大数据有可能提供完全信息而得到改变。联系政府在大数据思维模式下的宏观调控，我们如何理解政府宏观调控的效用函数呢？这是一个值得深入探讨的既有理论价值又有实际意义的问题。

政府宏观调控之效用函数的最大化，是产业结构平衡、物价利率和汇率稳定、就业充分、投资和储蓄结构合理、GDP稳健而持续增长等。在市场失灵的情况下，实现这种最大化在很大程度上要取决于政府宏观调控，这会反映在政府宏观调控的效用函数上。如前所述，若政府能建立搜集国民经济各行各业数据的云平台和掌握云计算集约化技术，并能运用人工智能技术来加工和处理国民经济各行各业所汇集的大数据，便可运用深度机器学习和强化机器学习从极大量、完备性和多维度的大数

[①] 例如，一些关联于选择偏好和认知的社会性行为和准则（公平、互惠等利他行为），便得不到充分信息支持而难以纳入效用函数。阿克洛夫（Akerlof，2007）曾主张将"行为准则"和"效用损失"等纳入效用函数，以纠正主流经济学对效用函数的偏颇认识，但由于社会行为方式概念化的行为准则以及反映追求最大化失误的效用损失得不到充分信息支持，阿克洛夫只是提出这样的学术观点而没有展开论证。

据中得到准确信息。就现阶段难以纳入效用函数的反映偏好和认知的"行为准则"和"效用损失"等变量而论,政府可以通过大数据融合平台提供的社交媒体、传感器、定位系统、在线体验和评价等确定它们的数据构成,从而将它们纳入效用函数之中。显然,只有在大数据思维模式下才能完成这项理论工作。其实,政府宏观调控的效用损失的最直接原因是各省、自治区、直辖市失真的信息造成的,而导致这种局面的主要原因是工业化时代的政府不具有大数据融合平台以及与此关联的大数据思维模式。

在工业化时代,政府宏观调控的效用函数是一个难以通过实证做出定量分析的抽象问题。长期以来,经济学界只是在定性分析上泛泛谈及这个问题。在大数据时代,一方面,随着政府从因果思维模式向大数据思维模式的转变,如果这一抽象问题可以得到定量分析和处理,该效用函数是否可以实现最大化呢?另一方面,当宏观调控的效用函数在政府大数据思维模式下能够实现最大化,经济学最关注的资源配置问题便有可能得到解决。大数据时代能合理配置资源吗?我们有必要对这个问题展开讨论。

第四节 大数据革命与资源配置机制演变

经济学有关资源配置机制的分析性文献,主要有市场机制配置资源理论和政府规制配置资源理论两大块。前者是关于价格和供求关系调节产量的理论,后者则是针对市场失灵而强调政府干预实现有效市场的理论。经济学资源配置机制理论从前者演变至后者,始终是围绕价格和产量如何才能实现产品和服务的有效需求这个核心问题展开的。如果仔细梳理这一演变,可以发现有以下线索:(1)理论分析从完全信息假设走向不完全信息假设,这种转变导致资源配置理论的参照系和分析方法的变化;(2)对价格形成、产量确定以及对竞争和垄断的形成路径有不同的理解,对这两种资源配置机制的作用程度和范围有不同解释;(3)对资源配置机制转变的理论分析,始终围绕市场失灵和政府失灵。不过,从制度、主体和行为等综合基础理论角度考察,由于特定制度安排下的资源配置格局取决于投资主体的选择行为,而投资选择取决于信息完全或不完全，因而我们关于资源配置机制演变的研究，可将信息的获取状态作为问题分析的起点。

在互联网、大数据和人工智能等问世以前，人类还不具备全面而准确搜寻正在发生事件信息的能力，人们的投资选择只能通过对已发生事件的信息进行搜集、整合、分类、加工和处理，人们获取的信息是不完全的。在互联网、大数据和人工智能等相互融合的时代，大数据得到了爆炸性的指数级增长，它不仅包括已发生事件和正在发生事件的数据，而且包括可通过机器学习挖掘的将来要发生事件的数据[①]。这些既包括数字化数据又包含非数字化数据（图片、图书、图纸、视频、声音、指纹、影像等）的大数据，有可能内蕴着影响投资选择的完全信息。在人类发展的未来，人们通过何种途径和采取何种手段得到完全信息，是至关重要的。在笔者看来，人们明晰获取完全信息之途径和手段的过程，就是解析互联网时代资源配置机制的演变过程。

当人类在将来通过互联网、传感器、社交媒体及定位设备等获得了完全信息，并运用人工智能技术对大数据之完备性和多维度的相关性进行机器深度学习而能够揭示出准确信息时，人类便客观具备了合理和准确配置资源的技术基础。对人类经济活动而言，当企业通过以上过程获取产品和服务之供给和需求以及价格确定的完全信息时，经济运行和经济发展中便存在着互联网资源配置机制。值得我们关注的是，在互联网、大数据和人工智能等相互融合的过程中，互联网资源配置机制作为一种对工业化时代资源配置机制的演变，并不是一蹴而就的，它伴随着个人、企业和政府的选择方式、新科技进步、市场和政策制度安排等方面的变化过程。

演变过程一：随着互联网、大数据和人工智能等的融合，投资者之间的行为互动会成为资源配置机制演变的重要环节

如上所述，智慧大脑的投资选择会引致非智慧大脑的偏好仿效、认

[①] 现有的关于如何用"算法"解析数据的机器学习的分析和研究，集中于对没有明确编程条件下计算机如何才具有学习能力的讨论，以及如何对数据加工和处理实现人工智能匹配数据的方法（Taddy, 2017）。按照对学习特征的分类，学术界把机器学习划分为监督学习、无监督学习、强化学习和深度学习（Lecun, 2015）。但到目前为止，学术界只是针对已发生事件和正在发生事件的数据进行了机器学习，并没有对将来要发生事件的数据展开机器学习探索。这个问题下文将有所论及。

知仿效和效用期盼，这种情形反映了具有智慧大脑投资者与非智慧大脑投资者之间的选择行为互动。关于选择行为的学术处理，经济学对投资者依据价格和供求关系等市场信号所展开的投资选择分析，长期以来是坚持以"个体行为"作为基本分析单元的个体主义方法论，这种分析方法以个体之间行为互动作为分析参照。经济学家之所以采用个体主义方法，是因为工业化时代不像互联网时代那样具有引发群体行为互动的科学技术基础。诚然，从主体选择来考察资源配置机制形成，分散的个体选择在价格和供求关系等市场信号下也会出现行为互动，对资源配置也会产生一种集合力，但由于这种集合力难以在个体行为中固化，以至于难以形成群体行为互动。互联网时代智慧大脑者投资选择对非智慧大脑者产生的偏好仿效、认知仿效和效用期盼，明显具有群体行为互动的集合力[1]，而正是这种集合力导致了投资者之间的行为互动会成为资源配置机制演变的重要环节。

智慧大脑者投资选择依据的大数据仍然来自市场，但他们经过对市场数据的搜集、整合、分类、加工和处理有可能获得准确信息，远比没有经过大数据分析而只是依靠不完全信息进行选择要科学。至于非智慧大脑投资者仿效智慧大脑投资者所做出的选择，则可以理解为一种间接运用大数据分析的选择行为。作为一种学术探讨，我们是否可以将智慧大脑者与非智慧大脑者之间的"行为互动"作为基本分析单元，从而在经济理论研究中引入群体主义方法论呢？显然，这样的学术思考是基于非智慧大脑者的投资额占全社会总投资额比率很高的事实，而他们之间的"行为互动"便是互联网时代资源配置机制演变在选择方式上的反映。投资者之间的行为互动在互联网上主要反映为产品和服务的点击率、关注度、实时评价和体验交流等方面，它成为资源配置机制演变的重要环节后，对资源配置机制演变的影响是广泛而深刻的，它首先表现在这种行为互动对价格波动和供求关系支配厂商投资经营选择的改变上。

---

[1] 经济学曾在个体主义方法论框架内描述过个人选择的仿效行为，比较著名的概念有蝴蝶效应、从众行为、信息重叠、框架依赖等，例如，罗伯特·希勒（2001）对金融市场的分析，就运用催化因素、反馈环、连锁反应、放大机制等范畴讨论了由市场机制引起的仿效行为，但这种以个体行为互动作为分析对象的分析，不能运用于互联网时代非智慧大脑之于智慧大脑的群体行为仿效。

演变过程二：大数据和人工智能在微观经济活动中的运用，正在减弱价格和供求关系对市场资源配置的主导作用

这个问题的研究，是对大数据和人工智能等影响厂商投资经营活动的继续讨论。在工业化时代，如果政府不干预经济活动或不实施产业规制，厂商投资什么、生产什么、生产多少以及怎样生产，主要是根据供求关系和价格波动做出的。这种被新古典经济学和现代主流经济学视为经典的资源配置理论，从未摆脱市场失灵困境，很难实现帕累托最优。追溯其源，是因为厂商投资经营所依据的信息是从有限的数据中得到的部分信息，他们对影响投资经营信息的挖掘、搜集、整合、分类、加工和处理以及由此形成的认知，要受到有限理性和技术手段的约束。以有限理性而言，主要表现为厂商在不能获取完全信息的情况下无法知晓投资经营结果；以技术手段而言，则主要反映在厂商不具有根据市场信号做出符合有效需求之投资经营决策的科技能力。在半个多世纪以来的研究中，经济学家针对市场资源配置机制引起市场失灵现象的研究，一直是以厂商存在有限理性和科技能力约束为基本分析依据的，但建立在该基础上的政府规制理论却产生了政府失灵问题[①]，于是，人类始终没有探索出最佳资源配置机制。

资源最佳配置机制是能够实现瓦尔拉斯一般均衡的机制，是能够在有效需求基础上保证总供给和总需求及其结构实现合理配置的机制。它的前提条件是厂商可以得到完全信息和准确信息，厂商摆脱有限理性约束，但厂商要具备和实现这样的前提条件，必须能够运用新科技手段把市场出清意义上的总供给和总需求及其结构作为一种"算法"来处理。显然，这在只能依靠价格波动和供求关系提供的部分信息来进行投资经营的工业化时代是不可能的。

在大数据时代，尤其是在互联网、大数据、机器学习或人工智能等

[①] 经济学家对市场失灵导致社会福利损失最主要的研究，是以"成本劣加"为分析基础的对自然垄断产业实施规制的研究。这些研究认为建立对自然垄断产业的约束机制，应该以价格等于边际社会成本作为实现社会福利的标准（Baumol & Bradford，1970；Lerner，1964）；对自然垄断产业约束机制的后期延伸研究，除了继续推崇政府产业规制能够解决市场失灵和提高社会福利的理论外（Baumol，Panzar & Willig，1982；William & Sharkey，1982），也有认为政府产业规制政策容易被大集团利用的规制俘虏理论（Posner，1974），以及怀疑政府产业规制能够解决市场失灵和实现社会福利的规制经济理论（Stigler，1964），但这些理论都没有找到实现帕累托最优的资源配置机制。

深入融合而进入以大数据为灵魂的时代，大数据的指数级增长态势会囊括包括价格波动和供求关系在内的所有市场信息。按照主流经济学理论，市场供求关系决定价格波动，价格波动决定厂商投资经营，从而使资源配置机制发挥作用。但现实的情况是，在就业和收入分配等既定的情况下，产品和服务的市场供求关系的决定，主要是由反映消费时尚的选择偏好和认知、厂商投资选择认知以及消费者和厂商的效用期望等决定。随着互联网、大数据、机器学习或人工智能等融合的充分发展，具有智慧大脑的厂商并不是直接根据价格波动和供求关系进行投资经营，而是先在云平台上对人们的偏好、认知和效用期望等进行大数据挖掘和分类，然后利用云计算和人工智能来匹配这些大数据，最后在明晰真实价格波动和供求关系的基础上展开投资经营。虽然这种互联网资源配置机制的发挥仍然离不开价格波动和供求关系，但它是厂商从大数据中得到准确信息后形成的，减弱了现象形态的价格和供求关系对市场资源配置机制形成的主导作用。

演变过程三：智慧大脑通过对大数据的机器学习，以人工智能匹配大数据来选择投资经营，是互联网资源配置机制形成的关键过程

所谓机器学习，就是用"算法"解析数据。有必要指出的是，无论是有样本标识的监督学习和无样本标识的无监督学习，还是在动态环境中试错的强化学习以及将低层级数据与高层级数据进行组合的深度学习，它们都是依据历史数据和现期数据展开的。就智慧大脑用人工智能匹配大数据来选择投资经营而论，我们可得出以下结论：如果不能对未来数据进行机器学习，并在此基础上用人工智能匹配大数据，那么，互联网资源配置机制便难以彻底形成。

针对"大数据＝历史数据＋现期数据＋未来数据"的实际情形，人们需要探索对未来数据进行加工和处理的机器学习方法，即需要探索用"算法"解析未来数据的机器学习方法（前文曾以"想法流机器学习"论及）。现有的关于计算机在没有明确编程条件下怎样才具有学习能力的讨论，注重于如何实现人工智能对大数据的匹配（Taddy，2017）。这些讨论基于有明确事件支持的历史数据和现期数据，对于尚未发生的未来数据，应采取什么样的机器学习方法，首先面临的是未来数据的挖掘问题，其次是学习方法的途径选择问题。对于这两个问题，解决方法都离不开历史数据和现期数据。具体方法可考虑利用历史数据和现期数据的完备性和相关性来挖掘未来数据，而最有可能实现未来数据的机器学习的途径，是在综合对历史数据和现期数据的强化学习和深度学习的基础上，充分利用和解析这两大数据的多维度的相关性来推测未来数据，以确定模型表述的"算法"。

联系产品和服务供求数量的确定来看问题，"想法流机器学习"是互联网资源配置机制形成的至关重要的过程。厂商要确定产品和服务供求的准确数量，必须在云平台上运用集约化的云计算手段来挖掘、搜集、整合、分类、加工和处理历史数据、现期数据和未来数据，必须具备能对应于各类数据的机器学习能力。作为人工智能的一个重要分支，机器学习对于资源配置机制转变的重要作用和意义，在于能够对真实的经济运行做出决策和预测。经济社会的产品和服务的未来供求关系是不确定的，经济学家无法通过具有明确编程的模型来解决不确定性的任务，因而导致了市场失灵和政府失灵。机器学习在互联网、大数据和人工智能等融合中起着十分重要的衔接作用，对于资源配置机制来讲，这种作用突出表现在它能够把厂商的投资经营转换成一种"算法"。如果没有这种"算法"或"算法"不科学，互联网资源配置机制的效用函数将大打折扣。

演变过程四：随着产品生产和服务提供被转变成一种"算法"，产业组织将从垂直整合架构转变成网络协同架构，互联网资源配置机制形成

工业化时代产业组织架构的显著特征，是价格机制、产品属性、供求关系和地理位置等的综合作用会形成一种反映企业之间互动的产业集群。从产业组织架构看，这样的产业集群所对应的产业链，是以企业上下游联系为纽带，以不同产业之间的数量比率而型构的市场结构，这种市场结构对资源的整合过程是一种垂直关联。产业组织架构主要包括产量和价格决定以及竞争和垄断等两大块内容。如前文所述，从产业组织的垂直整合架构来考察产量和价格决定，企业生产多少以及产品价格如何确定主要是由社会有效需求决定；从产业组织的垂直整合架构来考察竞争和垄断的实现方法和途径，企业生产什么和怎样生产则主要取决于直接在市场上反映的成本约束、价格机制、经济规模、技术门槛以及营销模式等。垂直整合架构的产业组织虽然是科技因素和市场力量的结合，但这些结合在很大程度上和很大范围内受到工业化时代科技水平和市场能量的制约。

新科技重塑资源配置机制的过程，既体现在生产领域，也体现在流通领域。针对大数据、互联网、物联网、机器学习等人工智能技术相互融合的市场情形，一些学者开始重视网络协同化的研究。从这个角度解析网络协同化，它是在数据智能化的基础上通过加工和处理大数据，把企业间投资生产经营等活动置于互联网或物联网等操作平台所产生的一种网络效应；网络协同化在促动互联网资源配置机制形成从而在重塑产业组织的过程中的作用是显而易见的。如果说数据智能化是互联网资源配置机制形成的必要条件，那么，网络协同化则是互联网资源配置机制形成的充分条件，这两个条件可以帮助我们理解互联网资源配置机制的未来发展。

第五节 互联网资源配置机制的存在及其展望

互联网、大数据、物联网、机器学习、区块链等人工智能技术融合导致互联网资源配置机制的形成过程，前文已在理论上论及，但那里的分析没有涉及实际操作层面问题。在分析比较上，互联网资源配置机制作用过程不同于其演变过程的地方，而在于企业如何运用数据智能化和网络协同化，在于企业投资经营和产业组织变动如何受数据智能化和网络协同化的影响，在于产量确定和价格形成中会波及的诸如就业、收入分配、社会福利等问题。基于互联网资源配置机制在实践中尚未全面展开，我们在此的讨论在很大程度上和范围内明显具有展望的性质。

一 数据智能化是互联网资源配置机制的基础，企业依据数据智能化确定产量和制定价格，是互联网资源配置机制的具体表现

现有的关于企业依据大数据确定产量和制定价格的最新理论分析，大都集中于将其作为一种"算法"的抽象理论解说上，并没有专门从企业数据智能化来解析互联网资源配置机制的作用过程。企业运用数据智能化来确定产量和制定价格，除了必须具备挖掘、搜集、整合和分类大数据能力，还必须具备加工和处理大数据的能力；前一种能力主要反映在利用云平台进行集约化云计算方面，后一种能力主要反映在机器学习和人工智能匹配大数据从而做出决策方面。企业只有达到数据智能化水准，才有可能准确预判市场需求，才有可能准确制定让产品和服务实现市场出清的价格。作为对未来资源配置格局的一种预判，随着互联网、大数据、物联网、机器学习等人工智能等的深度融合，可以有这样的展望：当绝大部分或所有企业都能运用数据智能化来确定产量和制定价格，互联网资源配置机制将全面发挥作用。

我们做出这样的预判或展望的理论依据在于，爆炸式指数级增长的大数据蕴含着人类决策需要的全部信息。但在人类不能挖掘、掌控和运用大数据以前，影响企业投资经营的全部信息只是一种客观存在，或者说，企业只能在得到部分信息的情况下投资经营。进入大数据时代以后，企业通过互联网、物联网、移动设备、传感器、社交媒体和定位系统等挖掘和搜集大数据，究竟能不能获取包含全部信息的大数据是一回事，而能不能从包含全部信息的大数据中得到全部信息、进而获取准确信息，则是另一回事。互联网资源配置机制要取得市场出清意义上的成效，是必须能够通过企业数据智能化实现总供给和总需求的大体平衡。这一针对互联网资源配置机制作用结果而言的分析判断，要求企业在确定产量和制定价格时具备数据智能化的能力。

撇开企业挖掘、搜集、整合和分类大数据的能力，企业数据智能化能力的高低主要取决于对大数据的加工和处理，这种能力的高低直接决定互联网资源配置机制发挥作用的程度和范围。在工业化时代，企业确定产量和制定价格所依据的科技模型，是通过有限样本数据来设置参数以构建用于投资经营的精美模型，这距数据智能化甚远。从目前企业对历史数据和现期数据实施数据智能化的实际考察，"数据驱动法"在确定产量和制定价格进而在资源配置方面已取得了一定的成功，至于能否将"数据驱动法"运用于对未来数据的处理，或者说，能不能找到对未来数据进行"想法流机器学习"方法，尚有待于对未来以人工智能技术为标志的新科技发展的观察。不过，无论将来新科技怎样发展变化，数据智能化始终是互联网资源配置机制的基础，这一点是可以肯定的。

二　互联网时代企业间行为互动的数据智能化与网络协同化存在关联，它们共同维系着互联网资源配置机制的存在和发展

数据智能化与网络协同化的关联，既可以看成一块铜板的两面，也可以将后者理解为前者的市场外溢。以一块铜板的两面而言，数据智能

化通过对大数据的挖掘、搜集、整合、分类、加工和处理,反映的是与供给相关联的人工智能对大数据的匹配,它主要是一种通过机器学习等人工智能技术来确定产量和制订价格的操作过程;网络协同化是企业与企业以及企业与消费者之间在互联网上的多对多互动,它反映的是与需求相关联的大数据运用,是对数据智能化有关产量和价格的大数据处理是否具有准确性的验证。以网络协同化是数据智能化的市场外溢而言,它主要表现为企业通过"算法"解析大数据、进而运用数据智能化进行投资经营时产生的网络协同效应;这种以网络协同效应为特征的外溢情形,是网络协同化对数据智能化成色的检验,网络协同效应内蕴在互联网资源配置机制中,它会通过信息反馈来提示企业关注数据智能化过程中出现的问题。

从理论上讲,网络协同效应可看成大数据、互联网和人工智能等相融合、进而展现互联网资源配置机制作用的效用函数。在互联网和人工智能时代,企业投资什么、生产什么、生产多少以及怎样生产的决策,将逐步摆脱原先完全依据价格机制和供求关系等市场信号的情况。具体地说,企业在对历史数据做智能化决策时,已开始关注企业与企业以及企业与消费者之间的网络协同,试图通过这种网络协同来挖掘反映供求关系的现期数据和未来数据。例如,企业会关注客户在互联网上对产品和服务的点击率、关注力、实时评价甚至网红推销等。我们的理论研究有必要解析的是,网络协同化和数据智能化怎样共同维系着互联网资源配置机制的存在。

经济理论研究要解释这种存在,需要展望互联网资源配置机制的未来发展。从未来学家把有机体和无机体的构成和运行都看成一种"算法"的观点考察,这种立论依据至少包括以下条件:(1)人类挖掘和搜集大数据的技术手段发展到极致,以至于能够获取蕴含着完全信息的大数据;(2)人类加工和处理大数据的技术手段同样发展到极致,以至于机器学习等人工智能技术不仅能加工和处理历史数据和现期数据,而且能加工和处理未来数据;(3)互联网交易平台能够覆盖人类活动的全部领域,人们之间的行为互动完全实现了"时空错开,同步并联",以至于可以通过对实际行为、感知、体验、评价等的大数据分析把所有行为互动之间的关联机理揭示出来。按照未来学家的理论见解,互联网资源配置机制无疑也是一种"算法"。

显然，将以上条件放置于经济活动中考察，第一和第二个条件是互联网资源配置机制对数据智能化的技术要求，第三个条件是互联网资源配置机制对网络协同化的平台要求。基于社会经济的均衡运行取决于资源合理配置，因而在数据智能化技术得到充分发展的前提下，互联网时代宏观经济效益则主要取决于人们之间的行为互动，即取决于网络协同效应。从这层意义上来讲，我们可以将网络协同效应看成互联网资源配置机制的效用函数。这个抽象的效用函数不同于厂商投资经营相对具体的效用函数，它是针对互联网资源配置机制所导致的宏观经济效益而言的，很难用一个具体的函数式表示，但网络协同效应作为宏观层面的效用函数，无论如何不能绕避数据智能化和网络协同化这两大解释性变量。我们对互联网资源配置机制的展望，是否可以通过迂回方式转变成对网络协同效应[①]的展望呢？倘若可以，这种展望会波及更多宏观经济问题吗？

三　当经济运行在高层级的数据智能化基础上能够取得最佳网络协同效应，互联网资源配置机制真的成为一种"算法"时，从理论上讲，人类社会的经济运行模式将会发生改变

以上分析表明，对互联网资源配置机制的展望，实际上是对数据智能化、网络协同化及对应的网络协同效应的展望。从高度概括的层次上解说，这种展望可在全社会范围内讨论。尽管这样的讨论具有很强的抽象性，但它可以帮助我们在理论上明晰互联网资源配置机制的现实和远景。我们先展望全社会能够全面实现数据智能化和网络协同化的情形。一方面，当全社会能够全面实现数据智能化时，首先，意味着人们通过互联网、物联网、移动设备、社交媒体、定位系统等可以挖掘和搜集到无所不包的大数据；其次，意味着人们可以通过机器学习等人工智能技术，从无所不包的大数据中获得作为决策依据的完全信息；最后，意味着人们可以通过数据智能化甄别出真实信息乃至于获取准确信息，从而知晓投资经营决策的结果。另一方面，当全社会能够全面实现网络协同

[①] 有必要说明的是，网络协同效应有两方面的内容，一是微观层级上的单一企业在互联网平台运用人工智能匹配大数据进行投资经营（数据智能化）所产生的企业与客户之间的行为互动，二是宏观层级上的所有企业与企业以及所有企业与消费者之间的行为互动。当我们把网络协同效应看成互联网资源配置机制的函数时，网络协同效应专指宏观层级上的行为互动所产生的结果。

化时，则意味着所有企业与企业以及所有企业与消费者之间的行为互动能够实现宏观经济效益最大化（最佳网络协同效应）。对于这种迷人的经济远景，持肯定态度的人士认为将来可以实行计划经济，而持否定态度的人士（学者为主）则认为，即便如此也不可实行计划经济[①]。换一角度思考，这场关于能不能实行计划经济的争论，在一定程度上可以理解为对存不存在互联网资源配置机制，以及互联网资源配置机制究竟具有多大作用的争论。

社会经济运行究竟能不能实行计划，在于人类能不能获取总供给和总需求及其结构的准确信息。信息作为人类决策从而作为经济体制选择的依据，有以下几个问题需要讨论：（1）人类是否可以搜集到包含完全信息的大数据；（2）人类是否可以从大数据中得到完全信息，进而获取准确信息；（3）人类是否可以通过准确信息实现人们行为互动的网络协同化。数据智能化水平高低的重要标志之一，是能够挖掘行为互动的大数据，并能够通过人工智能技术来协调行为互动；另一重要标志是能够挖掘、加工和处理未来可能发生事件的大数据，而不是仅仅局限历史数据和现期数据。联系计划经济看问题，这个"计划"是建立在精准信息或至少是准确信息基础之上的。我们可以有这样的大胆设想：如果人类通过对历史数据、现期数据和未来数据的挖掘、加工和处理，不仅能够得到准确信息而且能够得到精准信息，那么，人类在互联网资源配置机制作用下是有可能实行计划经济的（这个问题将专门论述）。因为从理论上来讲，数据智能化和网络协同化提供了实行计划经济的条件。当然，人类在未来能不能具备这些条件，现在还难以断定。

其实，数据智能化和网络协同化的发展达到无以复加的高度，也就意味着互联网资源配置机制能够准确和合理地配置资源，这便是我们把互联网资源配置机制同样理解为一种"算法"的缘故。基于"算法"是人工智能在具体运用中匹配大数据的手段，我们有理由将互联网资源

[①] 关于这一问题，马云、钱颖一（2017）在新浪网的争论具有典型性，马氏以数据智能化为依据，认为未来经济运行可以实行计划经济；钱氏则是以改革前经济实践为依据，否定计划经济的可行性。张旭昆（2017）曾以欧洲乌托邦公社实行计划经济的教训为例，断言计划经济的不可行，许成钢（2017）则是梗概地以经济运行机理为依据，认为大数据和人工智能不能建立计划经济机制。总之，反对计划经济是主流，马云孑然一身有点茫然乎。其实，双方争论没有全然切入对数据智能化之关键点的讨论，这个问题有待研究。

配置机制发挥作用的过程解释为人工智能发挥作用的过程。同样，对互联网资源配置机制的展望，就有必要考虑它对诸如就业、收入分配等重要经济问题有可能发生的影响。

四　在大数据时代，人工智能及其自动化将会冲击就业和影响收入分配，我们可以把预测和把握这些冲击看成是对互联网资源配置机制发挥作用时的一种展望

随着大数据、互联网和人工智能等融合的进一步加深，互联网资源配置机制必然会对就业岗位产生冲击，这种冲击主要是通过人工智能及其自动化实现的。依据把生产划分为低技能程式化和高技能非程式化的分析模型（Autor et al，2013），我们对互联网资源配置机制之于就业岗位的展望，应该考虑到生产的程式化和非程式差别所引发的人工智能对低技能就业岗位和高技能就业岗位的冲击。Benzell 等（2015）认为，人工智能在很大程度上和很大范围内替代低技能就业岗位的同时，也会在一定程度和范围内替代部分高技能就业岗位；Acemoglu（2016）认为均衡条件下的劳动和资本的使用成本，一方面会导致人工智能减少低技能就业岗位，另一方面会创造出一些高技能就业岗位。仔细品味这些新近的观点，不难发现这些观点在显现要素作用及其成本与人工智能存在相关性的同时，已明显蕴含着互联网资源配置机制将会对就业发生影响的思想痕迹。

人工智能对就业的冲击是显而易见的，但冲击程度和范围要取决于大数据、互联网和人工智能等融合的程度和范围，或者说，要取决于互联网资源配置机制的作用程度和范围。现有的关于人工智能对就业冲击的主流观点，大都是认为人工智能对低技能就业岗位与高技能就业岗位的冲击存在互补的情况。对这一观点展开延伸分析，会波及收入分配问题，即涉及不同层级就业岗位之间以及同一层级就业岗位内部的收入分配问题。其实，人工智能在不同国家对GDP、就业、收入分配和社会福利影响是不同的。从纯粹理论意义上讲，我们考察人工智能，进而分析互联网资源配置机制对收入分配的影响，仍然需要以"算法"作为分析基点，但"算法"是与场景相关联的，对于涉及变量众多且场景十分复杂的就业和收入分配，准确实现这种"算法"是很困难的。因此，在不具备极强机器学习能力和极高人工智能匹配大数据能力的情况下，我们很难准确从互联网资源配置机制发挥作用的过程中预测人工智能及

其自动化对就业和收入分配的影响。

总之，随着大数据、互联网和人工智能等的融合的进一步加深和拓宽，人类将无疑会迈进以大数据为主导的互联网资源配置机制时代，该时代的数据智能化和网络协同化以及与之对应的网络协同效应，将会对以总供给和总需求为核心的资源配置进行调节。对于互联网资源配置机制这一客观存在，经济学家需要结合新科技发展的实际对之展开分析性展望，这是经济学创新的重要内容。

第六节 余言

社会经济运行和发展的调节机制会随新科技而发生变化，互联网资源配置机制就是如此，它是大数据、互联网和人工智能等相融合的新科技催生的产物。一般来讲，社会经济运行的资源配置机制变化有一个演变过程，关于这个演变，需要从基础理论进行分析，这便追溯到了经济学的理性选择理论。经济学有关选择动机、偏好、认知和效用等的分析，是建立在个体主义方法论基础上的一种抽象理论，该理论是工业化时代的产物，它已经不能解释大数据时代人们的选择行为。在大数据时代，虽然企业投资经营的选择行为仍然受效用最大化驱动，但正如本书反复指出的那样，大数据、互联网和人工智能等正在改变着人们的选择偏好、认知和效用期望，这种改变最显著的特征是人们的选择偏好、认知和效用期望等存在着仿效机制。针对这样的仿效机制，经济学创新的任务有二：一是如何联系大数据时代人们选择行为实际，对选择偏好、认知和效用期望等的仿效机制做出基础理论解释（第一章已有所涉及）；二是基于个体选择有着向群体选择转变的趋势，寻找有可能采取群体主义方法论的基本分析单元，从而为构建经济学群体主义方法论展开理论探索（这个问题将专门讨论）。

互联网、大数据和人工智能是相互交融的，真正意义上的互联网时代是以大数据为主导、以人工智能为手段和以互联网为平台的时代。正因如此，一些分析文献感觉到了这种交融所存在的"韵味"，有人称之为大数据时代，有人称之为人工智能时代。我们结合这种交融来研究互联网资源配置机制，不应停留企业在互联网上投资经营的操作运用层面，而是要研究导致企业投资经营行为变化的深层次内容。数据智能化和网络协同化是对这些深层次内容的高度概括，它们在实际操作运用层面上有许多表现形式，如企业在互联网上的产供销活动，芯片和机器人等人工智能的具体运用，等等。然则，从资源配置机制的演变考察，我们必须从数据智能化和网络协同化来研究这种演变的基因。互联网资源配置机制的作用，同样是影响或决定企业投资什么、生产什么、生产多少和怎样生产。直白地讲，当数据智能化和网络协同化的合力逐步取代价格机制而成为资源配置的主导机制时，价格资源配置机制便完成了向互联网资源配置机制的转变。据笔者所熟悉的文献，迄今为止，还没有出现将数据智能化和网络协同化作为资源配置机制转变基因的研究，这或许是经济学创新有待于补缺的内容。

　　数据智能化的核心是对大数据的挖掘、搜集、整合、分类、加工和处理，网络协同化的核心是企业与客户在数据智能平台的关联。前者主要涉及云计算、机器学习等人工智能对大数据的匹配，后者主要涉及企业之间的行为互动和智能经营的场景设计等。值得经济理论研究的是，数据智能化和网络协同化达到何种状态时，经济运行的资源配置机制才会从逐步演变发展到完全转变，互联网资源配置机制才会全面发挥作用（这属于"经济运行数字化"问题，本书将重点讨论）。在现有的分析性文献中，没有学者直接对这个问题进行专门研究，但未来学家们把人们通过云平台、云计算、机器学习等人工智能技术对大数据的加工和处理解说为"算法"的分析，又似乎在一定程度和范围内对这个问题做出了哲学层面的回答。理论研究动态之所以出现如此格局，或许是因为目前互联网资源配置机制只是一种隐性存在，或者说还只是处于起步阶段。不过，对于隐性存在而刚刚迈开步伐但却有着强劲势头的经济机理，囿于哲学层面的解释是不够的，应该有具体的细致的深入的研究。

　　本章联系政府宏观调控对互联网资源配置机制演变及发展的分析，主要关注的是当前资源配置机制演变的现实迹象，数据智能化和网络协同化作为互联网资源配置机制的充分条件和必要条件，以及互联网资源配置机制发挥作用过程中有可能波及的诸如计划经济、就业和收入分配等问题。很明显，这样的分析还谈不上是对互联网资源配置机制具体的细致的深入的研究，充其量是介于具体分析和抽象分析之间的一种研究状态。不过，问题的具体分析和抽象分析，既可以在同一框架中进行，也可以分别在不同框架内展开，当研究对象处于含苞待放阶段时，采取具体和抽象相结合的分析方法，或许更有助于问题的解说。这一章有许多展望的内容，对于这一展望，我们紧扣数据智能化和网络协同化来进行研究，是否抓住了问题的主线，倒是需要在后续研究中仔细斟酌。

政府宏观调控和互联网资源配置机制问题的分析基础，是信息的挖掘、搜集、整合、分类、加工和处理，这一点不会引起异议。但如何从大数据中获取完全信息和准确信息，涉及机器学习等人工智能技术的运用。我们把人工智能最主要手段（机器学习）的将来发展作为解析人类有可能获取完全信息和准确信息的依据，强调在能够挖掘、搜集、整合、分类、加工和处理历史数据和现期数据的同时，利用机器学习方法预测和掌握未来数据，才有可能通过大数据获取准确信息，从而使互联网资源配置机制得到充分发挥。这里留下一个悬念，那就是机器学习或人工智能技术果真能够预测和掌握未来数据吗？如果不能，互联网资源配置机制会不会成为未来资源配置的主导机制呢？这个问题还需要进一步研究。

从以上几章的分析逻辑看，大数据时代的数据智能化和网络协同化之于经济学创新，直面现实的，是需要强化对大数据时代厂商投资经营行为的分析，以便让经济学创新落地于以厂商投资经营为核心的厂商理论。经济学理性选择理论是厂商理论的基础，厂商理论是产业组织理论的基础，而这些理论共同构筑了微观经济学。正因如此，经济学创新首先需要构建大数据时代的厂商投资选择理论。

第七章　大数据时代厂商投资选择理论的构建

在经济学世界，厂商投资选择理论融合于厂商理论，我们既可将之看成厂商理论的最重要组成部分，也可在很大程度上将之解说为厂商理论。厂商投资选择理论以理性选择理论为基础，人类借助不同科技手段进行理性选择的事实，会驱动经济学家不断重塑这些理论。以此之故，我们建构大数据时代的厂商投资选择理论，有必要分析工业化时代的厂商投资选择理论。其实在工业化科技背景下，这些理论都有一定的发展空间，如果我们对之展开梳理和概括，并据此阐述、推论和建构大数据时代的厂商投资选择理论，那么，可以说我们对经济学创新做出了一定的贡献。

第一节　对投资选择理论的概要梳理和评说

一　现代经济学批评新古典经济学理性选择理论发展的主要见解

现代经济学对新古典经济学把厂商视为抽象行为主体的批评，涉及对厂商投资选择理论分析框架的建构。现代经济学在信息不对称和有限理性约束下重新考察了偏好、认知和效用，对厂商投资选择过程展开了逐步逼近现实的研究，但就厂商投资选择理论尚未达到系统化的理论和实际相结合而论，现代经济学还有许多要修补的地方。这个问题需联系传统理论来理解。半个多世纪以来，许多经济学流派先后从选择动机、偏好、认知和效用等方面对正统新古典理论进行了以下修正性的批评（1）选择动机被唯一确定为追求自利，会在多大程度上偏离厂商投资选择实际；（2）选择偏好不合实际地被数理逻辑程式化，会强化投资选择理论的抽象性；（3）认知过程作为投资选择环节，它同选择偏好和效用期望存在不可忽视的联系；（4）最大化作为投资者的效用期望，应通过认知发生调整来解释；（5）效用函数的变量构成需要做出符合实际的调整，等等。这些批评是重塑厂商投资选择理论的学术努力，它无疑拓宽了被正统新古典理论圈定的分析范围。

关于第一个问题。现代经济学认为正统新古典理论把自利动机与选择偏好解说为具有内在一致性的观点，极大地限制了个体（厂商）理性选择的边界，这种限制使自利命题与选择偏好，即便在一致性命题框架内也难以出现完全等价（Houthakker，1950）。一些经济学家曾试图用"显示偏好弱公理"和"显示偏好强公理"来对这种不完全等价进行理论修补（Samuelson，1938；Sen，1971），但仍然没有令人满意地从动机和偏好方面对投资选择实际做出解释。

关于第二个问题。正统新古典理论通过"偏好的内在一致性"使选择偏好成为数理逻辑程式化的理论缺陷，已越来越受到现代经济学的批驳，经济学家普遍认为除了自利最大化的选择偏好外，还广泛存在着利他主义意义上的社会偏好（Forsythe et al.，1994；Marwell, Ames，1979；Fehr et al.，1996），在进行投资选择分析时，应该把诸如社会规范、利他行为、价值观念、个体身份的自我认同等社会偏好纳入选择偏好研究中，以减弱正统新古典理论的投资选择理论的抽象性。

关于第三个问题。现代经济学越来越普遍赞同投资选择不能忽视认知的观点。与正统新古典学假设偏好稳定和忽视认知过程不同，现代经济学对信息不对称和有限理性约束下投资选择的理解，开始注重不确定的选择偏好和认知变化对投资选择的影响，认为选择偏好和认知过程是前后相继的两个阶段，认为投资选择经由不确定偏好和认知过程后才会进入实际实施阶段（Kahneman & Tversky，1979，1973）。客观地说，现代经济学尤其是其中的非主流经济学，已经较为明确地意识到投资选择中的选择偏好与认知过程的关联；但遗憾的是，他们并没有以这种关联作为分析主线来建立系统的厂商投资选择理论。其实，厂商投资选择过程的认知阶段有着十分重要的意义，它的前向关联涉及选择动机和偏好，后向关联涉及效用期望，这不仅在理论上而且在现实中都是成立的。正统新古典理论跳越认知阶段，是致使其缺乏符合实际的厂商投资选择理论的症结所在。

关于第四个问题。厂商投资选择实际发生后会对投资结果进行效用评估，效用函数可以理解为是对效用评估的理论描述。现代经济学尤其是其中的非主流经济学在理性决策理论上的重要创新之一，是反对用"效用最大化的实现与否"作为判断理性决策的依据，认为厂商在信息不对称和有限理性约束下会不断调整自己的效用期望。但值得说明的是，现代经济学仍然是把最大化作为厂商投资选择之效用期望的分析基点，并努力通过对认知变化的分析来说明效用期望调整，这与正统新古典学忽视认知过程是完全不同的。迄今为止，现有的经济理论文献关于期望调整的研究并没有跨越落伯特·西蒙的"投资选择最优解和次优解"的分析范围，或者说，还没有在较深的理论层次上揭示认知变化作用于效用期望调整的机理。或许是这个原因，厂商投资选择理论的完善尚有进一步拓宽和挖掘的空间。很明显，这些问题的深入研究，关联到了效用函数问题。

关于第五个问题。效用函数问题一直是理性决策理论关注的焦点。现代经济学除了不同意正统新古典理论把最大化作为效用函数唯一变量，或主张效用函数应考虑到消费和闲暇（Friedman，1957；Modigliani et al. , 1954），或主张把诸如价值观念、行为准则、效用损失等作为效用函数的变量（Akerlof，2007）。这些主张反映了经济学家试图拓宽选择偏好系列以修正狭窄的效用函数的理论指向，这反映了现代经济学家对效用函数变量构成的新见解。但从厂商投资选择理论的建构来考察，符合实际的效用函数必须反映厂商的效用期望调整，换言之，如果现代经济学借助效用函数来重塑厂商投资选择理论，则需要把选择偏好、认知变化与效用函数结合起来分析，使效用函数能够体现出厂商在投资选择时的效用期望调整，而不是仅仅停留在对效用函数变量构成的增补或修正上。

二 关于投资主体行为的分析假设

正统新古典学说的厂商理论（包括投资选择理论）之所以被认为是一种偏离现实的抽象，是因为"经济人假设"赋予了个人、厂商和政府具有同一内涵的行为假设。这一假设对理性选择的逻辑演绎分析，是将人类经济决策动机唯一限定于自利，并在假定偏好稳定的前提上将理性行为定义为追求效用最大化；这一假设的逻辑分析结果，是将行为主体解说为纯粹追求自利并能掌控选择结局和实现最大化的"理性经济人"。正统新古典学说把厂商理解为"理性经济人"，因而它缺乏能够解释现实的投资选择理论。现实投资活动表明，对厂商做出行为主体的分析假设，其理论依据是需要在信息不对称和有限理性约束下对厂商的决策动机、偏好和效用等进行符合实际的解说。现代经济学认为探寻厂商投资选择理论之新路径所必须关注的，也是我们跳出正统新古典理论的"理性经济人"范式束缚，从而在基础理论上刷新行为理性决策理论所必须面对的课题。

厂商投资选择的主要动机是追求自利最大化，这是一个相对科学的分析假设，但这一动机并不是唯一性动机。现代经济学指出，厂商在现实投资中通常存在着公平、互惠等利他动机，如厂商的某项投资选择除了追求利润最大化外，或许蕴含着以爱国主义、公共福利、完成祖父辈遗愿、帮助亲朋好友等行为动机，如果我们单纯以追求自利最大化来锁定厂商投资选择的行为动机，并以此为基础来建构厂商投资选择理论，那么，无论分析过程还是分析结论都有可能偏离厂商投资选择的实际。厂商投资选择动机的多元化在很大程度上给我们逼近现实地解说厂商投资选择行为带来了困难。从解决这些困难来看，现代经济学认为，首先要在描述厂商投资选择行为时能够建构出一个能反映这种多元化的选择动机函数；其次，要依据多元化选择动机对偏好选择函数做出分析；再次，要依据偏好选择函数来分析厂商投资选择的认知过程和效用期望；最后，要探寻出与现实的选择动机、选择偏好、认知过程和效用期望相一致的效用函数。显然，这些困难在正统新古典理论中是回避的，因为"经济人假设"和"理性经济人"范式绕避了这些困难。

选择偏好是关联于选择动机的一个重要理论问题。正统新古典理论的偏好稳定假设是通过"偏好内在一致性"的严密数理逻辑论证来完成的，这一逻辑论证对厂商投资选择所赋予的描述，是厂商投资选择偏好有着非此即彼的结论，正统新古典学说的厂商理论有关"无差异曲线""等产量线"等的分析，均是以这一偏好稳定假设为基础的。但在现实中，厂商多元化的选择动机会致使偏好不确定，也就是说，厂商选择偏好的稳定性假设是一种高度的理论抽象。现代经济学主张对投资主体要做出符合实际的分析假设，要有与实际一致的偏好选择函数。现代主流经济学对正统新古典理论的行为主体假设与其"偏好内在一致性"为核心的偏好选择函数一致性的理论逻辑持否定态度，现代非主流经济学对正统新古典理论偏好假设的批评，则主要围绕行为实验和心理实验案例进行，它没有通过重塑行为主体假设对其展开釜底抽薪的批判，因而显得有些苍白无力。

很明显，在假设选择动机单一和偏好稳定的基础上来研究厂商投资选择，行为主体假设中就不需要有任何"认知"的分子，这是现代经济学质疑新古典经济学从而"愤愤不平"的地方。对认知的讨论涉及完全理性和有限理性以及完全信息和信息不对称，正统新古典理论是以完全理性和完全信息为假设前提的，这一假设赋予了厂商能够预知选择结果及能够实现效用最大化的能力，因而在正统新古典学说的厂商投资选择理论中，认知过程是被忽略了。然则，忽略认知过程的行为主体，是脱离现实的抽象主体，当厂商被看成这样的抽象主体时，建立在此基础上的投资选择理论就会严重偏离厂商的投资实践。现代经济学（主流和非主流）十分重视认知过程之于投资选择的作用，他们在涉及厂商投资选择的行为主体假设分析时，以信息不对称、有限理性约束为基础并强调认知作用，但由于他们没有对行为主体做出有别于正统新古典理论的明确假设，因而他们（尤其是非主流经济学）对厂商投资选择行为的分析时常出现有关行为主体假设的暧昧情形，即他们经常游离于现实主体与抽象主体之间，以至于大大损害了现代经济学厂商投资选择理论的严谨性。

现代经济学看到了效用函数与认知过程的密切联系，认识到了效用函数通常难以实现最大值，领悟到了效用期望是认知结果的真谛。事实上，经济学家强调或不强调认知以及重视或不重视效用期望的调整，明显蕴含着不同的行为主体假设。在正统新古典学说的投资选择理论中，效用期望是被隐匿在效用函数之中的；现代经济学对效用期望进行了以认知过程为背景的深入分析，最为典型的理论分析是行为经济学的展望理论（Kahneman & Tversky, 1979），该理论认为投资选择存在着风险厌恶和风险偏好的两种情形，认知过程会促使投资者不断调整自己的效用期望，并会以某一特定参照点来追求期望效用，认为应该把投资者追求自利的效用函数描述为反映认知和效用预期的价值函数。需要说明的是，展望理论这一精彩分析是明确主张投资行为主体应在体现认知和效用期望的前提下做出假设，但遗憾的是，Kahneman 和 Tversky 的分析到此停止了。于是，正统新古典理论的行为主体假设并没有被彻底修正。

投资行为主体假设涉及选择动机、偏好、认知和效用等问题，它一直是理性选择理论的基础。经济学家在理论上对投资行为主体的符合实际的假设，应考虑到选择动机的多重性和选择偏好的不确定性，要将认知过程和效用期望等纳入到投资行为主体假设中。显然，这样的投资行为主体假设在内涵和外延上应具备以下的条件：（1）放宽"经济人假设"有关选择动机是单纯追求自利最大化以及选择偏好具有内在一致性的限定；（2）突破"经济人假设"把认知过程作为外生变量处理的束缚；（3）重视和强调没有被"经济人假设"放置于效用函数内但却反映投资者心理活动的效用期望调整。基于以上的考虑，我们可以把具备以上条件的投资行为主体假设界定为"行为人假设"（何大安，2014）。或许有人会认为这样的行为主体假设几乎接近于现实的投资者，无所谓假设问题。其实，这个比"经济人假设"条件宽泛的"行为人假设"，仍然是对现实投资者选择行为的一种理论抽象，我们用它来作为建构厂商投资选择理论的假设前提，可以充分反映投资者理性决策中的信息不对称和有限理性约束，从而使厂商投资选择理论从黑板走向现实。

第二节 工业化时代厂商投资选择理论的建构

一 以"行为人假设"作为分析前提，把厂商界定为全方位受信息不对称和有限理性约束的行为主体

厂商以追求自利最大化作为投资选择的主要动机，是一个不争的事实；但厂商的其他选择动机对追求自利最大化存在着影响和约束，也是一个不争的事实。"经济人假设"将追求自利最大化作为厂商投资选择的唯一动机，包含着两个潜在的但经过分析会明显反映出来的问题：一是厂商理性选择完全等价于追求自利最大化（舍此则非理性），二是厂商能够掌握影响选择的全部信息并能预知和控制选择结果，从而在投资选择中成为"理性经济人"。关于第一个问题，如果把厂商理性选择完全等价于追求自利最大化，厂商理性选择便被限制在极其狭窄范围，我们就不能解释厂商在其他选择动机促动下的选择行为。其实，厂商选择动机是与目标函数相联系的，厂商投资选择的目标函数，并不是由追求自利最大化唯一确定，它会发生变化，厂商有时是以利他、公平、互惠等为目标函数的。因此，这里界定的"行为人假设"，在选择动机上要

比"经济人假设"符合厂商投资选择实际。

关于第二个问题。以"行为人假设"作为分析前提来建构厂商投资选择理论，最重要的地方，是排除了厂商能够掌握影响选择的全部信息并能预知和控制选择结果的分析假设；也就是说，厂商作为行为人，是在信息不对称和有限理性约束下进行投资选择的。无论是从理论逻辑还是从实际选择过程考察，厂商不能掌握影响选择的全部信息，不能预知和控制选择结果，厂商必然会对影响选择的信息进行搜集、整合、加工和处理，就会产生对选择过程的认知，而认知过程会影响厂商的选择偏好，并且会使厂商投资选择的效用期望发生调整，"行为人假设"把厂商界定为全方位受信息不对称和有限理性约束的行为主体。现代主流经济学（尤其是非主流经济学）与正统新古典经济学在行为理性选择理论上的一系列分歧，说到底，是行为理性主体分析前提的分歧；现代经济学对正统新古典经济学相关行为理性观点的质疑和批评，说到底，是对"经济人假设"或"理性经济人"的质疑和批评。如果经济学能够以"行为人假设"作为分析前提来建构厂商投资选择理论，厂商就不再是抽象的行为主体，厂商的投资选择过程就有可能在信息不对称和有限理性约束下被描述出来。

二 要从选择动机的多重性来分析厂商选择偏好，选择偏好函数既要反映选择动机，也要反映认知

这是一项十分艰巨的研究工作。正统新古典理论之所以在其结构和框架等方面显示出理论体系的精美，重要原因之一，是它有着与"经济人假设"相一致的偏好函数。正统新古典理论针对不确定条件下的选择偏好，曾做出了一种二元关系的抽象理论描述：行为理性偏好需满足不同子集的各种选择之系统性方式的相互对应，即在可供选择的全部子集中具有能寻找到选择 X 比选择 Y 受偏好的理性化能力，对于厂商的投资选择来说，这种能力在理论上把厂商投资选择函数定义为具有"偏好的内在一致性"，使厂商在面对现实的全部选择子集时被框定在特定子集中进行选择，从而偏好函数由选择 X 比选择 Y 受偏好时的最大化元素组成（Richter，1971）。很明显，这样的偏好函数是与"经济人假设"相对应的，它在吻合于单纯追求自利最大化动机的同时，又通过对理性能力的描述而跳过认知来解说效用最大化。正统新古典理论以"偏好的内在一致性"来界定偏好函数，对于厂商投资选择偏好的

形成来说，是不符合实际的。

厂商在实际投资中的选择偏好是受多重选择动机影响或制约的。基于厂商现实投资选择偏好子集通常大于2，如果我们假定这个选择偏好子集的实际值为U，并假定厂商投资选择有W种选择动机，则厂商实际选择偏好子集的U值界定应为 2 < U < W。诚然，厂商面对不同投资项目会受到不同选择动机的影响或制约，并且追求自利最大化始终是厂商最主要的选择动机，但我们描述厂商选择偏好函数必须突破正统新古典理论二元化的非此即彼的"偏好内在一致性"的约束，这是问题的一方面。另一方面，厂商多重性选择动机所引致的不确定偏好，通常会驱动厂商对影响选择的信息进行搜集、整合、加工和处理，从而产生要不要选择和怎样选择的认知过程。这种反映多重选择动机和认知过程的厂商选择函数，才是符合实际的选择函数。只有建立这样的选择函数，才能建构出有别于正统新古典理论的厂商投资选择理论。

经济学在理论上重塑厂商投资选择偏好函数的困难，主要发生在对多重偏好子集U的构成及其数学论证上，这种反映多重选择动机和认知过程的偏好函数，具有非线性函数的特征。或许是因为存在着这样的困难，现代经济学尚未做出建构这种选择偏好函数的尝试。值得说明的是，这种选择偏好函数是与"行为人假设"相对应的，若不能建立这样的选择偏好函数，"行为人假设"便流于一种形式。作为一种对新分析路径的探索，这一艰巨的研究任务，需要经济学家的共同努力来完成。

三　要把"认知"作为解读厂商投资选择的内生变量来处理，通过对认知过程的分析和研究，使厂商投资选择理论接近现实

如上所述，建立在"经济人假设"之上的厂商投资选择理论，暗含着厂商能够知晓选择之未来结果的假设，该假设排除了厂商投资选择的认知过程，这种把"认知"作为外生变量处理的分析方法，使"理性经济人"成为现实选择主体（厂商）的人格化范式。但在实际中，厂商投资选择要受到信息不对称和有限理性的约束，他们不可能预知选择的未来结果（效用），他们的投资选择一般要经历从选择前的分析论证，到选择后评估的两个前后相继的阶段（Kahneman & Tversky, 1979），而认知则贯穿于这两个阶段的始终。如果经济学以接近现实的"行为人假设"作为分析前提，基础理论分析的一致性便要求经济学把认知作为内生变量来处理；一旦认知作为内生变量来看待，正统新古典经济学的厂商投资选择理论便有可能得到彻底的修正。现代经济学与正统新古典经济学的一系列分歧，都或多或少是围绕着究竟怎样理解认知作用和怎样安排认知分析位置来展开的。

经济学把认知作为厂商投资选择的内生变量，包含着两个方面的基本内容：一是厂商对影响选择的信息进行搜集、整合、加工和处理，以决定是否进行投资选择和怎样进行投资选择；二是厂商在投资选择发生后对收益（效用）的展望，以判断投资选择的效用值。从基础理论角度来考察，前一内容涉及厂商的选择动机和选择偏好，后一内容涉及厂商投资选择的效用函数。选择动机和选择偏好通常会影响甚至会改变厂商的投资选择认知，对选择动机和选择偏好的限定条件不同，认知在投资选择理论架构中的地位也就不同。与"经济人假设"不同，"行为人假设"要求尽可能减少选择动机和选择偏好的限定条件，因而在厂商投资选择理论的建构中，经济学必须把认知作为内生变量来处理。就具体的分析层级而论，厂商在对信息进行搜集和整合时，认知受选择动机和选择偏好的影响比较小，但在对信息进行加工和处理时，认知受选择动机和选择偏好的影响会比较大；同时，随着厂商对投资选择之认知的改变，其选择偏好也有可能发生一定程度的变化，这种变化也有可能会传递到选择动机上来。因此，当我们把认知作为内生变量时，有可能彻底重塑厂商的投资选择理论。

在理论分析上，沿着"选择动机→选择偏好→认知"的分析路径来建构厂商投资选择理论，经济学能不能把认知看成选择动机和选择偏好的函数呢？这倒是一个有兴趣的研究问题。如果经济学把认知看成选择动机和选择偏好的函数，那么在信息不对称和有限理性约束下来讨论这个函数的构成和运行轨迹，便可以理解为重塑厂商投资选择理论的一条值得探索的新路径。在现有的相关分析中，我们至今没有发现这方面的研究文献。不过，认知随选择动机和选择偏好变化而变化是一个十分明显的可观察到的现象，至于如何揭示它们之间的机理构成，却牵涉选择动机、选择偏好和认知过程的各自变量构成及其交叉关系。对这种交叉关系的分析和论证，应该是经济学重塑厂商投资选择理论的重点，而将认知看成选择动机和选择偏好的函数，或许是一条可行的分析路径。

厂商投资选择的认知过程与效用函数也存在着关联。正统新古典理论把认知作为外生变量的分析路径，是直接单纯从追求自利的选择动机推论选择偏好的内在一致性，进而推论出选择结果的效用最大化。当认知过程被引入，这条推论的分析链会发生变化，它会从抽象走向现实。当然，引入认知后的分析链包含着极其复杂的内容，这些内容两个重要的理论揭示，一是如何说明认知是选择动机和选择偏好的函数，二是如何通过对认知的分析来解说厂商效用期望的变化。

四　厂商认知变化会对收益估计发生影响，从而引致效用期望调整，经济学应该将其视为建构厂商投资选择理论的重要内容

在大量的经济学文献中，效用函数是与最大化联系在一起的。从基础理论角度来看，效用函数是对厂商投资收益的描述，而效用最大化是正统新古典理论依据"经济人假设"并通过"偏好内在一致性"而得出的逻辑结论。但在现实中，投资收益并不一定能实现效用最大化，它有时甚至会出现效用负值；投资收益这种现实情形的存在，会使厂商不断对投资收益进行效用期望调整；厂商效用期望调整对应于既定的偏好和认知，而厂商随市场变化产生的偏好和认知，也会出现经常性的变化，并促动着厂商效用期望调整。效用期望概念的较为系统的论证，是行为经济学（展望理论）等非主流学派的贡献。自从对效用有了这样的理论认识，经济学与心理学的并轨分析便有了进一步的发展，投资选择理论便开始逐步摆脱（效用）最大化的束缚。

厂商投资选择对影响或决定收益的信息进行搜集、整合、加工和处理的过程，也就是厂商效用期望不断发生变化和调整的过程。在信息不对称和有限理性约束下，厂商不可能掌握全部信息，不可能非常清楚地知晓未来时点上的投资效用，这是厂商效用期望不断调整的理论依据。另外，从市场过程来看，契约制度通常要求厂商的投资选择在契约谈判、制定和执行中遵守市场规则；就厂商的效用期望调整而论，由于厂商很难控制投资合伙人在契约谈判、制订和执行中的机会主义行为和道德风险，因而效用期望调整是一种常态。例如，当投资合伙人在契约谈判、制订时所隐瞒和扭曲的对自己有利的信息被知晓后，厂商会降低投资效用期望；或投资合伙人在契约执行中出现不履行契约的道德风险时，厂商也会降低投资效用期望；反之，如果厂商为自身利益而对投资合伙人隐瞒和扭曲信息获得了成功，厂商会提高投资效用期望，或如果厂商利用资产专用性引致的前期投资所形成的沉淀成本，在有利于自身利益前提上来要挟投资合伙人修改契约获得成功，厂商也会提高投资效用期望。当然，厂商投资效用期望调整主要是随市场供求、价格、政策等因素变化而变化，厂商不是"理性经济人"，他始终要受到有限理性的约束。

如何在"行为人假设"的前提下把效用期望调整作为分析性内容放置于厂商投资选择理论中，同样是一项艰巨的研究工作。它至少有三方面工作要做：首先，需要在理论上界定出厂商投资选择的效用期望调整的数值区间，以吻合于投资行为的市场过程；其次，需要依据影响厂商投资选择的信息和影响厂商心理的因素，建立效用期望调整函数，以描述厂商效用期望调整的变动轨迹；最后，需要依据选择偏好和认知过程对效用函数进行修正，以说明厂商投资选择的现实效用函数不一定是能够实现最大化的效用函数，而是以效用期望不断调整为核心内容的效用函数。——效用期望调整被嵌入厂商的投资选择理论，"经济人假设"便在效用函数层面被"行为人假设"所取代，投资行为主体也就不再是"理性经济人"了，这种建构厂商投资选择理论的新路径，能否升华为正统新古典经济学的厂商投资选择理论，还可以在更宽泛的层次上来讨论。

五 沿着选择动机→选择偏好→认知过程→投资决策→效用期望调整的路径来建构厂商投资选择理论，需要把"行为人假设"贯穿于这条分析链的始终

现代经济学十分重视理论分析的假设前提。一个理论和现实之间逻辑关联严谨的理论，必须有贯穿该理论之始终的假设前提。如果我们把建构厂商投资选择理论的路径划分为若干阶段，则"行为人假设"对每一阶段便有着不同的规定。在选择动机影响或决定选择偏好的阶段，要强调多重选择动机对选择偏好形成的影响，这是与正统新古典理论单纯以自利动机来解说偏好的区别所在；对于多重选择动机之于选择偏好的复杂关系，如何做出一般性分析，并在此分析基础上高度概括地描述出体现这种复杂关系的机理；在强调多重选择动机的同时，仍然要注重对厂商追求自身利益的行为特征的分析，从而使以"行为人假设"为底蕴的"选择动机→选择偏好"新路径能够包容正统新古典理论。

在选择偏好影响认知过程阶段，与"行为人假设"相一致的选择偏好具有不确定性，也就是说，厂商的选择偏好会因选择动机的变化而变化，这种变化会对厂商的认知过程发生影响；厂商选择偏好有可能是追求自利最大化，有可能是追求公平、互惠等的利他行为，也有可能是追求自利和利他的某种混合。如果厂商的选择偏好函数能包括这三种追求，它便远远超越正统新古典理论的选择偏好函数，从而给经济学探索厂商投资选择理论的建构路径提供与"行为人假设"相一致的基础。在认知过程影响投资选择阶段，经济学把认知作为内生变量的主要分析任务，是解读厂商对信息的收集整理和继之而来的评估决策，这部分内容在正统新古典理论中是阙如的，之所以如此，乃是"经济人假设"使然，"行为人假设"则要求补缺这一内容。在投资选择影响效用期望调整阶段，要摆脱效用最大化这一正统新古典教义的束缚，需要关注厂商心理因素变化对效用期望的作用，以建立满足"行为人假设"的效用函数，使厂商投资选择理论的建构趋于完善。

以上关于厂商投资选择理论的建构，是以工业化时代的科技水平作为分析路径的，这一建构与其说是对经济学厂商投资选择理论的一种补充，倒不如说是一种设想。当这一设想的分析链延续到大数据和互联网时代，厂商在大数据思维下的投资选择行为会发生什么样的变化，经济学面对厂商数据智能化和网络协同化的投资经营方式，应该如何创新厂商投资选择理论呢？显然，沿着新科技会影响和改变厂商投资选择的偏好、认知和效用期望的思路，经济学或许能够对厂商投资选择理论做出创新。

第三节 物联网影响厂商投资选择的理论分析

经济学要建构大数据时代的厂商投资选择理论，必须能够对厂商的数据智能化和网络协同化与投资经营展开符合大数据、互联网和人工智能等融合的解说。就这一解说吻合实际的操作过程而言，物联网作为融合互联网和通信技术的一种跨领域运用的人工智能，它是厂商运用大数据思维和人工智能技术匹配产供销大数据的主要数据智能化手段。随着厂商运用物联网进行投资经营的覆盖面越来越宽广，经济学要研究大数据和物联网影响厂商投资选择的机理构成，需要研究厂商如何运用大数据和物联网进行投资经营，需要对厂商运用大数据和物联网的投资选择效用进行评判，需要对厂商运用大数据和物联网的投资选择前景做出展望，需要建构大数据时代的厂商投资选择框架。基于将大数据、物联网和厂商投资选择放置于同一分析框架会关联到很多新经济现象，经济学要考虑到该分析框架的横截面和纵截面所涉及的云计算、机器学习和人工智能运用等内容。

一 物联网是边界极其宽广的生态圈，它打开了厂商投资选择的活动空间，使厂商投资选择偏好的表现形式处于经常变动状态

大数据和互联网时代的重要标志之一，是产品和服务进入了"时空错开、同步并联、关乎拉动、实时评价"的在线状态。从围绕"物理、心理和智能"三大世界主网的建构，进而从物联网跨越互联网向智能网过渡来分析，物联网的在线状态所显露的是心理世界主网向智能世界主网的发展。在这一发展过程中，尽管厂商投资选择偏好的底蕴仍然是自利最大化，但由于物联网有着边界极其宽广的生态圈，其偏好表现形式会随着大数据支配或反映的心理世界主网的变化而变化。厂商投资选择偏好的表现形式至少有以下几点值得关注：

1. 厂商投资选择标的和方向，明显受到充分体现大数据及其应用的信息技术和控制技术的影响，这些技术对产品和服务的供给和需求所产生的效用前景预期，会使厂商投资选择从过去纯粹市场经验转向物联网体验，并诱导厂商偏好于在物联网平台上进行投资经营。

2. 在物联网平台上，厂商投资选择容易出现类似于从众行为或一窝蜂效应的偏好形式，这种偏好形式在很大程度上是心理因素使然，它根植于掌控物联网的科技人士分析和预测市场的能力及其选择后的市场效用的验证。

3. 厂商在追求市场占有率或市场势力的驱动下，会逐步偏好于选择人工智能技术含量高的产品和行业，即偏好于选择以智能联通技术（ICT）+社会物理信息（CPS）（德国工业4.0）的产品和行业，随着物联网覆盖面的扩大，这种偏好形式的变化会伴随工业自动化转向知识自动化而进一步加强。

物联网之所以能改变厂商投资选择的偏好形式，是与它有着极其宽广的生态圈分不开的。从行为主体上讲，这个生态圈包括生产者、消费者、各级政府、大学和科研机构等；从技术融合、智能运用和学习能力来看，这个生态圈包括标准制定、云平台及云计算、系统整合和测试、

第七章　大数据时代厂商投资选择理论的构建　｜　159

传感装置、应用软硬件、网络软硬件等。厂商投资选择的偏好形式发生变化，是厂商追求效用的内在冲动与外部环境诱导及其约束的共同作用结果。厂商的内在冲动是追求利润（效用）最大化，但如果厂商要借助物联网实现最大化，就必然会以数据智能化作为实现手段，具体地说，就是必然会在投资经营的诸环节以"算法"作为决策依据。厂商的外部环境诱导及其约束，是市场机制对厂商的外部强制性，如果厂商要借助物联网取得投资经营协调的外部性，就必须以网络协同化作为实现手段，并取得物联网意义上的网络协同效应。数据智能化、网络协同化以及网络协同效应，是厂商在大数据时代扩大市场占有率乃至于形成垄断的基础。

二　物联网的技术融合和智能运用等对大数据技术有很高的要求，这会促使厂商努力挖掘、搜寻、加工和处理大数据，厂商从大数据获取准确信息后会产生新的认知，从而改变投资选择行为

　　物联网宽广的生态圈决定其有着极其复杂的场景，这种复杂场景与其说是各大主体及其行为的关联，还不如说是多维度数据的分布及其融合。物联网生态圈是由物联网 PaaS 平台承载[①]，厂商对大数据的挖掘、搜寻、整合、分类、加工和处理通常离不开物联网平台，并且对于这些具有复杂场景的数据，厂商必须根据大数据的极大量、多维度和完备性特征，运用"数据驱动法"来甄别和获取准确信息。较之于以前获取信息的途径和方法，"数据驱动法"不是依赖单一抽象模型，而是事先设置许多针对复杂场景的简单模型，运用大量计算机服务器确定这些模型中的参数。厂商运用这种挖掘、搜寻、整合、分类、加工和处理数据的过程，就是厂商利用物联网平台来建构让自己适合于物联网生态圈，从而实现数据智能化、网络协同化以及网络协同效应的过程。

　　工业化时代的厂商投资经营是没有物联网等科技支撑的运作平台，只是存在以价格和供求波动为信号而难以运用网络模型操作的市场平台，或只是存在政府行政干预以维系投资经营的政策性平台。以市场平台情形而言，厂商获取投资经营的认知，主要是通过对影响投资经营的

[①] 现在几乎所有的互联网公司都搭建了开发者平台，并在此基础上构建开发者生态。世界上最早的开发者平台是苹果的 App store，这个平台开启了智能手机时代；继之，随着 Android 开发者平台的出现，互联网公司纷纷利用开发者平台构建了开发者生态。

信息进行搜寻、整合、分类、加工和处理来实现的，由于这些信息只是部分数据的结果，得不到云计算和机器学习等技术手段的支持，并且或多或少具有主观判断的成分，因此，厂商在工业化时代得到的用于选择的信息不是大数据意义上的信息，厂商在工业化时代的认知明显不同于大数据时代厂商依据大数据分析所获取的认知。就厂商具体的投资选择而论，厂商运用物联网选择什么样的投资项目、投资多少和怎样投资，一是会考虑物联网生态圈及其技术融合，二是会通过物联网的智能运用和学习能力来选择经营方法和途径，即会充分利用物联网平台选择经营品种、销售模式和物流模式等，而所有这些都是厂商有了新认知的结果。

人类的理性选择行为是在偏好促动下形成认知再到具体选择的，认知始终处于偏好与选择的中介位置。经济学理性选择理论有关自利偏好决定个人、厂商和政府追求效用最大化的分析，是人类选择行为的真谛，同样适合于大数据时代的厂商投资选择。然则，新古典经济学把认知作为外生变量而逾越认知的分析，现代经济学力图将认知作为内生变量所做的分析，都不能解释大数据时代厂商投资选择行为，问题的症结在于对"认知形成"的理解和处理上。经济学理性选择理论对效用函数的分析，其发展轨迹从新古典经济学有关能够实现效用最大化的解释，转变为现代经济学有关效用期望调整的解释，这些分析适合于大数据时代厂商投资选择之效用函数的解释吗？这个问题有必要讨论。

三　大数据包括"行为数据流"和"想法数据流"两大块，在未来，效用函数及其期望调整取决于对人类"想法数据流"的驾驭能力

众所周知，大数据不只是包括记录事物数量的信息数字，还包括图片、图书、图纸、视频、影像、指纹等人类行为结果的所有非数字化信息。如前所述，大数据一方面可解释为已发生数据和未发生数据之和，前者指历史数据和正在产生的数据，后者指未来将产生的数据；另一方面，就数据对厂商投资选择的影响来讲，大数据又可解释为"行为数据流"和"想法数据流"。厂商利用物联网进行投资选择，通常是依据业已发生的行为数据流，对这些数据进行挖掘、搜寻、整合、分类、加工和处理，以决定选择什么样的投资项目、投资多少和怎样投资。当匹配和处理大数据的机器深度学习发展到很高水平，从而人工智能在物联网得以广泛和精准运用时，厂商投资选择的效用函数是有可能准确预期的，因而效用期望的调整问题会被淡化。这是工业化时代不存在的情形，经济学理性选择理论无法解释这种情形。

厂商的效用期望预期是其投资选择的一项重要内容。以新古典经济学为底蕴的主流经济学不曾对效用期望预期有专门的分析，非主流经济学曾利用实验对效用期望预期做过专门分析，但那是没有大数据和人工智能背景且有着主观判断的分析。社会物理学家阿莱克斯·彭特兰（2015）对未来大数据展望时曾提出一个"想法流"概念，认为它与人们行为之间存在可靠的数量关系，它可以通过互联网成为一种改变人类选择的重要因素。联系将来人工智能的广泛和精准运用来考察厂商投资选择，如果机器学习在将来充分发展，即人类可以在机器深度学习的基础上，依据历史数据和正在产生的现期数据进行机器强化学习来模拟和推测未来数据（AlphaGo已有这方面的实践），那么便会出现被人类控制的"想法数据流"。这个"想法数据流"将是人工智能发展史上的重大事件，它会给人类准确推测未来事件的结果提供大数据和人工智能的分析基础。因此，我们有这样的推论：一旦人类具备驾驭"想法数据流"的能力，厂商在大数据时代投资选择的效用期望问题，就会在理论上成为一个不需讨论的问题。

四　物联网发展同样会致使厂商投资选择的效用函数以最大化为核心，但这个效用函数不同于经济学理性选择理论围绕最大化分析而得出的效用函数

效用函数是经济学最重要的基础理论问题之一。无论我们侧重对经济运行和发展中的制度、主体、行为等哪个方面的分析，都不可避免会涉及对效用函数问题的讨论。这里有一个饶有风趣的理论问题值得探讨：依据对大数据和物联网运行分析所得出的效用函数，与经济学在工业化背景下分析出来的效用函数一样，两者都是以最大化为核心，并且在形式上都是将偏好函数、认知函数、效用函数统一于最大化分析框架。那么，我们怎样看待这两个效用函数在形式上的雷同性呢？如何解说这两个效用函数的性质差异呢？显然，这对于进一步理解物联网影响厂商投资选择是有帮助的。

关于这两个效用函数的形式雷同和性质差异，我们可以通过以下几点予以解说。传统主流经济学将偏好函数、认知函数和效用函数统一于最大化分析框架，是在完全信息假设下通过诸如"偏好内在一致性、选择者知晓选择结果"等给定条件约束，并通过跨越认知（将认知视为外生变量）实现的；这一分析中的作为效用函数核心的最大化，表现为研究者建构理性思维的结果，有着明显的主观判断色彩。与此不同，根据物联网运行分析所得出的有关偏好函数、认知函数和效用函数统一于最大化框架的情形，不是以完全信息为假设前提，也不存在任何给定条件约束，而是通过物联网运行中的大数据和人工智能对偏好和认知形成的作用机理及其过程的研究得出的，它不具有任何主观判断；至于通过分析物联网运行所反映的以最大化为核心的效用函数，则是以物联网具有跨领域技术融合平台和大数据有可能揭示完全信息为分析基础的，这是建立在厂商能够实现数据智能化、网络协同化及网络协同效应基础上的分析结论。

大数据和人工智能之所以会影响厂商投资选择，关键在于它可以揭示并有可能提供完全信息，而物联网的跨领域技术融合平台会在哪些方面或通过什么途径来影响厂商投资选择，则需要结合物联网开发者平台和开发者生态来展开分析。网络协同化的技术设施基础是开发者平台。例如，几乎所有的互联网平台或物联网平台公司都搭建了属于自己的开发者平台，但物联网应用要比移动互联网复杂。以厂商投资经营所关联的场景及其生态而言，由于任何厂商难以独立测算出所有的用户需求和供给，它通常需要借助其他开发者平台来进行投资经营，这便要求物联网必须具有能融合所有厂商开发者平台的物联网服务平台（PaaS），而正是这个服务平台会对厂商投资选择发生影响。

1. 厂商投资选择需要有安全可靠的云平台和物联网应用平台，需要有分析软件、应用软硬件、云软硬件和网络软硬件等供应商，需要有系统整合、云服务、微服务、测试服务以及网络服务等。只有具备了这些条件，厂商才能在投资选择时在云平台运用云计算对大数据进行搜集、整合、分类、加工和处理。

2. 厂商只有借助 PaaS 平台和利用云平台及微服务架构，才能将工业技术原理和行业知识等软件化、模块化及基础模型规则化，这在体现物联网融合互联网、通信和信息等三大技术的同时，也反映了厂商投资选择追求效用最大化的技术规定。

3. 厂商投资什么项目、投资多少和怎样投资以及效用期望，离不开对影响投资的极大量、多维度和完备性之大数据的云计算，而这些大数据是物联网生态圈各类主体行为互动的结果，单靠一个厂商的开发者平台是无法处理这些大数据的，因此，物联网水平的高低直接影响着厂商投资选择及其效用。

总之，物联网将物理世界和互联网紧密连接，是运用数据采集技术和智能网络来分析、预测和优化物理世界的。大数据时代会出现物联网平台服务商与应用开发商生态，大平台 PaaS 具有渠道扁平化、市场透明化、盈利多元化和支付便捷化等功能。随着物联网大数据采集和人工智能运用层次的升级，厂商投资选择对物联网依赖的程度和范围将进一步提高和扩大。物联网连接了物理世界和互联网，是厂商投资经营实现数据智能化和网络协同化的重要运行载体，我们联系物联网来考察厂商投资选择，需要从物联网覆盖面、连接物理世界和互联网途径及其效应等方面来展开。

第四节　大数据时代厂商投资选择理论框架的建构设想

一　在工业化时代，无论经济学家以完全信息假设还是以不完全信息假设来建构理性选择理论，都难以产生与实际相一致的厂商理论，这种情形表明厂商投资选择理论有待完善

新古典学说的厂商理论是将投资主体解说为追求自利最大化、知晓选择结果和能够实现最大效用的"理性经济人"。尽管追求自利最大化是一个相对科学的分析假设，但由于现实中存在利他、公平和互惠等动机，完全以追求自利最大化来描述厂商投资选择的理论是偏离实际的；同时，建立在完全信息假设基础上的"理性经济人"概念，是传统经济学理论的一个基本范式，这个范式绕避了如何符合实际地使选择偏好、认知过程和效用期望统一于效用函数。现代主流经济学以信息不完全和有限理性约束为基础对厂商投资选择进行了分析，开始重视认知过程之于投资选择的研究，但仍然留恋于把厂商界定性为"理性经济人"（何大安，2016），现代非主流经济学彻底摆脱了传统理论束缚，试图通过行为实验和心理实验的案例分析来重塑行为主体的分析假设（何大安，2004，2005）。但是，由于现实中存在着非常复杂的信息约束和认知约束，经济学家一直难以在符合实际的行为主体假设的基础上建立起与实际相一致的厂商理论①。

厂商投资选择理论是厂商理论的一个重要组成部分。新古典理论所内蕴的厂商投资选择理论，是建立在"偏好内在一致性"之严密数理逻辑论证基础上的，这一逻辑论证赋予厂商投资选择偏好的非此即彼的偏好稳定假设规定。关于这一点，可从新古典经济学厂商理论运用"无差异曲线""等产量线"等分析厂商行为来说明。偏好稳定假设是建立在完全信息假设基础上的，而内蕴了偏好稳定假设的厂商理论却严重偏离厂商投资选择实际，因而遭到了强调信息约束和认知约束的现代经济学批评。现代经济学围绕偏好多维性和认知不确定所展开的一系列批评，重点集中在对偏好稳定假设引致将认知作为外生变量，从而将行为主体视为脱离现实的抽象主体等方面，但由于现代经济学没有对行为主体做出新的界定，即对行为主体的界定经常处于现实主体与抽象主体之间，这便大大影响了厂商投资选择理论的完善。

厂商投资选择理论的完善，在很大程度上要取决于对厂商投资选择的效用函数的解释。基于效用函数与认知过程有密切联系，基于厂商的效用期望是认知的结果，经济学一直没有放弃以最大化作为解说效用函数的传统，现代经济学也不例外。与新古典经济学将效用期望隐匿在效用函数中的情形不同，现代经济学重视效用函数与认知过程的关联。例如，行为经济学把厂商投资选择划分为风险厌恶和风险偏好两种情形所做出的从黑板走向了现实的努力，仍然没有建立与实际相一致的厂商理论，因此，厂商投资选择理论有待于完善。

---

① 以上内容在本书中反复出现，是因为它是人类选择的基本问题，而经济学对它的理论分析所产生的影响几乎覆盖了个人、厂商和政府的选择行为。经济学理性选择理论的根基源自对人类行为本性的定义及其描述。英国社会科学家杰里米·边沁在《道德与立法原理导论》中把人的最大程度幸福和自我偏好作为功利主义的两大基本原则，认为人们总是选择能够比其他选择更好满足自己偏好的行为，理性原则是个人最大程度幸福和自我偏好的融合（哈里森，1996）。与边沁同时代的近代经济学鼻祖亚当·斯密在《国富论》中，把个体自利选择行为与社会福利效应结合起来，通过对市场机制这只"看不见的手"之于厂商无规则选择行为的分析，提出了反映人类行为本性的众所周知的"经济人"概念。但经济学理性选择理论的完整版，是在马歇尔1895年的《经济学原理》出版之后。马歇尔保留了以功利主义为基础的"经济人"假设，剔除了以功利主义为基础的"自然人快乐"假设，将快乐转义为可测量的效用，从此效用最大化在经济学世界取代了功利最大化，"理性经济人"成为理性选择理论的范式。

第七章　大数据时代厂商投资选择理论的构建 ｜ 165

二　在大数据时代，投资经营主体有可能获取完全信息，我们建构厂商投资选择理论可考虑将厂商定义为"理性行为人"，这是一种取代"理性经济人"对行为主体做出新假设的分析尝试

如上所述，大数据的极大量、多维度和完备性在未来有可能会给厂商提供完全信息，物联网的技术融合和智能运用等会促使厂商努力挖掘、搜寻、加工和处理大数据，以至于在获取准确信息的前提下产生新认知和改变投资选择行为。厂商作为大数据和物联网时代的投资行为主体，其理性仍然表现为追求效用最大化是无可非议的，但其行为方式是否存在某种共性的东西，则在很大程度上决定其作为行为主体的属性。基于厂商追求最大化的行为属性主要反映在偏好、认知和效用等方面，我们可以通过对偏好、认知和效用等的分析，把大数据和物联网时代的厂商界定为"行为人"。"行为人"概念的外延要比"经济人"宽泛，它不仅反映各种行为动机所驱动的选择偏好，更重要的，是它将"认知"规定为内生变量。当然，我们把"理性行为人"作为行为主体的分析假设，必须对厂商投资选择的偏好、认知和效用等进行解释。

在大数据时代，以厂商投资选择的层级而言，可依据他们运用大数据和物联网水平以及取得效用高低的差别，将他们分为高层级投资经营厂商和低层级投资经营厂商；在数量比例上，目前的高层级厂商是极少数，低层级厂商是绝大多数。当我们将厂商看成是"理性行为人"时，这里有三个重要问题需要研究：（1）如何解说厂商投资选择偏好；（2）如何解说厂商投资选择的认知过程；（3）如何解说厂商投资选择的效用期望。按照"理性行为人"概念的宽泛外延，首先，厂商不是仅仅以自利最大化为偏好，而是在一定程度和范围内夹带公平和互惠等利他偏好；其次，厂商投资选择是在认知基础上进行的，即对影响投资选择的信息做出搜集、整合、分类、加工和处理；最后，厂商的效用期望会随认知变化而变化，即效用函数会发生调整。我们将厂商定义为"理性行为人"，是基于大数据时代厂商受制于科技环境影响的考虑。

关于第一个问题，由于对大数据的搜集、整合、分类、加工和处理需要有很高的云平台和云计算能力的支撑，在只有极少数厂商而不是绝大部分厂商具备这种平台和能力的情况下，厂商投资选择偏好会出现一种从众效应,即出现投资选择偏好的趋同化:绝大部分厂商会以那些掌握大数据技术和运用物联网并取得最大化效用的极少数厂商的偏好,作为自己的投资选择偏好[①]。这种解说与第二和第三个问题有着极强的关联。因为,当绝大部分厂商以极少数厂商的偏好作为自己投资选择偏好时,随之出现的,便是绝大部分厂商将以极少数厂商的认知为自己的认知,从而出现趋同化认知;同时,在绝大部分厂商出现偏好趋同化和认知趋同化的情况下,他们便不具有严格意义上的属于自己的效用函数,即会出现以极少数厂商的效用期望为自己效用期望的情形(何大安,2018)。如果我们对厂商投资选择偏好、认知和效用的以上描述符合大数据时代的实际,那么,厂商之行为主体性质的界定,便可以掌握大数据和物联网技术的极少数厂商为依据而界定为"理性行为人"。

从建构厂商投资选择理论的分析框架来考察,一方面,行为主体的性质界定是整个理论分析框架的基础,只有在这一基础上才能对厂商投资选择行为做出系统的理论描述;另一方面,对厂商投资选择进行分析,必须将重点放在认知的研究上,这不仅是因为对大数据的搜集、整合、分类、加工和处理最后会落在认知上,而且物联网的运行和操作也离不开认知。换言之,只有对厂商投资选择的认知过程展开符合大数据和物联网时代实际的研究,才能使厂商投资选择的理论研究落地。

三 在未来,厂商的认知形成将以大数据的搜集、整合、分类、加工和处理为前提,我们建构厂商投资选择理论的分析框架必须重点关注这一点

大数据时代的厂商投资选择的最大特点,是认知形成过程不再像工业化时代那样,通过对不完全信息的搜集、整合、分类、加工和处理来完成,而是对大数据的搜集、整合、分类、加工和处理以获取信息来完成。这里关于信息的理解有两点需要说明,一是通过大数据而获取的信息是有可能是准确信息,二是通过大数据而获取的信息有可能是完全信息。为此,经济学建构厂商投资选择理论的分析框架时必须考虑信息的不同状态。

---

① 现代经济学曾描述过从众行为或一窝蜂效应等选择现象。例如,针对股市的这种现象,诺贝尔奖得主罗伯特·希勒(2001)曾分析过股市中的催化因素、连锁反应、放大机制等,但希勒对从众心理和行为的分析没有从偏好、认知和效用等基础理论角度展开,这类问题有进一步讨论的空间。

（一）当厂商能够通过大数据分析来剔除虚假或被扭曲的信息，厂商便可以获得准确信息而产生正确认知，以至于获得投资选择的最大化效用，这是厂商投资选择理论的重要内容

厂商获取准确信息的前提条件，是能够获取具有极大量、多维度和完备性的大数据，并且能够通过大数据的多维度和完备性来甄别虚假信息和真实信息。经济学建构厂商投资选择理论的分析框架，一方面需要对厂商搜集、整合和分类大数据的过程展开分析；另一方面，需要对厂商加工和处理大数据的过程展开分析，如此，才能对大数据时代厂商认知过程的形成做出解释。投资选择理论一个不可绕避的环节是对效用函数的解说，按照逻辑推论，厂商获取准确信息便可以知晓选择结果，而知晓选择结果便有可能获取效用最大化。于是，问题的讨论便绕到准确信息与完全信息的区分上来了。一般来讲，准确信息主要是针对单个厂商投资选择而言的，完全信息则是针对泛化的信息状态而言的，这是我们建构厂商投资选择理论的分析框架时不可混淆的。

同样，经济学也要区分单个厂商与全体厂商的认知形成和效用函数的实现条件问题。我们将厂商解说为"理性行为人"，是基于对厂商作为投资选择之行为主体的定性分析，可以暂不考虑这些实现条件。当进入厂商投资选择的现实分析时，对单个厂商的认知形成和效用函数的实现条件分析就十分重要了。怎样展开这些分析呢？可选择的研究途径至少有以下几种：（1）分析厂商搜集、整合和分类大数据的能力；（2）分析厂商加工和处理大数据的能力；（3）分析厂商利用云端和云计算的能力；（4）分析厂商人工智能创新和运用的能力。经济学在建构厂商投资选择理论时，可依据厂商能力的大小将他们分为不同的层级，并以此对他们的认知形成和效用函数做出评判。这样的分析途径也适合于全体厂商。

（二）基于未来大数据有可能给人类提供完全信息，我们可在划分厂商类别的基础上，以完全信息为背景来研究厂商投资选择的认知过程

大数据时代的厂商投资选择的认知形成，说到底，是厂商对大数据的搜集和处理及其算法问题。大数据能够给人类提供完全信息的物质基础，是互联网、物联网、云平台、社交媒体、传感器、定位系统等覆盖了社会经济、政治、文化等的一切领域并且贯穿人类活动的始终。但问题在于，这种物质基础只是一种客观存在，厂商要获取完全信息，必须

拥有云平台和云计算能力，必须具有搜集、整合、分类、加工和处理大数据的能力。如果以这些能力作为考量标准，我们可将厂商划分为两种类别，一类是具备这些能力的极少数厂商，另一类是不具备这些能力的绝大部分厂商，在选择偏好和认知形成上，极少数厂商会引领绝大部分厂商。因此，经济学以完全信息为背景来研究厂商投资选择的认知过程，可暂时以极少数厂商作为分析对象。

较之于工业化时代厂商投资选择的认知过程，具有云平台和云计算能力的极少数厂商投资选择的最大亮点，是能够在搜集数据的基础上通过大数据的多维度和完备性得到准确信息。由于准确信息是通过大数据分析获得而没有主观判断的成分，所以，无论是从现实还是从逻辑来考察，一旦厂商能够获取准确信息，便可知晓投资选择的未来结果，而知晓投资选择结果则意味着厂商可以通过认知过程实现自己的效用期望。但值得说明的是，这里所说的对投资选择结果的知晓，与新古典经济学在"偏好内在一致性"等给定条件假设下得出的知晓选择结果的分析判断不是一回事，它除了不存在一系列的事先预设外，最重要的在于它不是主观判断的结果。因此，经济学对大数据时代的厂商投资选择认知的研究，需要在理论上将以上过程做出系统的分析，以便将认知过程与实际选择过程衔接起来。

举例来说，厂商在准备做出一项投资选择时，他可通过互联网、社交媒体、传感器、定位系统等所搜集的海量数据，在云平台上进行整合、分类、加工和处理，再经过云计算等人工智能算法，就可以知晓该项目所生产的产品或提供的服务的社会需求、投资成本、投资收益，以及社会存量资本和增量资本生产同类产品或提供同类服务的供给量。在现实中，厂商的认知过程和实际选择过程往往具有连续性，这便要求经济学把这一连续过程放置于统一的分析框架。同时，厂商实际的投资选择通常是通过物联网平台进行的，经济学建构厂商投资选择理论的分析框架，还需要围绕物联网的实际运行来展开。

四 以大数据分析为主线，依据物联网运行原理，说明厂商借助物联网平台进行投资选择的过程

物联网作为互联网技术、通信技术和信息技术的融合，它是由最底层的物理世界、中间层的公用网络（移动互联网）和最高层的物联网专网三大层级构成，它的人工智能运行原理是从底层采集数据汇总到中

间层，再由智慧大脑设计参数和模型将选定的执行指令送达到最高层级并予以实施应用。从技术角度考察，物联网运行表现为大数据采集和运用，但从大数据采集到人工智能运用，穿插着人类智慧大脑对选择过程的认知。经济学建构厂商投资选择理论的分析框架，需要对人类智慧大脑如何运用物联网进行投资选择做出描述，这是物联网运用与厂商投资选择关联的重要问题，会涉及许多以现实为逻辑底蕴的数理分析。

如前所述，物联网时代的大数据等于"行为数据流"+"想法数据流"，厂商投资选择的效用函数取决于对"想法数据流"的驾驭能力。对"想法数据流"的解说，需要分析机器深度学习和强化学习，这便涉及物联网的人工智能运用与厂商投资选择的关系。描述这种关系的学术参照是数据智能化和网络协同化，我们大体上可以按照厂商如何利用机器学习将大数据的智能化处理，数据智能化如何促成厂商投资选择的认知，厂商如何利用物联网平台实现厂商与厂商、厂商与客户之间各种复杂场景的网络协同等分析路径来展开。这些问题的讨论涉及很多物联网运用的技术问题和模型处理问题，但如果我们紧扣厂商投资选择的偏好、认知和效用与物联网运行的某些症结性关联，或许有助于厂商投资选择理论之分析框架的建构。

厂商投资选择所借助的物联网平台，有着从较低技术层级向较高技术层级的过渡情形，这一情形反映了厂商投资选择认知从低层级向高层级的转化，或者说，反映了厂商数据智能化能力从低层级向高层级的转化。物联网平台的技术层级高低，除了受大数据及其数据智能化制约，还受用户场景及其网络协同的制约。大数据、物联网和厂商投资选择之间的关联通常呈现同层级变动，这些变动在反映大数据和物联网运用的技术规定性的同时，也反映了厂商投资选择偏好、认知和效用等因技术约束而变化的机理。

第五节 投资选择理论建构的几点补充说明

大数据、物联网和厂商投资选择之间的关联是一个十分复杂的理论问题，对这个问题的理论解说，应考虑以互联网、大数据、云计算、机器学习等人工智能技术的深度融合为背景，或者说，应考虑未来新科技充分发展有可能会提供准确信息和完全信息的情形，以至于经济学创新必须对以下问题进行研究：（1）企业投资经营的选择行为会发生什么样的变化，这些变化在哪些方面受制于互联网、大数据、云计算、机器学习等人工智能技术的深度融合；（2）面对一切有机体和无机体都有可能变成一种"算法"的未来，经济学理性选择理论有关偏好、认知和效用等的分析和研究，应该在哪些方面进行修正，即如何创新经济学理性选择理论；（3）基于大数据和人工智能时代正在改变产量和价格决定和改变竞争和垄断实现途径的事实，如何创新产业组织理论；（4）依据厂商投资选择基本格局的变化，如何创新政府宏观调控理论，等等。

以上问题是在放大了物联网外延而提出的研究，显然，对这些问题的研究有可能颠覆主流经济学大厦。当经济学具体到大数据、物联网与厂商投资选择之间的关联研究时，需要进一步研究的问题是：（1）随着互联网平台对经济活动影响的进一步加深和拓宽，厂商运用物联网进行投资经营会呈现出何种格局；（2）在技术手段上，物联网的未来发展将如何通过人工智能匹配大数据来扩大产品和服务的供给端和需求端；（3）在技术手段上，物联网在未来将如何通过人工智能匹配大数据来形成竞争和垄断的途径。这些问题的研究在理论上涉及大数据、信息、云平台、云计算、区块链等人工智能技术问题，目前这方面的相关研究文献尚不多见，需要有具体落实到物联网技术运用然后上升到理论层面的研究。

不过，就大数据、物联网和厂商投资选择的分析主线而论，数据智能化和网络协同化以及与此相关的网络协同效应始终是问题研究的症结所在。经济学只有对数据智能化和网络协同化进行重点研究，关注网络协同化对厂商投资经营所规定的复杂场景，才有可能建构包括网络协同效应的厂商投资选择理论。如果说经济学整个理论体系的学术危机发端于大数据和人工智能等技术在经济领域的广泛运用，那么，厂商投资选择理论的危机和创新则集中体现在以数据智能化和网络协同化为核心的物联网运用。经济学家研究大数据时代的经济活动时，需要以互联网作为分析平台；当经济学家研究大数据时代的厂商投资经营时，则需要将物联网作为分析平台。对大数据时代企业投资经营的一般理论描述要达到分析性标准，经济学家必须对厂商借助物联网平台进行投资经营所导致的投资选择变动展开分析性研究。

第七章　大数据时代厂商投资选择理论的构建

厂商投资选择的大数据分析涉及思维模式的讨论。投资选择主体的思维模式关联于信息约束和认知约束，这要求经济学家能够对企业利用物联网进行投资选择时能否获取完全信息做出解说。未来大数据和人工智能的充分发展有着提供完全信息的可能性，而建立在完全信息基础上的厂商投资选择是如何在大数据思维下得到准确乃至于精准信息呢？这是经济学创新的一个分析难点。厂商运用物联网能解决信息约束和认知约束是一回事，经济学家能否对之做出理论解说是另一回事。认知约束是信息约束的一种延伸，而信息约束根植于信息不完全，厂商投资选择变动的大数据分析基础，是大数据和人工智能等是否可以提供完全信息。经济学家后续研究的重要任务，是解释大数据和人工智能等如何提供完全信息。

经济学家创新厂商投资选择理论的延伸分析，是需要解说厂商运用物联网进行投资经营导致产业组织的变动。基于大数据时代产业组织会从垂直整合架构转变为网络协同架构的情况，经济学家要依据数据智能化和网络协同化，围绕产量和价格决定以及竞争和垄断的形成路径对这种转变展开研究，要揭示产业组织垂直整合架构向网络协同架构转变的学理，重点分析企业如何挖掘、搜集、整合、分类、价格和处理大数据，如何借助物联网扩大产品和服务的供给端和需求端，并通过模型对产业组织变动做出分析性解说。

主流经济学与非主流经济学有关厂商投资选择的重要理论分歧之一，表现为对厂商认知过程和效用预期中的心理因素的不同处理上。近几十年来，对正统新古典理论有所修正的主流经济学，已开始在一定范围内把心理因素放置于投资选择的分析，但由于主流经济学囿于其精美理论大厦的约束，还没有彻底摆脱由完全信息和完全理性所构筑的理论分析框架。非主流经济学基于信息不对称和有限理性的分析背景，特别强调厂商心理因素变化对投资选择的影响，他们已经将厂商心理因素作为内生变量处理。在经济学理性选择理论的发展史上，认知心理学给经济学家深入研究厂商投资选择行为开辟了广阔的视阈和空间，但如果厂商投资选择的动机、偏好、认知和期望调整等得不到大数据分析的支持，经济学创新只能在主流经济学的框架内进行。因此，经济学创新的基础是结合数据智能化和网络协同化，对厂商投资选择的动机、偏好、认知和期望调整等展开大数据分析。

大数据、互联网和人工智能等全面和深度融合的远景，是人类能够挖掘、搜集、整合、分类、加工和处理历史数据、现期数据和未来数据，从而获取完全信息，这是经济学家进行经济学创新时要面临的基础理论问题。从社会经济运行和发展来看，经济学创新还有许多中观和宏观层面的问题需要研究。例如，就本书涉及的研究内容而论，无论是资源配置还是厂商投资选择、产业组织和政府宏观调控问题，都会涉及金融市场运行的数据智能化和网络协同化，因此，经济学家要研究大数据革命和经济学创新，都必须对大数据时代的金融市场进行研究。

第八章 金融大数据与大数据金融[*]

大数据、互联网和人工智能等的融合正在冲刷着国民经济的各行各业，与其他行业一样，金融领域的宏微观操作依据和手段越来越广泛运用大数据分析。金融大数据这一融合了互联网和人工智能潮流的概念向我们展示了什么，大数据金融这个正在悄然改变人们选择的范畴要求我们怎么做，一些具有哲学思维的经济学家已经关注这类问题。金融大数据和大数据金融，是两个具有不同内涵的概念或范畴，经济学家需要在区分各自内涵的基础上，解说它们对人们金融选择行为的影响和操作过程，需要通过分析金融大数据的构成来说明金融信息来源、系统性机遇和系统性风险，需要通过分析大数据、互联网和人工智能等的融合来论证人类金融决策的基本格局和发展趋势。经济学家要在对金融大数据和大数据金融的不同规定做出描述的基础上，重点对大数据金融的具体操作过程进行分析，重点对大数据金融的具体应用场景展开研究，并通过对大数据金融实施平台和技术条件配置的分析，研究机器学习等人工智能手段对大数据金融发展的影响及作用过程，以此揭示大数据时代人类金融决策的一般机理。

第一节 金融大数据构成及内涵的概要考察

金融运行和金融发展是人类经济文明的一个重要组成部分。从反映人类文明的人文主义看，大数据问世前后的人文主义是不同的。在大数据问世前的农业化社会直至工业化社会的初期和中期，尽管出现了各种风靡一时的人文主义，但科技因素对人文主义的影响通常是从属于文化

---

[*] 本章主要内容已发表于《学术月刊》2019年第12期。

因素的；大数据问世后，科技人文主义有着逐步取代历史上各种人文主义的趋势。推崇大数据的未来学家是科技人文主义的信奉者，他们认为将来一切都由大数据主宰，人类所有活动和自然界所有现象都将成为一种"算法"（尤瓦尔·赫拉利，2017）。世界的未来大势果真如此吗？对此，经济学家可能不敢贸然下结论，但在大数据、互联网和人工智能等相融合的今天，金融运行和金融发展作为人类经济活动的重要领域，有许多可通过现象捕捉和把握的机理，需要经济学家去研究。

大数据是有人类就存在但直到工业化后期才出现的概念，按这个概念涉及的范围，它既包括数字化数据，也包括非数字化数据；既包括人类社会活动留下的所有痕迹，也包括自然界所有现象的痕迹。同时，它不仅包括已发生事件的历史数据，而且包括正在发生事件的现期数据和将会发生事件的未来数据。经济学家分析和论证的大数据主要是针对人类经济活动而言的，如工业大数据、农业大数据、消费大数据、金融大数据、投资大数据、社交媒体大数据以及人们衣食住行各种分类的大数据等。就金融大数据而论，它主要由金融机构、厂商、个人和政府当局在投资、储蓄、利率、股票、期货、债券、资金拆借、货币发行量、期票贴现和再贴现等大数据构成。大数据构成的分类权重很复杂，需要经济学家利用云平台和运用云计算、人工智能技术来处理，而不是简单加总就可以之作为决策依据。我们理解金融大数据的构成并不困难，困难主要发生在如何对这些经常变动的金融大数据进行挖掘、整理、分类、加工和处理。

金融大数据内涵，可以理解为经济运行大数据中蕴含的反映人们金融交易行为互动的基本信息，这是从"信息来源于大数据"之认知而得出的理论考量。金融大数据内涵与金融大数据构成之间存在关联，前者会在一定程度上规定后者，这些规定主要体现在金融数据的分类构成和权重变化对金融运行有可能出现的机遇、风险或危机等的影响方面；金融大数据内涵并不等价于金融大数据构成，这是因为，金融大数据内涵在一定程度和范围内要受到政府宏观调控政策及其制度安排的影响，以至于人们难以直接依据金融大数据构成进行决策。这个问题会涉及金融大数据外延，以及人们根据金融大数据进行决策会不会出现偏差等的讨论。不过，经济学家在一般理论层面上讨论金融大数据内涵，把聚焦点放在金融大数据构成上，应该说抓住了问题分析的症结。

金融大数据内涵的特征同样是极大量、多维度和完备性。在现实中，人们根据大数据进行金融决策，需要有驾驭这些特征的新科技手段。以现已运用的新科技手段而言，云平台是搜集和分类极大量和完备性之大数据的基础，集约化云计算是加工和处理极大量和完备性之大数据的主要技术手段，机器学习等人工智能技术则是对多维度大数据进行甄别、判断和预测的主要手段。人类运用新科技手段对金融大数据的挖掘、搜集、整合、分类、加工和处理，也存在着效用函数的评估问题。从正确把握金融大数据内涵从而消除金融活动不确定性来考察，该效用函数要取得最大值，关键是人们不仅要能够加工和处理历史数据，而且要能够加工和处理现期数据和未来数据，并且能够从历史数据、现期数据和未来数据中获得准确信息，这同本书前文的分析是一样的。金融大数据内涵既可以从静态上理解，也可以从动态过程解释。经济学家分析现期数据和未来数据是对金融大数据内涵的动态研究，它是我们解说金融大数据内涵的分析基点。

大数据金融，则是指运用大数据分析方法从事金融活动，即通过云计算、机器学习等人工智能技术来匹配金融大数据，它反映了金融机构、政府当局、厂商和个人正在进行的决策过程。较之于金融大数据，经济学家分析和研究大数据金融，要关注新科技手段和工具的选择和运用，要关注金融活动主体在互联网扩张过程中掌握和运用云平台、云计算、机器学习、物联网、区块链等人工智能手段的技术层级，要关注经济主体进行金融活动的效用函数。从数字经济运行角度看，大数据金融的落地过程伴随着互联网、大数据和人工智能等相互融合的运行过程。

第二节 大数据金融的实施平台和技术配置分析

大数据在各行各业广泛运用的背景是互联网应用扩张，信息互联网由 PC 互联网发展到移动互联网而得以完成，物体互联网由物联网和人工智能两大块共同构筑，价值互联网通过区块链开始崭露头角。互联网应用扩张的直接后果产生了以互联网为平台、以大数据为要素、以云计算和机器学习等人工智能技术为手段的数字经济[①]。数字经济涉猎范围很广，它包括一切运用大数据进行投资经营的实体产业和服务业，大数据金融是一种同所有行业投资经营都有关联的数字经济领域，也是最能反映互联网应用扩张的数字经济领域，经济学家对大数据金融进行深入研究，离不开互联网应用扩张的实际背景。

一 互联网应用扩张为大数据金融提供操作平台，大数据金融会借助这个平台得以纵深发展

在数字经济开始渗透宏观、微观经济领域的当今世界，厂商与厂商、厂商与政府、厂商与消费者之间的行为互动，已充分反映互联网应用扩张的平台态势。随着5G通信、社交媒体、传感器、定位系统等的覆盖面越来越大，信息互联网、物体互联网和价值互联网会提供海量数据，这些海量数据为从事大数据金融的金融机构、政府当局、厂商和个人提供了操作依据。这主要体现在以下几方面：（1）利用新科技手段对大数据进行搜集、整合、分类、加工和处理，以获取用于决策的准确信息；（2）利用互联网与5G通信、社交媒体、传感器、定位系统等的关联，建立金融大数据平台；（3）通过大数据平台实现金融机构的数据智能化和网络协同化。从互联网应用扩张与数据智能化、网络协同化的联系看，大数据金融在要求极高的数据智能化的同时，也要求金融网络交易的协同化，但这些要求都是在互联网应用扩张背景下实现的。

从金融交易行为互动看，大数据金融各主体借助互联网扩张，能否取得效用函数的满意值，主要看能不能实现数据智能化和网络协同化，以及能不能实现网络协同效应。以上的表述显露出一些"形而上"的意境，但不管怎么说，各金融主体要取得满意的效用函数，必须提升对金融大数据的挖掘、加工和处理的技术层级，必须在面对投资、储蓄、利率、股票、期货、债券、资金拆借、法定准备率、期票贴现率和再贴现率、货币发行量等金融大数据时，能够甄别和判断出扭曲信息和虚假信息，从而在较高数据智能化水平上实现网络协同效应。事实上，大数据金融主体能实现网络协同效应，意味着他们的数据智能化能力达到了

[①] 认为人类可通过移动设备、传感器、社交媒体和定位系统等搜寻大数据，并据此认为人体乃至于宇宙万物都可解析为数据流，是典型的数据主义观点（Kevin Kelly, 2010; Cesar Hidalgo, 2015）。我们姑且不论这个观点能不能经得起未来的检验，仅以互联网应用扩张引致海量数据而言，大数据金融的运行和发展离不开这个背景框架。

与客户协同的知己知彼水准,也意味着他们借助互联网应用扩张取得了很大的成功。但在现实中,不同主体的数据智能化和网络协同化水平是不同的,这是因为他们的技术条件配置不同。互联网应用扩张为大数据金融提供了数据智能化平台是一回事,各决策主体能在多大程度上利用这个平台从而达到一定的技术层级却是另一回事。

二　大数据金融要求一定水准的技术条件配置,各金融主体达到这一水准后,才有可能实现网络协同效应

这里所说的技术条件配置,是指搜集、加工和处理大数据的云平台、云计算、机器学习等人工智能及其技术组合。为分析方便计,我们可把能够搜集、整理和分类大数据,但不独立拥有云平台和不具有云计算能力的金融运作者,界定为低技术条件配置者;把既能够搜集、整理和分类大数据也能够加工和处理大数据,并且拥有云平台和具有云计算能力的金融运作者,界定为中等技术条件配置者;把具备以上技术条件配置并且能够挖掘大数据的金融运作者,界定为高技术条件配置者。显然,这样的划分主要是针对未来情形而言的,我们可以通过这样的划分对大数据金融运行有以下推论:不同技术条件配置者由于技术层级的差异,他们对金融大数据及其构成的加工和处理能力便存在差异,高技术条件配置者要比中低技术条件配置者能更加准确地开发、设置和运营金融品种,能够在高层级数据智能化基础上达到网络协同化,能够在取得满意效用函数值的同时实现网络协同效应。

网络协同效应是以网络协同化为基础的。与实体经济中厂商之间以及厂商与消费者之间的网络协同化一样,大数据金融中的网络协同化所面临的经营场景,也可划分为简单和复杂两种类型;对于具备新科技条件配置的金融运作者来讲,要实现网络协同效应,只是具备驾驭简单运营场景是不够的,而是必须具有驾驭复杂运营场景的势力。例如,一个从事多元化经营的金融机构,通常要比单一经营国债或单一经营股票或单一经营期货的金融机构,更具有应对复杂场景的网络协同化能力。联系技术条件配置看问题,由于高技术条件配置的金融机构可以通过云平台搜集、整合和分类诸如投资、储蓄、利率、股票、期货、债券、资金拆借、法定准备率、期票贴现率和再贴现率、货币发行量等的大数据构成及其变动,他们在加工、处理和匹配这些大数据时可得到高水准的云计算和机器学习等人工智能技术的支持,因此,这样的金融机构一定能

够远超低技术条件配置的金融机构而取得网络协同化,从而实现网络协同效应。

当我们在此论及网络协同效应时,问题的分析画面会转向清晰。高技术条件配置的金融机构之所以能够在网络交易平台上对复杂金融产品有协同效应,是因为高层级的数据智能化给他们提供了加工、处理和匹配金融大数据的支持,对于那些容易受政策或制度安排变化干扰的金融产品,他们利用云计算和机器学习等人工智能技术匹配金融大数据的优势就显示出来。例如,像债券、资金拆借、期票贴现、股市或期市以及衍生金融产品,往往会成为高技术条件配置金融机构的经营专利,而那些中低技术条件配置的金融机构,便很难通过匹配金融大数据将这些金融产品作为经营对象。于是,在高技术条件配置的金融机构经营这类属性的金融产品的过程中,大数据金融会形成因网络协同效应而引发的进入壁垒。大数据金融引发进入壁垒这种现象,现阶段还只是处于初级状态,它何时会成为常态呢?这个问题仍然可以从技术条件配置的变化得到说明。

三　新科技条件配置的最高状态是人工智能可以匹配现期数据和未来数据,这种状态预示着大数据金融的未来

金融大数据主要是指正在发生事件的现期数据与尚未发生事件的未来数据之和(历史数据通常显得不是很重要),这两类数据的共同特征是它们都具有不确定性,都需要挖掘才能获得。然则,挖掘大数据与搜集大数据不是一回事。大数据的搜集,主要是以发生了的历史数据为对象的,它可以通过互联网搜索引擎和程序较成熟的人工智能技术来完成;大数据的挖掘,是以还没有发生的未来数据为对象的,现有的各种人工智能技术还没有发展到能成功地挖掘大数据的水平[1]。大数据金融运行中尚未发生的待挖掘大数据,是人类经济活动中最不确定性的大数据。就人类挖掘和匹配金融大数据的新科技条件配置而论,如果能够挖掘和匹配还没有发生的金融大数据,应该说人类新科技条件配置达到了最高状态。

在信息不完全的工业化时代,经济学从未停止对经济活动的假设、

---

[1] 按照未来数据的定义,既可以考虑把正在发生事件的现期数据放置未来数据中,也存在因之马上会出现而将其放置历史数据的理由,但针对大数据挖掘方法的探讨,我们在此可以不考虑在大数据挖掘上对现期数据的定位安排。

判断和预测的研究，经济学家从关注估计和假设检验的统计学，到注重因果关系分析的计量经济学，再到重点强调预测的机器学习，十分清楚地体现了经济学追求数据匹配以实现准确预测经济事件的思想轨迹。在大数据和互联网时代，随着机器学习技术正在逐步解决计量经济学因样本小和维度低的处理数据的局限，原先计量经济学和机器学习之间不相容甚或相悖的地方出现了交集，并开始出现交集增大的融合（Varian, 2014）[①]。但是，机器学习迄今的发展水准，充其量只能加工、处理和匹配历史数据，并不能加工、处理和匹配大数据金融亟须解决的现期数据和未来数据。机器学习的发展空间是巨大的，作为对问题深入研究的一种探讨，如果人类在将来能够使机器学习方法解决现期数据和未来数据的加工、处理和匹配，那么，以机器学习为代表的人工智能技术将有可能成为新科技的顶级条件配置。

第三节　推动大数据金融发展的机器学习技术

当今世界的金融运行和发展，正在朝着大数据金融的运作方向迈进。我们可对这个方向做出以下高度概括性的描述：金融运行将以搜集、整合、分类金融大数据，发展到挖掘、加工、处理和匹配金融大数据。换言之，当人们对金融大数据采取以机器学习为核心的人工智能方法进行挖掘、加工、处理和匹配时，金融运行便开始从金融大数据走向大数据金融。从机器学习在新科技应用中扮演的角色考察，无论是以许多简单模型代替单一复杂模型，进而得到大量计算机服务器支持并广泛运用的"数据驱动法"（吴军，2016），还是以计量经济学为底蕴从而将人工智能作为通用技术使用的分析方法（Trajtenberg, 2018；Cockburn et al, 2017），机器学习都将赫然成为贯穿其间的主要技术方法。大数据

[①] 计量经济学实际上是服务于经济学的统计学，它特别关注估计结果的无偏性和一致性。与此不同，机器学习更关注以决策树（Decision Tree）和支持向量机（SVM）等模型为代表的预测问题，随着机器学习对大数据加工和处理能力的增强，原先因样本数据限制而在计量经济学中很少运用的方法被广泛运用于机器学习之中，如岭回归（Ridge Regression）和套索算法（LASSO）等，这在很大程度上反映了两个学科的交集 Athey（2015, 2018）。从大数据分析的引领来看，机器学习方法将会取代计量分析方法。

金融给我们提供的总体画面是：在机器学习为代表的人工智能技术的引领下，经济学分析方法或许要发生让主流经济学家大跌眼镜的变革。

一 机器学习技术及其类型不断提升的过程，是大数据金融发展的过程，这个过程代表着金融运行的未来趋势

机器学习是指通过对海量数据的加工和处理，甄别和剔除扭曲信息和错误信息，通过搜寻真实或准确信息来实现决策目的的一种匹配大数据的人工智能方法[①]。学术界根据机器学习的特征，将之分为监督学习（Supervised Learning）、无监督学习（Unsupervised Learning）和强化学习（Reinforcement Learning）三种类型。监督学习与无监督学习之间的区别，在于学习过程中有没有标签的数据样本。一方面，对于大数据金融来说，由于不同金融产品具有不同资本属性，具有不同的价格数据，金融机构通常会运用具有回归算法和分类算法的监督学习，按照数据输入和输出的一般法则，通过建模对这些数据展开机器学习。另一方面，在大数据金融的运行中，基于任何一种金融产品都不明显具有反映明确收益的特征，金融机构也会运用没有数据样本标识的聚类算法来进行无监督学习，以期通过机器学习来体验和匹配各种不同金融产品的大数据，进而作为决策的依据。

不过，针对大数据金融的数据多维度的复杂性，监督学习和无监督学习只是金融大数据走向大数据金融中的基础性机器学习方法；它们通常局限于历史数据，对现期数据的匹配还有相当大的距离，至于把未来数据转化成算法则是很遥远的事。目前正在广泛运用的强化学习（Reinforcement Learning），是一种在动态环境中不断试错从而努力使决策最大化的人工智能算法；强化学习比较适合于金融机构对短期金融品种的经营，能在一定程度和范围内匹配现期数据，但它还是望尘莫及于未来数据。随着大数据金融的进一步发展，金融机构开始使用迄今为止最先进最深邃的深度学习（Deep Learning）方法，机器深度学习方法之所以被广泛运用于大数据金融，是因为它将以大数据的多维度为切入口，通过多层次神经网络的设计，把低层级特征数据与高层级特征数据相结

[①] 机器学习作为人工智能的一个分支学科，它是使用"算法"来解析大数据的一种实现人工智能方法，较之于为解决特定任务而编程的思路，它的"从中学"是力图实现在计算机没有明确编程条件下通过"算法"完成对现实事件的预测和决策（Taddy，2017）。机器学习的科技层级有着广阔的提升空间。

合,以揭示大数据的分布特征(Lecun et al,2015;Goodfellow et al,2016);深度学习推动了人工智能技术的进一步发展,但它仍然不能处理和匹配现期数据和未来数据。

大数据金融在新科技上的发展趋势,是具备顶级新科技的金融机构能够匹配现期数据和未来数据,这要求以机器学习为代表的人工智能技术的快速提升。人工智能技术的提升是计算机专家或大数据专家的事,但金融机构可以借助顶级人工智能技术把金融大数据转化成算法,这是金融运行未来发展的趋势。学术界有一种将大数据理解为新科技灵魂的看法,这个看法比较切合于对大数据金融之未来发展趋势的诠释。我们关于金融大数据和大数据金融的相关性论证,仍然离不开对大数据展开基础理论方面的讨论。

二 随着大数据金融的发展,金融机构在因果关系推断中会越来越多地运用机器学习技术

诚然,大数据思维本质上仍是因果思维,但较之于过去那种依据部分数据进行推理的因果思维,它是建立在决策信息来源于大数据这个基础之上的,大数据思维强调工业化时代人类运用有限样本数据难以准确剖析事物因果关系以及不具有总体性和相关性(何大安,2018a);关于这个问题,舍恩柏格(Viktor Mayer‐Schönberger,2012)曾通过对大数据分析提示人类如何取舍信息的解说,对大数据思维是一种包含总体思维、相关思维、容错思维和智能思维的模式做出了论证。实际上,金融机构投资经营的效用函数会驱动他们放弃传统因果思维模式,会要求金融机构采取容纳总体思维、相关思维、容错思维和智能思维的大数据思维模式;同时,大数据金融的发展会催生出新的人工智能技术和方法,只是到目前为止,机器学习方法在金融大数据的因果推断及其应用中仍然是主要的人工智能技术。

机器学习之于选择行为的推断和预测,越来越显示出机器学习在因果推断中的极强应用前景。从学科发展和大数据金融的未来发展考察,计量统计方法融合机器学习是一种学术趋向,但这种融合会产生一种以机器学习为主、经济计量为辅的格局。这可从以下两方面说明:(1)基于利用常规倾向性得分匹配法(Propensity Score Matching)得出的估计难以在协变量众多的前景下进行,机器学习可以采用套索算法(LASSO)和随机森林(Random Forest)等方法来筛选众多协变量,以代替传统步骤对大数据进行的匹配（Lee et al, 2010; Linden & Yarnold, 2016）；（2）机器学习重视因果推断中的异质性处理效应（Heterogeneous Treatment Effect），这将在很大程度上弥补过去因果关系推断只关注平均处理效应（Average Treatment Effect）的不足。金融大数据包含众多协变量，它在数据匹配和数据异质性处理等方面，一定会随大数据金融之覆盖面的进一步拓宽而复杂化，因而机器学习方法的应用空间是巨大的，这是其他人工智能手段无法比拟的。

大数据金融中的机器学习应用空间的拓展效应，突出反映在金融机构对现期数据和未来数据的挖掘、加工、处理和匹配上。对于金融机构来讲，如果他们的数据智能化达到很高乃至于达到顶级水平，那便意味着机器学习将会深入应用到各种金融产品及其组合的相对准确的预测上，投资效用就会很高；反之，则表明金融机构驾驭金融大数据的能力还处于较低层级，意味着机器学习的应用水平还有很大的提升空间。我们如何对这种情形做出一般理论概括和描述呢？很明显，这个问题的分析需要结合金融机构的理性选择行为以及大数据金融的实践展开。

三 在大数据金融的实际运行中，金融机构的决策行为仍然是理性选择，他们具有怎样的数据智能化层级就会有怎样的效用函数值

互联网应用扩张的一个基本事实是，金融机构的选择行为正在逐步摆脱信息约束和认知约束。以信息约束而言，金融大数据的完备性和极大量具备了提供完备信息的基础，金融机构可通过5G通信、互联网、物联网、传感器、定位系统、社交媒体等，去搜集、整合和分类各种金融产品的大数据；可通过云平台、云计算、机器学习等人工智能手段，去加工和处理各种金融产品的大数据，于是，信息约束的局面将随金融机构能够从金融大数据中获取大量准确信息而逐渐被打破。就认知约束而论，金融机构可通过云平台、云计算、机器学习等人工智能手段，通过对金融大数据进行多维度分析以取得正确认知，从而使认知形成过程由以前明显夹带主观判断的分析路径转变成主要依靠新科技的认知路径。这种转变实际上是改变了金融机构的理性选择的内容和过程，以至于悄然改变了金融机构的认知函数、偏好函数和效用函数，值得经济学家深入思考和研究。

金融机构摆脱了信息约束和认知约束，不仅是对以新古典经济学为底蕴的主流经济理论的期望效用函数（Neumannand Morgenstern，1947；

Arrowand Debreu，1954）的否定，而且也是对以行为和心理实验为基础的非主流经济理论（Kahneman & Tversky，1973，1974，1979；Smith，1994）的质疑。大数据金融实践在理性选择理论上向我们展现的基本分析线索和画面，既不是传统理论在"经济人假设"基础上通过给定条件约束和运用严密数理逻辑推论所得出的何种选择才符合理性（Harsanyi，1977），也不是运用大量数学模型来解释什么样的选择才是能实现最大化的理性（Edgeworth，1981）。结合机器学习等人工智能手段的运用来理解，这种画面可以解释为"人与数据对话"以及"数据与数据对话"（何大安，2018b）。需要说明的是，这两种对话形式是与经济行为主体的新科技层级相关联的。

如上所述，依据云平台、云计算、网络协同、机器学习等人工智能技术的掌握和运用，我们可把金融机构划分为掌握新科技的低级层级、中级层级和高级层级的决策主体；易言之，金融机构运用机器学习等技术手段加工和处理金融大数据的能力，从而取得什么样的效用函数的能力，是由他们的新科技层级决定。在全球经济一体化的背景下，金融机构面对错综复杂的金融产品的价格波动，要实现效用函数最大化，必须对金融大数据有挖掘、加工和处理的能力，这是我们反复强调的，但从严格意义或高标准要求来讲，金融机构必须具有将客户和竞争者的偏好和认知等转化为"算法"的能力，这便要求金融机构在掌握和运用机器学习方法的同时，还能够掌握和运用诸如逻辑推理、概率推理、专家系统、语音识别、自然语言处理等人工智能技术。金融机构只有在达到新科技的高级层级的条件配置下才能进入这一门槛，只有在进入新科技的顶级层级后才完全具备这种能力。金融机构进入新科技的顶级层级的标志，是能够挖掘正在发生的现期数据和尚未发生的未来数据，因此，问题的讨论又回到了机器学习这一人工智能技术的掌握和运用上来。

四 从当前人工智能处理大数据的各种技术手段考察，人类能不能挖掘以及能在多大程度上挖掘正在发生的现期数据和尚未发生的未来数据，在将来，可能仍然要依赖于机器学习技术的提升和拓宽

大数据金融的运行充满不确定性，是问题的一方面；大数据金融极有可能成为未来学家和人工智能专家推崇的"算法"，则是问题的另一方面。目前不同类型的机器学习对大数据的加工和处理考察，无论是监督学习和无监督学习，还是强化学习和深度学习，主要还是对已发生事件的历史数据的加工和处理；对于正在发生事件的现期数据的加工和处理，还只是刚刚处于起步探索阶段；人类对于尚未发生事件的未来数据，可以说基本上不具备加工和处理的能力。以金融大数据而言，金融机构挖掘正在发生和尚未发生的数据，必须具有顶级科技条件配置。具体地说，就是金融机构要在全面掌握和运用互联网、云平台、物联网、云计算、机器学习等人工智能技术的基础上，以历史数据和已经掌握的部分现期数据作为分析材料，采取可称为"外推、类比或拟合"方法来进行预测性挖掘，至于加工和处理正在发生和尚未发生的数据，也可以按照同样的思路展开①。由于新科技运用还没有走到这一步，我们现在不能描述这种"外推、类比或拟合"方法，但从当前人工智能处理大数据的各种技术路线看，最有可能先被尝试和最有可能获得成功的，仍然是机器学习方法。

金融大数据是经济活动中变化最快最不确定的数据，运用机器学习方法挖掘、加工和处理这些大数据，无疑会在处理历史数据、现期数据和未来数据的框架内，涉及前文提及的数字化数据和非数字化数据以及行为数据流和想法数据流，显然，对于这些包罗万象的大数据的挖掘、加工和处理，机器学习技术还有一时难以逾越的困难，这些困难主要反映在当前最先进的人工智能理论还不能有效解决纷繁数据之间的因果关系（Pearl，2018）。因此，解决这个问题的关键是突破学习过程的黑箱，使因果推断和机器学习之间的理论交叉从单向联系变成多向联系，让人工智能技术在处理这些纷繁复杂的大数据时能够进行反事实分析（Counterfactual Analysis）。大数据金融的运行和发展，长期存在着被新制度经济学重点描述的以交易成本为底蕴的逆向选择、机会主义和道德风险等现象（Coase，1937，1960；Williamson，1975，1985），这些现象会以大数据形式在金融产品的投资经营中反映出来，因而机器学习要通过吸纳因果推断理论的成果来提升新科技层级，以实现对现期数据和未来数据的挖掘、加工和处理。

那么，机器学习的未来发展应朝着什么样的方向砥砺前行呢？关于

---

① 这里所说的"外推、类比或拟合"方法，是针对人工智能匹配大数据的技术发展趋势而言的，至于将来究竟会采用什么样的方法，需要计算机和人工智能专家来解决，目前经济理论研究要关注的，是察觉并说明这些方法的未来存在。

这个问题，有学者认为机器学习要能够解决那些真正有价值变量的选择问题（Camerer，2017），也有学者认为机器学习要解决人们选择的风险回避问题（Peysakhovich & Naecker，2017）。但不管怎么讲，我们应该把机器学习的使命定格在对现期数据和未来数据的挖掘、加工和处理上。针对大数据金融，计算机和人工智能专家要在各种机器学习方法充分发展的基础上，深化强化学习和深化学习，以挖掘、加工和处理各种金融产品价格和数量的现期数据和未来数据。机器学习在这方面的成功案例，是AlphaGo和Master与世界顶级棋手的对弈。深度学习和强化学习的融合方法极可能是机器学习的发展方向。

第四节　几点补充说明

大数据金融的运行和发展是制度、主体和行为的综合，其内容极其宽泛。当我们将之作为一种算法来考察，问题的分析便聚焦于技术层面；当我们强调技术发展对大数据金融的影响，问题的探讨就集中于金融机构的选择行为；当我们关注金融机构的选择行为，问题的进一步研究就需要讨论效用函数。这条逻辑分析链最显著的特点，是在关注新科技之于金融机构技术条件配置的前提下，把金融机构划分为低中高三种类型的技术层级，并通过这种划分来预估不同技术层级金融机构的效用函数。本章在讨论新科技对金融机构的效用函数影响时，重点分析了以机器学习为代表的人工智能的掌握和运用，没有涉及专家系统、机器人学、搜索、逻辑推理与概率推理、语音识别与自然语言处理等人工智能，这是基于金融大数据的特殊性规定，以及其他人工智能技术只是间接适合于解释金融大数据的考虑。我们以机器学习深化作为金融机构技术层级提升的依据，回避了其他人工智能技术，但并不否定这些技术手段提升金融机构技术层级的作用。

金融大数据与大数据金融在内涵上的差异，绝不是概念或范畴的玩味，前者是互联网、大数据和人工智能等融合的客观实在，后者是表征了大数据时代金融体系的运行和发展，它代表着金融体系未来发展的方向。我们以机器学习技术及其进步来解说金融机构挖掘、搜集、整合、分类、加工和处理大数据，目的是揭示大数据金融的运行机理，并通过这一机理的揭示来展现未来金融世界的发展图景。基于机器学习等人工智能发展的现状，我们把新科技层级作为推论金融机构处理和匹配大数据之能力的依据，超越了对新科技运用过程的具体分析，客观地讲，这样的分析程序和框架对大数据金融运行的论证所得出的认知，同样适合对其他经济领域的分析。不过，这种推论性分析是粗线条的，至于机器学习等人工智能技术对金融机构处理和匹配大数据的具体过程，则需要等到新科技发展导致数据智能化和网络协同化的全面提升，再由经济学家来进行理论化和系统化。

现有的经济理论对数字经济的分析进而关联于大数据匹配的研究，主要集中在通过互联网应用扩张对数字经济的概念界定、行业范围界定、行业属性界定以及规模测算等方面，很少有文献从理论角度对数字经济运行做出经济学解释。其实，数字经济的核心永远是如何挖掘、搜集、整合、加工和处理大数据，永远是通过匹配大数据以获取准确信息来实现效用最大化。当数字经济突破行业和区域范围，即出现经济运行数字化时（这个问题将会重点论述），它在伴随全体厂商追求效用最大化的同时，社会资源配置机制便会得到优化。这便是本章将金融大数据与大数据金融作为研究专题的意义所在。

金融大数据是人类经济活动的一个最值得重点研究的领域。从理论和实践的学理看，对金融大数据的分析和研究，应该联系人类经济活动的其他大数据展开。基于现阶段人类匹配大数据的能力还只是处于初期发展阶段，也基于大数据金融的运行和发展具有相对独立性，我们把金融大数据的挖掘、加工和处理放置在大数据金融运行的框架内进行分析，是与大数据金融发展的阶段性相对应的。这个分析框架在体现它们之间相互关联的同时，重点是揭示它们之间的作用机理。其实，未来学家把一切都视为"算法"，是以互联网、大数据和人工智能等的融合达到顶级技术层次为前提的，当人类不能达到或距这个技术层次很远时，我们把金融大数据从社会大数据中抽象出来展开分析，仍然是大数据视野下直面问题研究的一种分析途径。但是，经济学家要系统研究大数据金融，离不开实体经济运行的大数据，从社会经济运行最突出最容易引起震荡的领域分析，供给侧和需求侧平衡的大数据便显得十分重要，经济学家首先需要从产业结构动态平衡的角度对供给侧结构变动的大数据展开理论分析。

第九章 数字经济运行与供给侧结构重塑*

任何国家在迈入发达经济的过程中，产业结构将不可避免地面临淘汰过剩产能的大洗牌，这种景况在当今的工业化时代开始走进数字经济时代时表现得越来越明显。数字经济运行是大数据、互联网、机器学习和物联网等人工智能的新科技融合，它对传统经济将产生什么样的冲击，这些冲击对供给侧结构重塑的主要影响在哪里，供给侧结构如何应对数字经济运行，这些问题要求经济学家对数字经济运行与供给侧结构重塑之间的关联做出一般理论分析。数字经济是微观经济活动受新科技导引而出现的一种市场经济现象，它是新科技发展到一定高度的产物；供给侧结构重塑主要是针对产业结构变动言的，是产品和服务的有效需求适应新科技发展的一种内生要求，它要求经济理论能够对数字经济运行与供给侧结构重塑之间的关联做出解说。

第一节 数字经济问题概说

经济学关于经济运行模式、有效需求和产业结构变动等的分析和研究，一直或主要是沿着市场机制发挥作用的程度和范围、产量和价格决定、竞争和垄断路径、厂商和消费者决策行为、政府干预等展开的，但这些分析和研究的一个共同不足，是经济学家在分析模型中把科技因素长期作为外生变量处理。追溯这种研究格局形成的成因，可认为是人类在工业化时代不掌握大数据和云计算技术，或者说，互联网和人工智能等还没有构成人类经济决策的运作平台和手段，厂商投资、生产、竞争、价格确定等还不能得到互联网、大数据和人工智能技术相融合的全

---

* 本章主要内容已发表于《经济学家》2020年第4期。

面支持。未来学家在哲学层面上给数字经济运行提供了理论支持,但数字经济运行取决于新科技发展程度和应用范围这一事实,要求经济学家对数字经济的落地过程及其运行模式做出理论解析。

现在比较流行的观点是把数字经济解释为:以大数据加工和处理为基础、以互联网为运作平台、以云计算和人工智能等为新技术手段而进行的投资经营活动(杨伟国等,2018)。一些针对这些新科技手段作用于生产经营的解说,分析和论证了数字经济的性质规定和规模大小等问题(尼葛洛庞蒂,1995;泰普斯科特,1996;ONS,2015;BEA,2017;中国数字经济发展白皮书,2017;McKinsey & Company,2017)。其实,解说数字经济的性质规定和规模大小是一回事,对数字经济运行机理的解释则是另一回事。关于数字经济运行机理的解说,至少需要说明以下几个问题:(1)互联网、大数据和人工智能等新科技融合对数字经济运行的性质规定;(2)厂商如何运用新科技来规划自己的投资经营;(3)中央政府和地方政府如何运用新科技来进行宏观管理。从理论结合实际的角度看,数字经济运行作为将来极有可能形成的一种市场模式,关乎宏观、微观层面上产品和服务的供给和需求、价格和产量确定、竞争和垄断路径、产业结构变动等问题的讨论,需要经济学家精心研究。

数字经济运行是新科技主导厂商投资经营和政府宏观调控的一种新的市场模式,这一模式的发展正在引发经济学家对经济选择行为、资源配置方式、产业组织和产业结构变动等一系列问题的思考和探索,但对社会经济活动在未来会不会采取数字经济运行模式展开解说,并不像定义数字经济的性质和规模那样简单,而是要结合大数据、互联网和人工智能等相融合的程度和范围,对全体厂商(而不是单个厂商)利用云平台、运用云计算和人工智能手段进行投资经营的过程及其机理做出分析和论证。值得经济学家关注的是,数字经济运行模式改变人类经济选择行为和资源配置方式,最终会反映到产业组织和产业结构的变动上来,或者说,终究会归结到产品和服务的供求决定及其结构上来。因此,从这个角度考察数字经济运行模式,产品和服务的供给侧结构及其变动,应该成为经济学家研究数字经济运行模式的分析对象。

经济学世界曾从不同角度或层面对供给和需求问题展开过旨在实现

经济均衡的大量理论研究①。这些研究主要是以价格信号或市场机制作为分析参照来展开的,诚如前文所评说的那样,这些工业化背景下的研究文献一直没有把科技因素作为影响或决定供给和需求的内生变量,以至于几乎没有出现注重分析新科技与供给和需求之关联的专门研究文献。随着大数据、互联网和人工智能等的全面融合,新科技层级高的厂商开始运用云平台、云计算和人工智能等手段,对大众的消费偏好、体验、认知、效用期望等进行"算法"处理,并在此基础上决定投资什么、投资多少、生产什么、生产多少和怎样生产。这种由大数据、互联网和人工智能等的全面融合所导致的投资经营格局,有着逐步取代以价格信号为代表的市场机制决定投资经营格局的趋势。关于这种趋势有两方面值得我们研究:一是社会资源配置方式将发生变化(前几章已有所论述),二是产品和服务的供给侧结构和需求侧结构将会发生的变化。

产品和服务的供给侧结构变化是与数字经济发展程度和覆盖面密切联系的。我国目前的供给侧结构已出现市场机制决定的供给侧与新科技支配的供给侧并存的情形。尽管市场机制供给侧的覆盖面仍然大于新科技供给侧,但随着大数据、互联网和人工智能等的全面融合,这种局面在不远的将来会发生变化。从现象形态上考察,新科技支配的供给侧,仍然是厂商运用大数据、互联网和人工智能等技术进行投资经营而形成的产品和服务的产量及其品种结构,这种结构之所以会受到新科技支配,乃是因为厂商是通过云平台、云计算和人工智能等手段搜集、整合和分类其他厂商和消费者的行为数据,并通过对这些大数据的加工和处理来规划和确定自己的供给量和结构。这里有一个问题需要说明,从整个社会来考察,如果只有极少数厂商的投资经营受新科技支配,则严格来讲,社会经济运行中只是产生了数字经济现象,而不能认为出现了数字经济运行模式。理解这一点很重要,它是我们研究数字经济运行与供

---

① 在经济学说史上,"供给会自动创造需求"的著名萨伊定律强调对供求关系展开合而为一的研究,该定律不赞成分别从供给侧或需求侧来探索经济均衡(萨伊,1803);马克思(1895)依据资本转移实际所论证的市场价格和平均利润率理论,把供给和需求放置于同一框架来研究经济均衡的实现过程;而作为里根经济政策之理论依据的供给学派,则认为防止滞胀和促进经济增长的主要途径是扩大供给(Mundell,1965;Laffer,2004),如此等等,不一而足。从大数据和互联网背景来审视这些理论,有很多内容值得讨论。

给侧结构重塑的分析基点。

本章将要讨论的供给侧结构重塑，是指厂商在新科技支配下的投资经营所引致的供给侧（简称新科技供给侧）变动，会替代长期由市场机制主导的厂商投资经营的供给侧（简称市场机制供给侧）。关于这个问题的讨论，本章拟将研究重点放在以下几个方面：(1) 分析厂商运用新科技进行投资经营的一般机理，以此作为问题研究的基础；(2) 从微观和宏观层面解说数字经济运行与供给侧结构重塑的相关性；(3) 分析数字经济运行的新科技约束条件，通过把厂商划分为不同技术层级对数字经济运行展开描述；(4) 对大数据、互联网和人工智能等全面融合将会导致供给侧结构重塑的过程做出分析。

第二节 厂商数据化经营的主要理论描述

数字经济运行是以厂商数据智能化和网络协同化为基础和前提的。厂商数据智能化是解决投资什么、投资多少、生产什么、生产多少和怎样生产的问题；厂商网络协同化是协调厂商与厂商、厂商与消费者、消费者与消费者之间投资经营和消费活动等的行为互动问题。当数字经济运行成为市场经济运行的模式时，厂商投资经营决策、产品和服务的供给侧结构、产业组织结构、政府宏观调控手段等将会随之发生变化。

一　经济学针对工业化时代厂商投资经营的理论分析，难以解释大数据时代即将全面出现的数字经济实际

新古典经济学以及在很大程度上以之为底蕴的现代主流经济学的厂商理论，是依据反映供求关系和价格信号的市场机制来构建的。这些理论采用以"个体行为"为基本分析单元的个体主义方法论，对制度、主体和行为的定性分析，以及对厂商活动的总量、平均和边际的数量分析，实质上是一种将厂商、市场和价格三者分离的技术性生产函数（Coase，1937，1960）。这个函数的最大特征是运用供求关系和价格波动的部分信息（数据）对厂商行为进行推论，以说明市场体制下厂商、市场和价格之间的逻辑关联。厂商理论曾受到后期其他经济学流派的质疑和批评，但这些质疑和批评仍然是以工业化实践为背景和参照的，并没有摆脱经济学的分析传统。

人类出现数字经济的最显著特征或标志[①]，是厂商投资经营的选择偏好、认知过程和效用期望等将会在大数据、互联网和人工智能全面融合下走向趋同化，这种趋同化突出表现在这种融合对厂商投资经营选择的导引。具体地讲，厂商利用云平台、运用云计算和人工智能技术来决策产品和服务的生产数量和规格品种，是一种以大数据为依据而驱动的选择偏好；厂商运用人工智能技术对大数据进行挖掘、搜集、整合、分类、加工和处理而获取的如何投资经营的认知，是厂商运用新科技而产生的认知；厂商决策的效用期望取决于匹配大数据能力及其准确性。这些状况表明，要正确描述数字经济时代厂商的投资经营选择，必须将科技因素作为内生变量。现有的把科技因素视为外生变量的经济学理论有很大局限，它难以解释大数据和互联网时代即将全面出现的数字经济实际。

二 厂商投资经营的数据化在引起厂商投资经营选择方式变化的同时，会引发产业组织变动

随着厂商运用云平台、云计算和人工智能等手段进行投资经营活动的全面升级，大数据、互联网和人工智能等全面融合所导致的投资经营格局，意味着社会微观经济的运行基础发生变化，意味着经济学理性选择理论和资源配置理论需要有新的发展，意味着经济学理论需要对数字经济时代厂商投资什么、投资多少、生产什么、生产多少和怎样生产有新的解说。从中观经济层面考察，厂商投资经营的数据化会引发产业组织变动；从宏观经济层面考察，产品和服务的供给侧结构和需求侧结构将会发生变化。因此，就厂商投资经营数据化而论，数字经济运行与供给侧结构之间存在相关性，厂商投资经营数据化将会导致供给侧结构的重塑。

大数据和人工智能等新科技之于产业组织变动，反映在厂商有可能具有事先预判供给和需求及其结构变动的能力方面。厂商利用云平台和运用云计算、机器学习等人工智能等技术，有可能对供给和需求的无序海量数据进行加工处理，以获得投资经营决策的准确数据。工业化时代的产业组织架构是一种上下游厂商之间以及厂商与消费者之间的横向和

[①] 严格来讲，数字经济可分为专门从事数据经营的互联网经营类公司，以及运用大数据技术进行产品和服务的投资经营公司。本书分析数字经济运行主要以后者为分析对象。

纵向关联，这条关联链是市场机制和政府调控共同决定的垂直整合架构；随着这些关联逐步走出产量和价格主要由市场机制决定的格局，随着这些关联逐步摆脱"基础产品→中间产品→最终产品"的格局，厂商之间以及厂商与消费者之间的横向和纵向关联将会被网络协同化代替。对于产业组织变动来讲，这种网络协同架构具有革命性，它不仅改变产品和服务的产量和价格确定，而且会改变产业组织中的竞争和垄断路径。

三 产业组织的网络协同架构会引发产品和服务的供给侧调整

在未来，厂商挖掘、搜集、整合、分类、加工和处理大数据，从而有可能获取完全信息和准确信息的能力，将取决于以互联网、物联网、传感器、社交媒体、定位系统、人工智能等新科技手段运用的覆盖面，而这个覆盖面大小会在相当大程度上影响厂商数据智能化水平。从数据智能化运用看，厂商可依据大数据的多维度来展开相关分析，以甄别和选用准确反映供求关系的数据，可依据大数据的极大量和完备性来搜集、加工和处理反映供求关系的数据。一方面，就产品和服务的供给侧结构变动而论，数据智能化在促动厂商根据需求数据来调整供给结构的同时，也可使厂商发掘和调整潜在的供给结构；当全体厂商的数据智能化覆盖面很大，并且数据智能化水平达到较高层级时，即整个社会实现了数字经济运行状态时，产品和服务的供给侧结构将会出现因数据智能化引致的变化。另一方面，数据智能化的运用还会加强厂商与厂商以及厂商与消费者之间的行为互动，这种互动所构成的网络协同化同样会改变供给侧结构，以至于形成与数字经济运行相对应的供给侧结构。

产业组织的网络协同架构对供给侧结构变动的影响广泛，它可以通过厂商与厂商以及厂商与消费者之间行为互动来解决产量和价格决定问题，并且能够使数据智能化、交易去中间化、经营管理扁平化等的落地。从性质上讲，网络协同架构是一种新科技支撑的新型市场交易架构，它具有"时空错开、同步并联"之功能，能够在导引厂商投资什么和生产什么时减少盲目性。换言之，建立在数据智能化基础上的网络协同架构能够使厂商最大限度地去库存，使供给侧结构能够高效地对应于社会的有效需求。供给侧结构的调整会导致产业结构调整，经验表明，单纯靠市场机制调节供给侧结构会出现市场失灵，政府干预供给侧结构也会出现政府失灵，而政府干预和市场机制共同调节又会产生摩擦和掣肘。在工业化时代，由于厂商不具有数据智能化和网络协同化的能力，供给侧结构不可能达到最优化，整个社会不可能出现数字经济运行态势。因此，与数字经济运行相关的供给侧结构的重塑，取决于新科技的发展和运用。

第三节 供给侧结构重塑与厂商技术层级的关联

一 厂商技术层级的高低，一方面体现在厂商加工和处理大数据的能力上，另一方面则反映在厂商运用人工智能等新科技的投资经营效用上

在大数据、互联网和人工智能相互融合的时代，数字经济运行与供给侧结构变动之间存在相关性。这种相关性在现实中的反映，主要表现为数字经济运行对厂商要求的技术层级达到相当高度时，供给侧结构才有可能出现重塑现象。随着5G通信技术的广泛运用和以机器学习为标志的人工智能技术的长足发展，厂商搜集、整合、分类、加工和处理大数据技术将会日新月异，经济活动和非经济活动都会在大数据、互联网和人工智能等全面融合的框架下展开，我们可以通过对厂商低、中、高技术层级对应于不同技术能力的解释，说明数字经济运行的技术基础，从而说明工业化时代向数字经济时代转变中数字经济运行与供给侧结构重塑之间的相关性。

社会经济的生产和交换出现数字经济现象，与社会经济的生产和交换进入数字经济运行时代不是一回事。一般来讲，厂商处于较低技术层级但只要开始和能够依据大数据分析进行投资经营，就标志着社会经济的生产和交换出现了数字经济现象；数字经济现象初始出现在只有少数厂商实现了大数据经营而绝大部分厂商仍然处于传统经营模式阶段，这些少数厂商加工和处理大数据能力是有限的，其运用人工智能等新科技进行投资经营的效用也不显著。当绝大部分厂商步入大数据经营行列，厂商加工和处理大数据能力从而运用人工智能等新科技进行投资经营的效用就会提高，此时，厂商之间的技术层级就会产生差异，即出现低、中、高三种不同的技术层级。作为对问题的一种延伸分析，技术层级较高厂商相对于技术层级较低厂商，是如何体现其运用大数据和人工智能等新科技的投资经营能力和效用呢？很明显，解说这个问题涉及新科技运用的具体手段。

我们可以把厂商运用大数据和人工智能技术对投资经营做出合理预判的能力，理解为经济学意义上的厂商技术层级。以技术层级低的厂商而言，他们通常只能使用简单的技术手段来搜集、整合和分类大数据，其投资经营效用并不显著；以中技术层级的厂商而言，他们有可能拥有云平台，能通过云计算和人工智能技术加工和处理产品和服务的历史数据，并初步具备加工和处理正在发生的产品和服务的当前数据；以高技术层级的厂商而言，他们拥有云平台和较强的云计算能力和人工智能技术，不仅能够加工和处理产品和服务的历史数据，在一定程度上具备加工和处理产品和服务的当前数据，而且显露出挖掘产品和服务之未来数据的技术能力。由于厂商运用新科技能够较为准确地获悉产品和服务的供求数量信息，高技术层级厂商之于中技术层级厂商，中技术层级厂商之于低技术层级厂商，通常会取得好的投资经营效用。

经济学家要重视厂商运用新科技会取得较好投资经营效用的情况，当大部分厂商达到中等技术层级时，社会便进入了数字经济运行状态；同时，厂商运用新科技取得好的投资经营效用，意味着社会经济已在大数据、互联网和人工智能等深度融合的背景下展开，社会总供给和总需求有可能会逐步趋于平衡；总供给和总需求趋于平衡的过程，实际上是供给侧结构得到较好重塑的过程。经济理论界通常把供给侧结构改革寄厚望于产业政策、财政政策、金融政策等制度安排的创新，这实际上是一种厚政策薄市场的主张。大数据革命之于经济学创新所强调的，是新科技引发市场机制变动对社会总供给和总需求的调节力和驱动力，这一点，经济学家应该高度关注。

二　高技术层级厂商在扩大供给端和需求端的同时，有助于供给侧结构重塑

经济运行的症结问题始终是总供给和总需求的平衡问题。在工业化时代，由于缺乏大数据、互联网交易平台、云计算、机器学习、物联网等人工智能技术手段，市场经济体制下的产品和服务的供给量和需求量主要靠市场机制调节；厂商对供给侧结构变动的认知，主要是根据反映市场信号的部分历史数据，并通过设置参数和建构模型来推测和预判；

由于这样的推测和预判具有极强的主观性，供给侧结构只能在市场机制和主观预判的框架内调整，以至于产业结构的失衡问题长期得不到纠正。事实上，产品和服务的供给侧结构包括数量和品种及其结构等内容，厂商要想得到产品和服务数量和品种及其结构的准确信息，必须具有运用大数据和人工智能等新科技手段对影响自己产品和服务的供求大数据展开分析的能力；这种能力伴随着厂商技术层级的提升而提升，它不仅可帮助厂商掌握已经发生和正在发生的供求大数据，而且可以帮助厂商探寻未发生的供求大数据，从而有助于厂商挖掘和判断产品和服务的潜在供给量和需求量。

供给侧结构需要不断重塑，同样是经济运行和发展的永恒问题，这个问题关系到产业结构调整和升级。大数据时代供给侧结构重塑的路径和手段发生了很大变化，厂商以大数据加工和处理为基础、以互联网为运作平台、以云计算和人工智能等为技术路径和手段的投资经营活动，对供给侧结构重塑的影响是革命性的；当大部分厂商达到中等乃至于中等以上技术层级时，亦即出现数字经济运行格局时，供给侧结构的重塑过程就会加快，它会朝着淘汰夕阳行业助长朝阳行业的方向迅速迈进，产业结构会由此得到新科技支撑而升级，这可以解说为数字经济运行与供给侧结构重塑在宏观层面上的相关性。对于这种相关性，无论我们是从微观层面还是从宏观层面来解说，问题的分析基点始终要围绕厂商运用新科技手段来预判产品和服务的供求数量展开，这是经济学家研究供给侧结构重塑的要点。

第四节 供给侧结构重塑的阶段性

阶段性一：厂商利用互联网平台和大数据分析，开始改变市场原有的交易模式，该阶段出现在工业化时代走向大数据时代的初期

新制度经济学将交易成本视为一种市场型制度安排，对产品和服务市场的中间化所导致的交易成本现象，展开过广泛而深入的研究，这些研究有助于经济学对供给侧与需求侧进行更加深入的分析（Coase，1937，1960；Williamson，1985；Hart & Moore，1990）。产品和服务交易从存在中间化走向去交易中间化，是市场交易模式的一种重要变化，它对供给侧与需求侧及其结构变动有着不可忽视的影响。在互联网和大数据时代初期，一些具备新科技能力的厂商（类似于亚马逊、facebook、阿里巴巴、腾讯的起步阶段）率先利用3G、4G通信技术搭建互联网平台，把厂商与厂商、厂商与消费者、消费者与消费者直接关联起来，开始累积大数据，通过分析大数据建立去中间化的交易平台，开始启动引领供给侧结构重塑的交易模式。

随着产品和服务的去中间化这种交易模式的出现，厂商通过互联网平台直接与客户进行产供销活动，获得了比工业化时期大得多的供求交易数据。同时，消费者可以在短暂时间内足不出户地借助互联网平台搜寻自己满意的产品和服务。这个阶段的厂商开始接触和运用大数据，开始借助互联网平台进行交易，开始重视与客户之间的网络协同，从而展现出互联网+企业的雏形。以供给侧结构重塑而言，这个阶段的市场配置资源机制出现了让位于互联网资源配置机制的端倪，互联网特有的"时空错开、同步并联、客户拉动、实时评价"功能开始发挥作用，厂商开始尝试用大数据分析取代过去以市场价格信号来进行投资经营，社会供给侧结构开始出现由互联网和大数据推动的供给侧变动，产品和服务的供给量开始朝着吻合于有效需求的方向行进。

在工业化时代走向大数据时代初期，厂商的数据智能化水平不高，具体地说，就是大部分厂商还不拥有云平台和云计算能力，一方面，他们搜集、整合和分类大数据的能力是有限的，他们通常只能对影响产品和服务的供给和需求的大数据做出简单的加工和处理。这种状况反映在新科技运用上，就是厂商还不能驾驭云计算，还不能运用机器学习等人工智能手段来准确匹配大数据。另一方面，虽然厂商投资经营已经采用互联网+模式，但由于受到数据智能化水平的制约，他们在与客户的交易互动中还处于较低的网络协同化层级。这种由数据智能化决定的网络协同化层级，是厂商调节供给侧的重要基础，它与数据智能化一起共同影响厂商投资什么、投资多少、生产什么和生产多少的能力和水平，直接决定着经济运行中数字经济发展的程度和范围。

阶段性二：通信技术进入4G时代，厂商搜集和匹配大数据的能力会大大提高，他们可初步运用云计算、机器学习等人工智能等技术来规划产品的产量和品种，供给侧结构重塑开始显现数字经济特征

厂商通过数据智能化进行投资经营所显现的数字经济特征，是厂商

的产品和服务的数量确定开始依靠新科技手段。众所周知，大数据的搜集、整合、分类、加工和处理是数字经济的基础，但在 4G 时代，由于不能实现万物互联，由于通信技术还不具有全面为新科技运用提供大数据的条件，即 4G 通信技术或多或少存在一点的时延，而且不能极大量、低时延地给各种移动设备、传感器、社交媒体、空间定位等提供大数据支持，此时，只有少数厂商具备较高的数据智能化水平，能够通过新科技匹配大数据以规划自己的产品和服务的供给量，而绝大部分厂商仍然是依据市场价格信号来规划自己的产品和服务的供给量。因此，4G 时代会出现数字经济，但不会出现数字经济运行格局；数字经济运行与供给侧结构重塑之间还只是弱相关，整个社会经济还没有形成厂商运用新科技手段来调整或升级产业结构的情形。

对厂商可以运用云计算、机器学习等人工智能技术来规划产品量和服务量的解说，是我们对厂商新科技层级处于初级发展阶段的一种理论描述；这个问题涉及云计算和机器学习、区块链、虚拟现实、孪生数据等许多与人工智能相关的专业技术，虽然经济学家不懂这些技术，但可以通过厂商运用这些技术来解释他们投资经营的新科技层级[①]。我们在经济理论分析层面的结论是：当大部分厂商处于较低新科技层级时，社会经济中智慧出现点状的数字经济现象，它不可能重塑供给侧结构；当大部分厂商处于中级新科技层级时，数字经济的覆盖面会逐步扩大，供给侧结构会在一定程度上受新科技运用而得到重塑；当大部分厂商处于高级新科技层级时，社会将形成数字经济运行格局，新科技在经济中的运用将会成为影响乃至于决定供给侧结构重塑的主导力量，数字经济运行与供给侧结构重塑之间便存在着极强的相关性。

以上分析表明，在经济理论上解说数字经济运行与供给侧结构重塑相关性的困难，主要发生在如何对厂商新科技层级的界定上。我们以厂商的低、中、高三种新科技层级作为解释数字经济运行与供给侧结构重塑之相关性的分析基点，试图通过理论研究与新科技相结合的探讨，对

---

① 在复杂的人工智能技术体系中，经济学家既不需要专业性的掌握机器学习、自然语言处理、智能系统与运用，也不需要对认知与神经科学启发等人工智能技术的深刻理解，而只需要了解人工智能技术匹配大数据的一般机理。例如，以最能显示大数据匹配技术的机器学习而言，经济学家只需要了解有监督学习、无监督学习、深度学习、强化学习如何匹配大数据（Taddy，2017；Lecun，2015），了解它们匹配大数据的机理构成。

未来供给侧结构重塑的理论依据做出解说。很明显，摆在经济学家面前的任务，是需要依据新科技发展来运用经济学研究范式对厂商新科技层级的界定做出模型和数理分析，探寻数字经济运行的条件配置，以便对供给侧结构重塑的阶段性做出符合现实和逻辑的论证。

阶段性三：随着 5G 通信时代的到来，大部分厂商能拥有或至少有能力借助各种云平台，熟练掌握云计算和人工智能技术，数字经济运行格局将全面展开

5G 通信技术对厂商投资经营的影响是全方位的，这种影响不仅反映在它能够给厂商提供高速率的大容量数据，更重要的是它能够实现万物互联和让厂商低时延地获取大数据。如果说厂商在 3G 时代能初步搜集、整理和分类已经发生事件的历史数据，厂商在 4G 时代能加工和处理历史数据并有可能搜集正在发生的现期数据，那么，由于 5G 能够实现万物互联和低时延，厂商不仅能加工和处理历史数据和掌握现期数据，而且有可能挖掘尚未发生事件的未来数据。也就是说，厂商能够借助 5G 通信技术来搜集、整合、分类、加工和处理大数据，乃至于可以挖掘未来数据，这便决定了厂商具有运用云计算和人工智能技术对大数据进行匹配的能力。倘若厂商能借助 5G 通信技术从而具备以上能力，这样的厂商就是高新科技层级厂商；倘若大部分厂商成为高层级新科技厂商，则数字经济运行将会成为一种常态，供给侧结构将会在厂商普遍运用新科技进行投资经营的背景下得到重塑。

数字经济运行较之于数字经济现象的区别，不只是要求大部分厂商会利用云平台、运用云计算和人工智能技术匹配大数据，或者说只是要求大部分厂商具有较高的数据智能化水平，而是要求大部分厂商具有较高的网络协同化水平。这是因为，厂商投资经营需要与其他厂商和消费者进行交易互动，这种以交易互动为特征的网络协同化同样是数字经济运行的基础。数字经济运行背景下的厂商投资经营能不能成为供给侧结构重塑的主流，关键在于厂商能否在数据智能化基础上通过实现网络协同化而准确规划产品和服务的数量和品种。如果大部分厂商具有较高的新科技层级但缺乏网络协同化能力，则社会经济只是具备了数字经济运行的形式，并不能真正实现数据智能化和达到供给侧结构的重塑。因此，5G 通信技术只是为数字经济运行创造了人类高效率获取大数据的条件，并非意味着人类必然可以通过数据智能化来重塑供给侧结构。

从严格意义上的数字经济运行来理解,较高新科技层级的厂商不一定能实现网络协同化,而较低新科技层级的厂商一定不能实现网络协同化。相对于网络协同化,在较高新科技层级厂商与较低新科技层级的厂商之间,数据智能化差异是显而易见的,但网络协同化差异就不是那样明显了。这涉及厂商在经营模式上的另一种含义的技术层级,厂商网络协同化要面临复杂的经营场景,它包括产品和服务的支付方式、物流渠道、信息披露、客户评价体系、社区组建、道德风险防范等场景,这些场景同样对厂商投资经营的模式设计提出了数据智能化要求。如果大部分厂商投资经营不能通过大数据分析和人工智能技术来调适产品和服务与客户的互动协同,即不能实现网络协同化,那么,即便大部分厂商的投资经营具备了数据智能化能力,也不能在数据智能化基础上对供给侧结构重塑发挥作用。这可以看成 5G 通信技术广泛运用导致供给侧结构重塑的一个不可忽视的阶段性问题。

我们把 5G 通信的万物互联和低时延等功能所导致的厂商新科技水平而产生的数字经济运行情形,解说为供给侧结构重塑的第三阶段,这样的解说,暗含着把 5G 通信作为顶级新科技基础的假定。针对万物互联和低时延,未来会不会出现更先进的 6G、7G 等通信技术,以及与此对应的厂商的数据智能化和网络协同化呢?这是任何人都难以断然下结论的事情;不过,无论将来以人工智能为标志的新科技如何发展,万物互联和低时延所引致的新科技发展的极限状态,是人类可以挖掘、搜集、整合、分类、加工和处理历史数据、现期数据和未来数据,是厂商可以充分发挥数据智能化和网络协同化。因此,从这个意义上讲,第三阶段可被视为供给侧结构重塑的最后阶段。这是一种符合实际和逻辑的界定。

第五节 关于供给侧结构重塑的几个理论问题

一 数字经济运行与供给侧结构重塑的相关性

在前文的分析中,我们曾概括性提及这一相关性,但基于分析重点和结构安排的需要,没有对之进行解读。其实,数字经济运行与供给侧结构重塑的相关性，会涉及互联网、大数据和人工智能等相互融合的所有宏微观经济问题。如果我们跳开现阶段出现了数字经济但没有形成数字经济运行的实际，以未来的数字经济运行作为分析对象，那么，这种相关性可概括为：数字经济运行会决定供给侧结构重塑，供给侧结构重塑会反作用于数字经济运行。对于这一相关性，经济学家可以分别从短期和长期两个方面进行研究。

从短期看，由于供给侧结构是既定的，即前期投资结构决定产品和服务的产业结构是相对稳定的，数字经济运行的出现对供给侧结构重塑的影响是有限的；同时，短期内的供给侧结构通常是处于微变化状态，它对数字经济运行的反作用不显著。但从长期看，一方面，随着大部分厂商数据智能化和网络协同化水平的提高，即随着大部分厂商挖掘、搜集、整合、分类、加工和处理大数据能力的提高，以及运用云计算和运用机器学习等手段匹配大数据能力的提高，这些厂商的产品和服务的供给结构将不可避免地发生变化，此时，数字经济运行对供给侧结构重塑的影响就十分明显；另一方面，由于厂商运用大数据分析来规划产品和服务的数量和品种及其结构，供给侧结构的重塑就会逼近社会有效需求，其产量和价格确定会给厂商带来最大化效用，于是，供给侧结构在重塑过程中会不断对厂商数据智能化和网络协同化提出更高的要求，这可以解释为供给侧结构重塑对数字经济运行的反作用。有必要指出的是，这种相关性是针对整个社会经济运行而言的，经济学家以之为分析思路来研究供给侧结构重塑，还需要对其他问题展开讨论。

二 供给侧结构的重塑过程是产业结构的变动过程

产业结构变动包括结构调整和结构升级两大块内容。社会经济运行进入万物互联的5G时代，厂商在大数据、互联网和人工智能等相融合背景下的投资经营对供给侧结构重塑的作用力，是建立在他们能够取得很高收益前提下的。从社会经济运行层面上解读，大部分厂商的高收益是与社会经济运行压缩了长线生产部门和扩大了短线生产部门并存的，是与扩大新兴产业和填补空白产业并驾齐驱的。在未来，供给侧结构重塑所反映出来的产业结构调整和产业结构升级，是经济领域至关重要的变化。供给侧结构的重塑过程是产业结构的变动过程，它贯穿于大数据和互联网时代的始终。经济学家在大数据、互联网和人工智能等相融合的背景下，对这一变动过程做出全方位的理论分析和论证，需要在架构新的理论分析框架的同时，尽可能围绕实际对数字经济运行进行符合现实的逻辑分析，显然，这是一项极其复杂和困难的工作。

三 对大数据和互联网时代供给侧结构重塑的分析和论证，需要辅之以经济学基础理论来进行

大数据、互联网和人工智能等对人们的思维模式、选择偏好和认知过程的作用，正在由潜在影响向实际影响发展。厂商在未来的思维方式和选择行为将在很大程度上的大数据化，这会引致经济学理性选择理论的学术危机；数字经济运行将会造成资源配置机制发生变化，对于变化了的资源配置机制，我们称之为互联网资源配置机制也好，称之为大数据资源配置机制也罢，都会引发向经济学主流资源配置理论的挑战；随着厂商数据智能化和网络协同化之技术水平的不断提高，特别是厂商与厂商之间在互联网上交易互动的常态化，产业组织结构将会从原先的垂直整合架构转化为网络协同架构，因而主流经济学的产业组织理论也会受到挑战。这些危机和挑战在数字经济出现时就已经存在，在未来数字经济运行全面展开后将会更加激烈。

实际上，无论是厂商思维方式和选择行为的变化，还是资源配置机制和产业组织结构的变化，它们都会以直接或间接方式对供给侧结构重塑发生影响，这可以理解为对数字经济运行与供给侧结构重塑之相关性的扩展分析。因此，摆在经济学家面前的任务是，如何构建符合数字经济运行实际的理性选择理论、资源配置理论和产业组织理论。不过，经济学家展开大数据时代的经济学创新，需要围绕数字经济模式和厂商投资经营来进行，需要在解析数字经济模式内涵的基础上，研究数字经济模式和厂商投资经营之间的相关性，分析数字经济模式下的厂商行为，即对数字经济模式和厂商投资经营展开经济学分析。

第十章　数字经济模式与厂商投资经营*

依据于大数据、起步于互联网而应用于人工智能的数字经济模式，正在改变着社会经济运行的内容和方向。经济理论研究不可跳过以下内容：（1）数字经济作为一种市场模式，它具有什么样的内涵和功能，它怎样结合市场机制发挥作用；（2）数字经济模式的发展通常会经历哪几个阶段，它在多大程度和范围内反映大数据、互联网和人工智能的融合；（3）数字经济模式与厂商投资经营有着什么样的关联，它在短期和长期内如何改变厂商投资经营规则、程序和方向；（4）数字经济模式的未来发展趋势会呈现何种格局等。这些问题既是理论问题也是实际问题，有必要展开研究。本章拟在解说数字经济模式内涵和性质规定的基础上，重点对数字经济模式与厂商投资经营的关联展开经济学分析，这些分析可看成是试图阐述数字经济模式与厂商投资经营之间的一般机理而在理论上做出的一种学术尝试。

第一节　数字经济模式内涵及其功能

当前大数据、互联网和人工智能等广泛而深度的融合，在精神层面开启了科技人文主义，在物质层面重塑了投资经营方式和消费方式。针对这种融合带来的变革，未来学家和社会物理学家提出了科技人文主义。科技人文主义实际上是认为世界一切均由大数据主宰、任何人类行为和自然现象都归结为"算法"的数字主义（赫拉利，2017）；数字主义之于厂商投资经营和消费者行为，集中反映为导引厂商产供销活动和消费者选择偏好的数字经济模式。一些经济学者把数字经济模式的运行概括

---

* 本章主要内容已发表于《社会科学辑刊》2020年第6期。

为数字经济、智能经济、共享经济和体验经济四种类型,但从数字经济模式导引厂商投资经营来考察,将专门从事数字业务的行业纳入数字经济模式不是很科学,这是因为,专门从事数字业务的行业是为数字经济服务的部门,而数字经济模式是一种市场运行状态,它主要针对生产和消费活动而言。以上理论见解,可以通过数字经济模式的内涵来辨识。

数字经济模式内涵可概括为以下三方面的内容:(1)厂商利用诸如5G通信、互联网、传感器、社交媒体、定位系统等新科技手段,搜集、储存、分类和整合投资经营所需要的大数据;(2)运用机器学习、物联网和区块链等人工智能技术,加工和处理这些大数据;(3)通过大数据分析来剔除嘈杂数据,以确定投资生产什么以及投资生产多少。当绝大部分厂商都依据以上步骤进行投资经营,社会的经济运行模式就转换为数字经济模式。但这种对数字经济模式内涵的说明是静态的解析,当我们考虑到新科技水平提升,尤其是考虑到新科技水平提升背景下数字经济模式的内涵和外延的融合时,对数字经济模式内涵的理解,就会扩散至大数据、互联网和人工智能等相融合层面,就会延伸出对数字经济模式功能的考量。事实上,数字经济模式的运行总是要求厂商投资经营必须不断提升新科技水平,即提升大数据分析和人工智能技术运用的能力。厂商大数据分析和运用人工智能技术进行投资经营的过程,就是数字经济模式功能的发挥过程。

数字经济模式仍属于市场经济模式,但较之于以价格和供求为信号的市场模式,它的特点是厂商投资经营主要依靠新科技手段,或者说,这种模式的资源配置功能的发挥是靠厂商运用大数据分析和人工智能技术。如果我们追溯这种内涵的性质规定,则可认为是源于厂商的大数据思维取代了过去以部分信息为依据且夹带主观判断的因果逻辑思维(何大安,2018a)。这一认识很重要,它是我们理解内涵及功能的基点。数字经济模式的资源配置功能要比以价格和供求为信号的市场模式优越,之所以如此,关键在于厂商通过大数据分析和人工智能技术能够相对准确地提供产品和服务。如果我们梳理一下以上关系,便可以有"大数据思维→大数据和人工智能运用→数字经济模式→配置资源功能→提供产品和服务"的分析理路。诚然,这一理路在一定范围内跳越或隐匿了某些中间环节,以至于简化了数字经济模式的形成机理和分析框架,但它对数字经济模式运行场景的勾勒,却在很大程度上揭示了数字经济模式的内涵及功能。

经济学自古典学派开始就关注以价格和供求为信号的市场资源配置模式（斯密，1776；李嘉图，1817），继之，经过对供求曲线、均衡价格、一般均衡以及帕累托最优等的探讨（马歇尔，1890；Walras, L. 1874；Pareto, V. 1909），最终形成了以"偏好一致性、理性认知、效用最大化"为分析底蕴的期望效用函数理论（Neumann & Morgenstern, 1847；Arrow & Debreu, 1954）；新古典经济学的以上理论对经济学世界的影响是广泛而深刻的，以至于到现代主流经济学和非主流经济学，都没有从基础理论角度对市场模式提出挑战。一种理论没有在立论基础上受到挑战，意味着该理论所给定的内涵没有受到质疑，同时也意味着由该理论内涵所决定的基本功能不会被彻底否定。不过，经济学关于市场模式的理论描述是工业化时代的产物，厂商依据不完全信息进行决策会出现市场失灵现象，虽然市场模式的内涵没有受到挑战，但它的功能却受到了部分否定。数字经济模式下的厂商是以大数据为基本分析要素，以互联网为交易平台，以人工智能为技术手段来进行投资经营，这一模式的内涵及功能明显不同于市场模式。

对于数字经济模式的内涵及功能的理解，应该围绕大数据、互联网和人工智能的融合来认知。厂商从搜集、储存、分类和整合大数据，走向加工和处理大数据，需要人工智能等新科技手段；厂商通过大数据的加工和处理，走向投资和生产什么以及投资和生产多少，同样需要人工智能等新科技手段。一方面，这前后相继的两个阶段展现了数字经济模式下厂商投资经营的实际运作，是我们分析数字经济模式与厂商投资经营相互关联的主要内容。另一方面，经济学主要是分析厂商在掌握供求信息的基础上如何确定产量和价格，因此，我们只需分析厂商运用大数据和人工智能对投资经营的作用，并不需要考虑新科技运用的具体技术过程。

第二节　数字经济模式之于厂商行为的理论分析

数字经济模式与数字技术运用不是一回事，它是经济运行的一种资源配置方式，不等同于互联网数据中心、云平台、云计算、网络切片、孪生数据、机器学习、物联网、区块链等人工智能技术的具体运用[①]。经济学关注的是数字经济模式，而不是数字技术的具体运用；经济学只是在讨论新科技手段如何影响厂商思维方式、操作程序以及决策过程等问题时，才会讨论数字技术的具体运用。经济学关于科技因素的学术处理，在一般经济问题分析和专项经济问题分析上有所不同。一些经济学家主张把科技因素作为内生变量纳入一般经济问题的分析框架进行研究[②]，这是一项深邃而艰巨的工作，有待经济学家探索。数字经济模式既可看成专项经济问题，也可看成一般经济问题。经济学需要重点研究的，是厂商怎样通过大数据分析和人工智能技术准确提供产品和服务，以说明数字经济模式属于微观基础的专项经济问题；同时，要研究厂商竞争和垄断路径如何形成以及市场配置资源机制发生了哪些变化，以说明数字经济模式存在着从专项经济问题转化为一般经济问题的可能性。

一 厂商能够在一定程度和范围内运用大数据和人工智能技术来加工和处理大数据，是数字经济模式的启动时期

厂商搜集产供销大数据的新科技途径和手段，主要有互联网、社交媒体、传感器、定位系统、人工智能等，厂商能够搜集大数据，表明对新科技的掌握和运用达到了一定的水准；厂商能够在一定程度上运用新科技来加工和处理产供销大数据，意味着已经将新科技融合到了投资经营。但是，影响厂商投资经营的大数据是一种复杂的存在，它既包括厂商投资经营产生的反映在财务报表的各类数字化数据，也包括影响厂商投资经营的诸如消费偏好、政策导向、各行业预期等非数字化数据。厂商运用大数据分析进行投资经营的及格水平，是能够处理数字化数据。厂商加工和处理大数据所要求的技术水准，要高于搜集、整合、储存和分类大数据的技术水准；厂商加工和处理非数字化数据所要求的技术水准，要高于加工和处理数字化数据所要求的技术水准。大数据是数字化

[①] 学术界出现了将数字经济规模或数字经济占国民经济比率等看成是数字经济模式的理论倾向（泰普斯科特，2016；尼葛洛庞蒂，2017；McKinsey & Company，2017），这种观点实际上是没有仔细了解数字经济模式的内涵及功能。

[②] 这里所说的涉及科技因素对一般经济问题的分析，可以理解为将科技因素贯穿于经济活动的分析始终从而对具有普适性经济问题的解说，如像互联网经济学、大数据经济学、人工智能经济学等类似的专题，但它需要在符合经济学规范的前提下分析和论证科技因素可以作为内生变量属性。

数据与非数字化数据之和①。理解这一点很重要，它是我们认知数字经济模式的基础。

依据以上分析，我们可以将数字经济模式的启动时期划分为三大阶段：（1）厂商能够搜集、整合、储存和分类数字化数据，却不能加工和处理数字化数据；（2）厂商能够加工和处理数字化数据，却不能搜集、整合、储存、分类、加工和处理非数字化数据；（3）厂商不仅能够加工和处理数字化数据，而且能够搜集、整合、储存、分类、加工和处理非数字化数据。很明显，三大阶段的大数据分析和人工智能技术水平是明显不同的，这对于我们解说数字经济模式运行必须具备什么样的技术条件很有帮助。

对于单个厂商来讲，在第一阶段，数字化数据得到搜集、整合、储存和分类，表明该厂商掌握了互联网和云平台等相关新科技；厂商不能加工和处理数字化数据，表明厂商大数据分析、云计算和人工智能技术水平很低；此时，数字经济模式处于萌芽时期。在第二阶段，厂商不能搜集、整合、储存、分类、加工和处理非数字化数据，则表明厂商大数据分析、云计算和人工智能技术水平仍然较低，社会的数字经济模式只是处于起步时期。在第三阶段，由于厂商能够搜集、整合、储存、分类、加工和处理非数字化数据，人类开始步入数字经济模式。在这三大不同阶段，厂商对自己产供销活动的把控能力是不同的，即在准确提供产品和服务的能力方面有着很大的差异。单个厂商是微观经济运行的基础，我们可以通过分析单个厂商的新科技水平来说明数字经济模式对全体厂商所必须具备的技术要求，并以此说明数字经济模式与厂商投资经营的关联。

二　从厂商新科技水平来分析数字经济模式与厂商投资经营的关联，是判断社会是否进入数字经济运行模式的切入点

社会进入数字经济模式的标志，从社会经济活动看，是生产、消费、交换和分配有没有在很大范围内受大数据、互联网和人工智能等相融合的导引，以至于大数据分析和人工智能技术等渗透到社会经济生活

---

① 这是对大数据的一种静态划分，从动态看，大数据又可解释为已经发生的历史数据、正在发生的现期数据和未来数据之和，本书的后续分析会提及这三类数据。不过，无论是从静态还是从动态看，这些划分都可以作为考察厂商运用大数据和人工智能的科技水平的分析参照。

的方方面面；从厂商投资经营看，则是厂商投资和生产什么以及投资和生产多少，取决于大数据分析和人工智能的运用程度和范围，以至于社会总供给和总需求有没有可能会由新科技决定。迄今为止，经济学界有关数字经济模式的分析文献尚不多见，这是一个需要从厂商投资经营角度进行分析的问题，它在基础理论上需要对厂商投资经营的选择偏好、认知过程、效用期望等做出探讨（何大安，2018b），在现实分析层面上涉及对厂商投资经营与数字经济模式之间相关性的研究。在不考虑厂商具体运用大数据和人工智能技术的情形下，解读这种相关性有着可以品味的学理价值，它可以帮助我们判断社会经济运行是否进入数字经济模式。

数字经济模式与厂商投资经营之间的相关性可以从短期和长期来分析。从短期看，厂商运用大数据和人工智能的技术层级通常是既定的，按前文描述的三大阶段解读，厂商投资经营处于第一阶段的技术层级时，不可能在较短时间内上升到第二阶段；同理，厂商投资经营第二阶段的技术层级也不可能在较短时间内上升到第三阶段，这说明短期内的厂商投资经营与数字经济模式是弱相关，或者说，数字经济模式在短期内不会受厂商运用大数据和人工智能技术的影响。但在长期内则不然，数字经济模式与厂商投资经营是强相关。这是因为，一方面，厂商在长期内会不断提升自己运用大数据和人工智能的技术层级，如从第一阶段的技术层级上升到第二阶段，或从第二阶段上升到第三阶段。另一方面，数字经济模式运行在长期内所内蕴的竞争，会驱动厂商研发新技术以提升技术层级，换言之，厂商在长期内提升投资经营技术层级从而影响数字经济模式的同时，数字经济模式会反作用于厂商投资经营。

从理论上对数字经济模式与厂商投资经营的相关性做出分析，旨在说明两点，一是认为社会经济中有了数字经济现象并不代表出现了数字经济模式，厂商技术层级的提高是数字经济模式产生的原动力；二是强调厂商是推动数字经济模式运行的行为主体，只有当绝大部分厂商运用大数据和人工智能技术进行投资经营时，才有可能出现数字经济模式。尽管这样的分析很抽象，但就数字经济模式的产生而论，它直面现实而抓住了问题分析主线。

三 在理论上对厂商运用大数据和人工智能过程进行梳理，是解说

数字经济模式运行的分析基础

厂商投资经营要处理大量影响产供销的信息，这些信息来源于需要经过搜集、整理、分类、加工和处理的大数据①。大数据具有极大量、完备性和多维度等特征，大数据的极大量和完备性在包含充分信息的同时，也造成了它的复杂性和不确定性以及由此引致的非理想状态（王元卓等，2013；李金昌，2020）。针对大数据的复杂性和不确定性，厂商可以在大数据思维下通过总体思维、相关思维、容错思维和智能思维，运用大数据分析来揭示大数据的总体性和相关性所内蕴的因果关系（舍恩柏格，2012，中译本）。对这个问题的理解，自然会联想起工业化时代厂商的思维和选择。长期以来，厂商试图运用有限样本数据来判断现象背后的因果关系，希冀获悉产供销活动蕴含的准确信息，但厂商这样的因果思维不具有总体性和相关性。舍恩柏格是持信息来源于大数据之观点的，他认为对大数据进行相关分析有可能得到准确信息。舍氏观点正确与否，可通过对厂商运用大数据分析和人工智能技术能不能获取准确信息来说明。

大数据分析的总体思维和容错思维，应对大数据的极大量和完备性特征是有效的。厂商投资经营在面对产供销的所有大数据时，第一步是运用新科技手段把一切关联于产供销的大数据统统搜集起来，第二步是利用云平台储存这些大数据，并整合和分类这些大数据。很明显，在这些极大量的大数据中，对厂商投资经营有直接影响作用的数据，是与没有直接关联的数据（甚至是失真数据）并存的，厂商必须能够运用大数据和人工智能技术进行筛选和甄别，以找出能够准确规划产品和服务的大数据，这便涉及大数据分析的相关思维和智能思维。

厂商针对大数据的多维度特征所采用的相关思维和智能思维，是确定投资和生产什么以及投资和生产多少，乃至于最后确定提供什么样的产品和服务及多少数量的关键，即厂商运用人工智能技术加工和处理大数据的第三步。较之于第一步和第二步，第三步要求的新科技水准明显提高。厂商必须在能够利用云平台和熟练掌握云计算的基础上，运用人

---

① 一些学者把大数据看成分析工具，潜台词是信息不是来源于大数据；笔者不同意这样的观点，认为该观点混淆了大数据分析和大数据，我们可以将大数据分析理解成一种工具，但大数据是人类行为和自然现象的客观存在，任何信息都蕴含其中，新科技水平高低决定从大数据中获取信息量的大小和准确性。

工智能技术来梳理影响产供销的大数据。从目前以加工和处理大数据为标志的梳理过程看，厂商已开始运用机器学习、物联网、区块链等人工智能技术来加工和处理大数据，但针对大数据多维度特征所显现的复杂性和不确定性，机器学习方法是厂商加工和处理大数据相关性的主要技术手段，也就是说，机器学习方法是厂商采用相关思维和智能思维进行大数据加工和处理的主要途径。

机器学习分为监督学习、无监督学习、深度学习、强化学习等类型，它通过算法来解析数据，让计算机在没有明确编程条件下拥有学习能力，通过对大数据分析找出完成任务的方法，从而对真实世界中的事件做出预测和决策（Taddy，2017）。不同类型的机器学习手段加工和处理大数据的区别，在反映出对大数据进行相关性分析存在不同技术层级要求的同时，更重要的是，揭示了以相关思维和智能思维导引的大数据相关性分析对厂商规划产品和服务数量的作用。厂商能在多大程度和范围内运用人工智能技术规划产品和服务数量，是鉴别数字经济模式有没有可能成为市场运行模式的标尺。关于这个问题的进一步探讨，需要对机器学习等人工智能技术展开深入的研究，研究的归宿点是必须联系数字经济模式运行的实际来解读，必须把单个厂商运用大数据分析和人工智能技术的场景，扩张到绝大部分厂商的分析场景。只有当绝大部分厂商进入了这样的场景，数字经济模式才可证明为显性的市场运行模式，这需要有相应的经济学分析。

第三节　厂商投资经营与数字经济模式的经济学分析

前文分析了数字经济模式与厂商投资经营之间的相关性，概要描述了它们的长期强关联和短期弱关联，但这些描述只是一种理论概括意义上的分析，并没有把运用大数据分析和人工智能技术的厂商投资经营，与数字经济模式的形成过程放在同一个框架内展开研究；嗣后，笔者解说了数字经济模式的启动时期、切入点及其运行基础，但这些解说仍然局限于理论描述。厂商投资经营属于微观经济活动，它会影响厂商的理性选择、产量和价格确定、竞争路径，它会影响资源配置方式和产业组织变动，易言之，扩大视角来观察厂商投资经营与数字经济模式之间的相关性，有许多分析性的经济学内容值得研究。

一 数字经济模式的大数据分析和人工智能运用，会重塑厂商投资经营的理性偏好、认知过程和效用期望，这里面蕴含着待阐述的新经济学思想

厂商作为投资经营的群体，他们在大数据思维驱动下会运用大数据和人工智能技术规划投资和产供销活动，但由于不同厂商搜集、储存、整合、分类、加工和处理大数据时有技术层次差异，这种差异会造成不同技术层次厂商效用函数的差别、进而使厂商形成两大集群：一类是能够利用大数据、互联网和人工智能等的融合，具有很强的匹配大数据能力的集群，另一类是匹配大数据能力较弱的集群。前一类集群是推动数字经济模式发展的主要行为主体，但他们通常是由少数厂商组成；后一类集群通常是被数字经济模式发展带动的行为主体，他们通常是由多数厂商组成。前一类集群是数字经济模式的塑造者和推动者，后一类集群是数字经济模式的跟随者和类聚者；前一类集群的投资经营可相对准确地规划产品和服务的数量，从而能够在一定程度上和一定范围内取得利润最大化，后一类集群为追求利润最大化而逐步形成一种效仿前一类集群投资经营的趋势。

厂商两类集群投资经营能力差异及其结果所出现的以上情形，给经济理论研究厂商理性偏好、认知过程和效用期望等提供了新课题。现代经济学开始重视对偏好多元化、认知不确定和效用期望不断发生调整的研究（Kahneman & Tversky，1974，1979；Smith，1994），并开始关注效用函数的缺失问题（Akerlof，2007），但现代经济学始终没有摆脱发端于新古典经济学的成熟理性选择理论的影响，即始终没有摆脱"偏好的内在一致性、认知外生、效用最大化"等给定条件的约束（西蒙，2002）。也就是说，现代经济学一直是在理性选择理论的框架内解释偏好、认知和效用问题。随着数字经济模式的出现，厂商追求效用最大化的选择偏好、认知过程和效用期望等发生了变化。具体地讲，就是能够熟练运用大数据和人工智能的厂商（前一类集群厂商）在大数据思维下通过人工智能技术来匹配产供销数据，形成了现有的理性选择理论不能解释的选择偏好、认知过程和效用期望，这种现象有必要在经济理论层面上展开深入分析。

数字经济模式给我们提供的一般画面是：前一类集群厂商在数字经济模式下可以获得较大利润，他们的选择偏好、认知过程和效用期望等对后一类集群厂商产生了导引作用，这种导引作用的结果会使后一类集群厂商放弃自己的选择偏好、认知过程和效用期望，直接将前一类集群厂商的选择偏好、认知过程和效用期望作为自己的选择偏好、认知过程和效用期望，从而形成了趋同化选择偏好、趋同化认知和趋同化效用期望。诚然，这种没有经过基础理论论证的描述也许过于抽象，这里只是作为一种观点提出，但这种趋同化现象有着一定的价值分析空间。如果经济学家能够依据数字经济模式运行实际对这种趋同化建立分析模型，并据此展开基础理论的建构，那么，符合数字经济模式的理性选择理论或许会出现希望的火花。

二 厂商投资经营的大数据分析和人工智能运用的覆盖面大小，决定数字经济模式运行的覆盖面大小，这是一个可通过解释厂商如何提供产品和服务而得出的分析结论

经济学关于厂商投资经营如何提供产品和服务的分析和研究，主要集中在市场机制调节和政府政策干预两大方面，经济学家提出的不同调节方式和政策手段的主张，形成了不同的经济学流派，这是经济学者所熟悉的。数字经济模式本质上仍然属于市场运行模式，只是厂商决策依据、程序、手段和过程不同于市场运行模式。虽然市场模式下厂商投资经营的基础理论模型都可以概括为"选择偏好→搜集、加工和处理信息→认知过程形成→效用期望调整"，但对于数字经济模式来说，厂商搜集、加工和处理的，不是信息而是数据，并且选择偏好、认知形成、效用期望调整等完全由大数据分析决定。理解这一点非常重要，我们可以通过对大数据的分析，来解释厂商投资经营时会提供什么样的产品和服务以及提供多少产品和服务。当我们能够用经济学原理说明厂商在数字经济模式下怎样提供产品和服务，我们的分析路径就没有偏离供给和需求这一经济学基点。

厂商运用大数据分析进行投资经营的过程，主要表现为运用人工智能技术对产供销大数据进行匹配的过程。不言而喻，这一匹配程序包含着厂商决策依据和手段，厂商首先是搜集和储存产供销大数据，继之是整合和分类产供销大数据，最后是加工和处理产供销大数据。撇开厂商运用人工智能匹配大数据的具体技术过程，如果厂商通过大数据匹配能够准确掌握供求信息，则厂商提供的产品和服务就会成为社会的有效需求，数字经济模式就会发挥其有效配置资源的功能。不过，数字经济模式全面发挥有效配置资源的功能是有条件约束的，那就是绝大部分厂商运用大数据和人工智能的技术水准必须达到相当高度。例如，以机器学习技术为例，厂商要能够在结合低层级特征数据与高层级特征数据的基础上揭示大数据的分布特征（Lecun et al, 2015；Goodfellow et al, 2016），能够设计出多层次神经网络进行强化学习和深度学习。因此，通过厂商运用大数据和人工智能的状况来解读数字经济模式的覆盖面，是符合逻辑和实际的。

三 数字经济模式将会展现一种新的资源配置机制，这一机制贯穿于厂商投资经营活动的始终

市场机制配置资源之解释力的基础，是供给曲线、需求曲线以及供求均衡分析。由于信息不完全，厂商提供的产品和服务的供给量及其结构难以吻合社会需求；经济学对市场机制自发调节功能的不满意，转向对政府调控的呼吁，但在部分解决市场失灵的同时却产生了政府失灵。大数据、互联网和人工智能等相融合所导致的数字经济模式，虽然有着大量的市场机制基因，但该模式以大数据为基本分析要素，以互联网为交易平台，以人工智能为技术手段，实际上已给社会生产和交换提供了一种新的资源配置机制。我们姑且不考虑该机制如何称呼（数字经济配置资源机制？），只关注该机制的将来发展能否有效配置资源，即能否解决市场失灵和政府失灵。其实，任何一种资源配置机制的功能发挥，都是厂商投资经营通过什么路径和采用什么方法对产供销活动进行规划和安排的结果，都是厂商与厂商以及厂商与消费者之间市场交易行为的结果。正因如此，资源配置机制一直处于经济学分析的耀眼位置。

关于数字经济模式的资源配置功能，前文已从不同角度或不同侧面有所涉及，但那里只是散状的描述，并未聚焦于资源配置机制。如果我们将基本要素大数据、交易平台互联网、技术手段人工智能等看成是数字经济模式的综合结构要素，通过这三大结构要素来研究数字经济模式的资源配置功能，我们在资源配置机制的研究上一定会有新的经济学认知。不过，这一新经济学认知的获取，不能离开厂商投资经营活动这一分析主线，不能离开供给曲线、需求曲线以及供求均衡分析这些经济学存在和发展的永恒主题。

数字经济模式下的供给曲线不会改变向上倾斜态势，需求曲线也不会改变向下倾斜状态，但较之于主流经济学描述的供求曲线，数字经济模式决定供求曲线的因素发生了变化。从供给曲线看，厂商通过大数据分析所进行的产供销活动，是运用互联网和云计算、机器学习、物联网、区块链等新科技手段来搜集、整合和分类与自己产供销相关的大数据；厂商可从这些经过加工和处理的大数据中获取相对完备的信息来决定生产什么和生产多少，这说明决定供给曲线走势的是价格既定条件下的新科技手段。从需求曲线看，对厂商和消费者的产品和服务需求的分析，同样可以通过大数据和人工智能技术来完成；数字经济模式下的需求曲线走势是厂商和消费者之间的交易行为互动，这种互动揭示了互联网"联结"和"去中间化"的两大功能；在数字经济模式下，厂商取得产品和服务的需求量信息，通常是通过点击率、关注度、实时评价、体验交流、网红等途径；这些行为互动的流量是大数据，因而厂商对需求曲线的分析仍然是依据大数据和运用人工智能技术来完成。

我们可以把数字经济模式下的产品和服务的均衡价格，理解为厂商对供求大数据进行搜集、储存、整合、分类、加工和处理的结果，这个结果依旧表现为供给曲线与需求曲线的交点。关于这个均衡交点，经济学需要关注对厂商与客户之间行为互动的研究，因为，这种行为互动改变了原先理论主要通过价格波动和供求关系支配厂商投资经营的市场秩序，它是形成新的资源配置机制的重要内容。基于新的资源配置机制贯穿于厂商投资经营活动的始终，经济学家可考虑把新的资源配置机制与厂商投资经营的竞争路径结合起来分析，以说明大数据、互联网和人工智能等的深度融合对经济学变革所构筑的微观基础的客观存在。

四 在数字经济模式下厂商将会大力发展人工智能技术，以挖掘潜在大数据作为投资经营的主要竞争路径

在工业化时代，厂商是在信息不完全条件下加工和处理有限信息，并在此基础上形成认知而进行决策的，这种状况说明科技水平不支撑厂商挖掘、搜集、储存、整合、分类、加工和处理具有极大量、多纬度和完备性特征的大数据。在数字经济模式下，厂商利用云平台和运用云计算，通过挖掘、搜集、储存、整合、分类、加工和处理大数据来进行投资经营的，这种状况说明厂商投资经营的理性选择已走向了人工智能化。人工智能技术对于厂商投资经营具有革命性，这一革命性的标志是厂商运用人工智能技术展开的产供销活动创造了数字经济模式，这一革命性的落脚点是厂商对产品或服务数量的规划和确定将完全依据于大数据分析。人工智能的这种标志和落脚点，凸显了厂商要将人工智能技术作为投资经营之竞争手段的缘由。

在交易成本不为零的经济社会，撇开生产过程的专业科技含量以及由此决定的产品价格、质量、性能和款式，厂商的核心竞争力主要反映在准确知晓生产什么样的产品和提供什么样的服务以及提供多少产品和服务上。在依据大数据决策的数字经济模式下，厂商加工和处理已发生事件并且能够通过一般人工智能手段解决的数字化数据，将会逐步成为大部分厂商的基本新科技技能；对于大部分厂商来讲，困难在于挖掘、加工和处理尚未显现但很快会随事件发生而出现的潜在数据①。厂商投资经营最重要的核心竞争力，是能够挖掘、加工和处理尚未发生的未来数据。从基础理论看，厂商要将经济活动的不确定性转化为确定性，必须能够运用大数据和人工智能技术掌握和处理未来数据，厂商做到了这一点，就能够准确规划投资什么、生产什么、投资多少、生产多少，就能够在满足社会有效需求的前提下取得利润最大化。

厂商能否挖掘潜在数据进而将之作为竞争的主要路径，取决于大数据分析和人工智能运用的技术层级。就技术层级而论，现实中的厂商实际上可以分为低技术层级、中技术层级、高技术层级三大类；假定高技术层级厂商可以挖掘、加工和处理潜在数据，它就有很强的核心竞争力，而中等和低等技术层级厂商要与高等技术层级厂商争夺市场和利润，势必会想方设法提升自己的竞争力。于是，挖掘、加工和处理潜在数据便自然成为厂商投资经营的主要竞争路径，这是问题的一方面。另一方面，在厂商新科技全面竞争的过程中，自然会出现高技术层级厂商对中等和低等技术层级厂商的引领作用，从而推动数字经济模式的运行和发展。在经济理论分析上，我们可以把厂商挖掘潜在数据以及高技术层级厂商的引领作用，解读为数字经济模式下厂商竞争路径选择的一块铜板的两个方面，至于这块铜板的结构安排、参数选择、模型设计和系

---

① 在本章第二部分的脚注中，笔者曾从静态和动态两方面分别把大数据解说为"数字化数据与非数字化数据之和"以及"历史数据、现期数据与未来数据之和"；对应于这里所说的潜在数据，未来数据、（部分）现期数据、（部分）非数字化数据则属于潜在数据。

统论证，需要进一步研究。

谈及厂商的竞争路径自然会引发垄断问题。在经济学说史上，无论是建立在产品同质性假设上的完全竞争理论（马歇尔，1890），还是建立在产品异质性假设上的垄断竞争理论（Chamberlin，1933；罗宾逊，1982），无论是芝加哥学派以"结构、行为、绩效"模型为特征的竞争和垄断理论（Stigler，1971），还是新制度经济学以交易成本为核心的竞争和垄断理论（Coase，1937；Williamson，1975，1985），这些经济学理论关于垄断的分析基本上都是围绕产量和价格决定、进入壁垒、市场势力和规模经济等展开的。但在数字经济模式下，垄断的形成和发展是与大数据和人工智能技术融合在一起的，并且垄断的形成和竞争路径的选择所形成的格局会使产业组织结构发生变化。

五 数字经济模式下的产业组织结构是大数据、互联网和人工智能等的融合，厂商投资经营的竞争路径是引致产业组织结构发生变化的引擎

工业化文明的延续和发展在一定程度上依托于产业组织的延续和发展，经济学家借助企业文化对产业组织变动导致社会进步的超经济学描述，有时会夹带社会学色彩，但对产业组织实际运行的分析，则通常是以产供销关联、上下游产业链、区域产业集群、运输成本及半径等的分析为基础的，也就是说，产业组织在经济学家的视野中始终是一种垂直整合架构。以大数据的观点看问题，经济学家对产业组织这种垂直整合架构的分析，实际上是对厂商与厂商以及厂商与消费者之间行为互动的结果分析，换言之，经济学家的相关分析结论是对产业组织变动的完成形态的研究，而不是对产业组织变动的进行形态的研究，无怪乎许多分析结论并不符合实际，以至于现有的各种产业组织理论一直存在争议，还没有一种产业组织理论取得令人满意的成功。

大数据、互联网和人工智能等融合下的产业组织及其结构变动，无论是从横截面和纵向面，还是从静态和动态来考察，都是厂商利用互联网平台，运用大数据分析和人工智能技术进行投资经营的结果，或者说，它是厂商与厂商以及厂商与消费者之间的行为互动，是产业组织变动的进行形态。因此，数字经济模式下的产业组织是一种反映了厂商投资经营时运用大数据和人工智能的网络协同架构。较之于垂直整合架构，经济学要深入分析网络协同架构必须围绕两条线索展开：（1）厂商与厂商以及厂商与消费者之间的行为互动会呈现出什么样的格局，经济理论可以从哪些方面描述这种格局的形成机理和过程；（2）网络协同架构的形成和发展会对微观经济基础发生什么样的影响，会对政府宏观调控有什么样的启示。经济学家沿着这两条分析线索进行研究的任务，是要证明厂商投资经营的竞争路径是形成产业组织网络协同架构的引擎，并据此通过网络协同架构来分析数字经济模式下的垄断问题。

经济学的产业组织问题偏重于微观理论但也在一定程度上关联于宏观理论。经济学家对数字经济模式下厂商投资经营的分析和研究，上升到制度安排层面并对之做出理论总结是产业组织问题；经济学家依据产业组织及其结构变动对政府政策做出评说和提出建议，就涉及产业组织与宏观调控的关联问题。在产业组织是垂直整合架构的情况下，政府产业政策、财政政策、货币政策等宏观调控手段的依据是各级经济科层组织的统计数据，宏观调控的覆盖面、强度、效用等则取决于各级地方政府实施政策的力度。针对不同地区的实际，政府宏观调控政策及其实施手段很难整齐划一，很难落实到厂商投资经营层面，于是，宏观调控容易出现政府失灵。在产业组织是网络协同架构的情形下，政府宏观调控政策及其实施手段将依据大数据，即便政策措施不能做到整齐划一，但有着落实到厂商投资经营层面的可能性，并且依据大数据的宏观调控有可能化解各级地方政府在实施政策时产生的摩擦和掣肘。当然，这些理论见解是对数字经济模式未来发展的憧憬，它在理论上成立，还有很多问题要研究，这需要经济学家根据数字经济模式有可能出现的前景展开理论分析和论证。

第四节 数字经济模式之未来发展的展望

未来学家和社会物理学家关于将来所有人类活动和自然现象都可以归结为一种"算法"，以及人类社会将会被人工智能主宰的相关论述（凯利，2014；彭特兰，2015；吴军，2016；赫拉利，2017），究竟仅仅是一种理念性预言还是有可能成为现实，恐怕现阶段没有一种学说能够通过理论论证可以断言。数字经济模式已经从一种思想端倪走向了市场，这个过程是以大数据、互联网和人工智能等相融合为背景，以厂商投资经营的数据智能化为实践载体而展开的。以此之故，数字经济模式在将来能发展到何种程度以及覆盖面能有多宽广，不仅要取决于大数据、互联网和人工智能等的融合程度和范围，更重要的是，要看厂商投资经营的数据智能化的发展速度和质量，这是非常显见的事实。我们对数字经济模式未来发展的展望，需要以这两个方面为分析蓝本。

　　大数据、互联网和人工智能等相融合是针对整个社会的新科技水平而言的。就厂商投资经营而论，这种融合的深度体现为厂商投资经营是不是贯彻大数据思维，集中表现在厂商以大数据为基本要素、以互联网为平台和以人工智能为技术手段的投资经营有没有完全依据于大数据分析来操作；这种融合的广度在于是不是绝大部分厂商都是运用大数据和人工智能来进行投资经营，绝大部分厂商有没有实现大数据思维、分析和操作的一体化。目前绝大部分厂商投资经营还达不到这样的大数据、互联网和人工智能等的深度和广度融合。在未来，厂商投资经营能不能实现具有这种深度和广度的融合，以驱动力来讲，主要是看厂商运用大数据和人工智能技术是否可以取得利润最大化，这便联系到了前文提及的深谙大数据和人工智能技术的少数厂商，在投资经营方向上对那些不能熟练运用大数据和人工智能技术的多数厂商的引领作用。因此，未来数字经济模式究竟能发展到什么样的状态，其基础在于厂商追求利润最大化的驱动力能在多大范围内使厂商投资经营全面实行数据智能化。

　　数字经济模式的发展有速度和质量的双重要求和规定，其发展速度可通过覆盖面扩大来表征，其发展质量则需要通过厂商运用大数据和人工智能技术能力的大小来解说。数字经济模式的质量可以从以下几个方面鉴别：（1）厂商能在多大程度上运用大数据分析和人工智能技术来匹配非数字化数据，能有多大能力挖掘和处理未来数据；（2）人工智能+企业的数据智能化水准，即运用大数据分析和人工智能技术规划产品和服务数量以及预测社会需求的准确性；（3）高技术层级厂商每年的投资额和利润额占整个社会投资和利润总额的比率，以及财政收入在多大程度上依赖高技术层级厂商等；（4）厂商数据智能化能不能推动使政府形成大数据思维并运用大数据和人工智能技术来进行宏观调控。以上这些衡量数字经济模式质量的标准，包括技术和效益两大块内容，从数字经济模式的展望考察，关键在新科技层面，易言之，厂商运用大数据和人工智能的技术水准至关重要。

厂商投资什么、投资多少、生产什么、生产多少以及怎样生产等是经济学的永恒课题。当厂商依靠大数据而不是根据部分信息来应对这一课题时，厂商的重要任务是对社会需求展开大数据分析。事实上，影响社会需求的很多因素蕴含在非数字化数据之中，这些因素通常由选择偏好、消费时尚、认知心理等构成。厂商新科技水平是否大幅提升，可通过对厂商能不能搜集、加工和处理非数字化数据来判断。为准确提供产品和服务计，厂商在未来一定会大力发展机器学习、物联网、区块链等人工智能技术。以物联网技术推动数字经济模式为例（暂不讨论最重要的机器学习技术），厂商要实现将非数字化数据转化为数字化数据，就需要发展物联网的数据采集、数据处理和智能运用等技术，使经过加工和处理的非数字化数据的 App 软件可通过物联网落地到投资经营中；再例如，为保证从大数据中获取安全和准确的信息，厂商在将来一定会大力发展具有价值互联网性质的区块链技术，让具有分布式账本、去中心化信任、时间戳、非对称加密、智能合约等特征的区块链技术贯穿于投资经营。因此，厂商运用人工智能等技术来搜集、加工和处理非数字化数据，将成为数字经济模式发展的必然。

厂商获取准确数据进行投资经营从而准确提供产品和服务的最大困难，是对还没有发生事件的未来数据的挖掘、加工和处理。从现有的人工智能技术及其使用手段看，机器学习最有可能是解决未来数据的主要技术①。但问题在于，机器学习技术不能满足于对未来数据的预测，它需要与其他人工智能技术结合来发挥挖掘、加工和处理未来数据的功能。诚然，机器学习相对于过度关注统计计量的计量经济学，它在有效预测供求关系上大大迈了一步，但现有的深度学习和强化学习还远不具备挖掘、加工和处理未来数据的技术水准。厂商具不具备这样的技术水准是非常重要的，它关系到厂商能不能准确判断社会需求和自身产品和服务的数量确定，从而关系到社会资源能不能合理有效配置以及数字经济模式的发展空间。因此，厂商在未来一定会探索比深度学习和强化学习技术层级更高的新机器学习方法，并通过与其他人工智能技术的结

---

① 目前厂商运用机器学习技术的基本情况，是在运用决策树（Decision Tree）和支持向量机（SVM）等模型的同时，力图运用岭回归（Ridge Regression）和套索算法（LASSO）等解决预测问题（Varian, 2014; Athey, 2015, 2018）。显然，这离挖掘、加工和处理未来数据相距甚远。

合，在解决未来数据的前提下推进数字经济模式的运行。

　　数字经济模式作为一种新型的市场运行方式，是一项极其复杂的系统工程，它的未来发展还联系到前文提及的个人、企业和政府的大数据思维以及这些主体之间行为互动的网络协同化等问题。在大数据、互联网和人工智能等深度融合的未来，数字经济模式向前推进是毋庸置疑的，但它能不能有效解决社会总供给与总需求的均衡，能不能有效解决资源合理配置，还有待于它的未来发展决定。大数据思维是数字经济模式存在和发展的必要条件，数据智能化和网络协同化是数字经济模式发展在技术条件配置上的充分条件，而厂商投资经营的技术层级提高是数字经济模式发展的催化剂。同时，数字经济模式对经济双循环基本格局的变化也会发生影响，当国际经济环境发生微妙变化以至于因国际贸易和资本流动约束而产生国民账户的效率损失时，若一国采取内循环为主、外循环为辅战略，经济学家有必要对数字经济下的内循环为主展开研究。

第十一章　数字经济下内循环为主战略的理论分析[*]

一个多世纪以来，人类经济文明的发展史是经济内循环和外循环共同推动的历史。中国自改革开放以来，经济外循环规模和范围不断扩大，GDP中经济外循环的份额迅速提高；就中国现阶段面临的国际环境而论，一些学者提出的双循环战略实际上是一种强调经济内循环为主的政策主张。经济内循环为主战略的实施效应会因市场模式不同而不同，基于数字经济比其他市场模式更具有资源配置效率，我们有必要对数字经济下内循环为主战略展开理论分析。经济内循环问题的分析和研究，包括理论解读和实际运作两大块内容，经济学家研究数字经济下的经济内循环为主战略，首先要分析数字经济构成及其运作机理，并据此说明它对微观经济运行的影响；其次要研究厂商如何运用大数据、互联网和人工智能技术进行投资经营，以说明数字经济对厂商投资什么和生产什么的导引和规定；再次要分析数字经济运行对总供给、总需求的作用边界，说明国际贸易条件约束下的经济内循环将会碰到的困难；最后却最重要的，是分析数字经济发展对供给侧和需求侧变化的事先把控，以说明实施经济内循环战略的条件配置。

第一节　引论

工业革命前的人类投资经营活动是经济内循环主导，这一特征所反映的基本格局，是投资、储蓄、收入、消费等很少依赖国际贸易甚至与

---

[*] 本章主要内容已发表于《社会科学战线》2020年第12期。

国际贸易无关。经济学关于经济内循环的研究属于静态分析或比较静态分析，在经济学说史上，魁奈经济表（晏智杰译，2006）、瓦尔拉斯一般均衡理论（Walras，1874）、帕累托最优理论（Pareto，1909）、马克思资本循环和再生产理论（马克思，1895）、凯恩斯的部门经济均衡理论（凯恩斯，1936）等，都曾从不同层面和角度对经济内循环进行过研究。随着以分工和协作为标志的工业化进程引致的生产率的突飞猛进，产品和服务的成本约束催生了主张经济内循环和外循环并驾齐驱的比较利益学说（李嘉图，1817），尤其是随着20世纪下半叶经济全球化的全面拓宽和加深，经济学关于国际贸易引致经济外循环的研究可谓汗牛充栋。联系经济运行和发展看问题，全球产业链明显展现出相互依存相互依赖，投资、消费和国际贸易三驾马车的交融已成为常态，一国经济长足发展既要经济内循环，也要依靠经济外循环，这是经济学家和政治家的共识。

国民生产总值是由内循环和外循环共同构成，在国民生产总值既定的情况下，内循环GDP和外循环GDP此消彼长；国际贸易环境恶化以至于导致外循环严重萎缩时，政府要保持国民生产总值不变或增长，其路径只能通过提升经济内循环为主战略来维持或提高国民生产总值。但是，经济内循环战略能在多大程度和范围内抵御和弥补国际贸易环境恶化的效率损失，取决于以下条件：（1）产业链的国际覆盖面，主要包括本国资本对外投资和国际资本在本国投资所形成的产品链和服务链；（2）常态下的进出口贸易额及其比重，进口产品和服务的国产替代潜力，以及出口产品和服务转为国内消费的潜在能力；（3）关键技术和设备受制于他国的程度和范围，本国技术基础以及制度和政策对技术挖掘和发展的支持力度；（4）资源拥有量及各类资源的储存和进出口比例；（5）对因出口减少而产生的过剩产能，国内可挖掘的潜在有效需求究竟有多大，等等。我们分析经济内循环为主战略能抵御和弥补效率损失时要关注以上约束条件。

从性质上讲，在国际分工和协作的产业链全球化的当今社会，实施经济内循环为主战略，是基于国际贸易环境恶化而采取的一种权宜之计。撇开这种战略的产生背景以及未来经济循环战略有可能出现的转化，仅就实施经济内循环为主战略的可行性而论，我们需要考虑经济社会用于调节产品和服务供求变动及实现经济转型的手段和途径。具体地讲，就是要分析厂商通过什么样的途径和手段来规划投资和生产，分析政府依据什么来制定产业政策和规划公共产品，以提升整个社会的投资、储蓄、收入、消费等的效用函数。这个效用函数的最佳值是能够实现总供给和总需求的均衡，最差值则是总供给和总需求的严重失衡。我们分析数字经济下内循环为主战略能否取得满意的效用函数，需要研究科技进步及其应用手段对经济运行的影响，也就是说，要研究厂商在何种科技条件下才具备准确规划经济内循环主战略的投资和生产，以及政府掌握什么样的科技手段才能制定出符合经济内循环主战略实际的高效率的经济政策。

人类经历了农业社会、工业社会、信息社会等的发展，目前已开始进入信息社会最高形态的数字经济社会。未来学家和社会物理学家对以大数据和人工智能为灵魂的数字经济倍加推崇（彭特兰，2015；凯利，2014，2016，2017），认为数字经济正在形成一种取代以历史和文化主导的人文主义的现代科技人文主义；人类在未来经济文明中的一切活动都将转化为一种"算法"（赫拉利，2017）。"算法"主要是针对人类用人工智能等技术挖掘、搜集、储存、整理、分类、加工和处理大数据，从而通过匹配大数据以实现人类活动的期望目标而言的。经济学界依据这个概念把人类活动在某些层面的运用解说为数字政府、数字（智慧）城市、数字经济、数字社会等，但迄今为止，较少从"人工智能匹配大数据"的机理对数字经济或数字社会展开基础理论分析。其实，无论是厂商还是政府运用人工智能匹配大数据进行经济或社会活动，都是资源配置问题。我们分析数字经济背景下政府实施内循环为主战略，进而研究该战略能在多大程度上抵御和弥补外部经济不给力带来的效率损失更是不例外。

政府实施经济内循环为主战略的效用期望，是最大限度地扩大内需和消化过剩产能，以期实现总供给与总需求的均衡。经济理论曾从厂商选择行为、财政货币政策、经济周期波动、产业结构调整和升级等方面对总供给与总需求均衡问题进行了大量的研究，这些研究始终是围绕厂商如何才能准确而高效率地确定投资什么和生产什么展开的。从厂商直面市场的决策看，如果厂商运用大数据和人工智能匹配大数据技术能够准确规划投资经营，或者说，厂商具有匹配大数据的高端新科技水平时，厂商高效确定投资和生产的能力就会大大提高；如果绝大部分厂商匹配大数据的高端新科技水平全面提高，整个社会就会减少过剩产能，就会充分挖掘社会有效需求的潜力，就会有助于实现总供给和总需求的均衡。以此之故，数字经济运行是实施内循环为主战略的一种值得探讨的市场模式。

数字经济的范围很宽泛，包括智能经济、共享经济、体验经济以及一切运用大数据和人工智能技术进行投资经营的具体经济形式。在现实中，不同厂商匹配大数据的技术水平存在差异，并且不同数字经济形式会在不同时期处于不同地位，因而我们不能以某种具体的数字经济形式来概括、描述和解说数字经济。我们可通过厂商运用大数据和人工智能的投资经营来提炼数字经济功能，并以之作为分析基础对数字经济的效率问题做出解说。在现实中，经济内循环为主战略要涉及经济运行的方方面面，但无论是政府各项经济政策的颁布和实施，还是厂商运用大数据和人工智能技术进行的投资经营决策，经济内循环为主的战略能否取得成功，归根结底都要取决于数字经济模式能在多大程度和范围内解决总供给和总需求的平衡。换言之，我们对数字经济下内循环为主战略的理论分析要紧扣总供给和总需求问题展开。

现有的关于数字经济的分析和研究，或注重于对数字经济性质及其规定的分析（杨伟国等，2018），或偏重于对数字经济构成和规模的研究（尼葛洛庞蒂，2017；泰普斯科特，2016；ONS，2015；McKinsey & Company，2017），而很少通过厂商大数据分析和人工智能运用来解说数字经济的运行，更缺乏从基础理论层面对数字经济模式下实施内循环为主战略的讨论。本章第二部分是在阐述数字经济构成及其运作机理的基础上，说明数字经济对厂商投资什么、投资多少、生产什么、生产多少的导引；第三部分是分析经济内循环的条件配置，讨论数字经济扩大供给侧和需求侧所具有的功能；第四部分是针对数字经济提升国际贸易约束下经济内循环效率的可能性展开分析，重点说明经济内循环将会碰到的困难；第五部分是几点分析结论。

第二节　数字经济运行的微观和宏观机理

数字经济是与互联网、大数据、人工智能等的运用交织在一起的。在现有的分析文献中，经济学并没有对数字经济给出明确的定义。我们在理论上对数字经济下定义，需要分析数字经济运行的微观和宏观的交融状况，也就是说，需要把单个厂商运用大数据和人工智能的分析提升到对全体厂商的总量分析上来，以便在揭示其微观和宏观机理的基础上来解析数字经济概念。不过，基于数字经济下的单个厂商或全体厂商的投资经营都是融合于大数据、互联网和人工智能等的事实，我们可以将数字经济理解成以大数据为基本分析要素、以互联网为运作平台、以人工智能为操作手段的市场运营模式。很明显，有了针对实际的相对明确的定义，我们分析数字经济的微观和宏观运行机理就有了清晰的思路，研究数字经济下实施内循环为主战略也就有了分析路径。

一　厂商运用大数据和人工智能等技术进行投资经营决策，标志着市场资源配置方法和手段的变化，这种变化将构成数字经济运行的微观基础

在工业化时代，厂商是根据市场反馈的供求关系和价格信号等进行投资经营的，这种信息不完全背景下的经营方式，不是以大数据为分析底蕴的事前决策，而是一种以部分信息为依据的定性于事后评估的投资经营方法。一百多年来，经济学依据供求关系和价格信号对厂商投资经营展开了一系列堪称精美的理论研究，但始终没有解决市场失灵。追溯其源，乃是因为经济学家长期采取以不完全信息进行推论的因果机械思维，没有采取新近几十年才兴起的以大数据分析为依据的因果思维（何大安，2018a）。大数据思维导引下的厂商投资经营的一般场景，可分为前后相继的两个阶段，第一阶段是搜集、储存、分类和整合大数据，第二阶段是加工和处理大数据。这两个阶段构成了数字经济运行的微观基础。经济学家要关注的，是厂商运用大数据和人工智能等技术所导致的市场资源配置方法和手段的变化，以说明这些变化存在哪些方面有着微观和宏观机理。

如果说我们把厂商大数据分析的前后相继两阶段，看成是数字经济

存在和发展的基本机理；那么，厂商依据大数据和人工智能技术对产量和价格的确定，则可以解说为数字经济配置资源的运作机理。与其他市场模式一样，数字经济模式同样是要解决投资什么、投资多少、生产什么、生产多少等资源配置问题，这些问题不仅会在微观层次上波及厂商决策依据、竞争路径、垄断形成等，而且会涉及宏观层次上的投资与储蓄、就业与增长、经济内外循环、宏观调控等。经济学家对这些问题的研究，可以结合数字经济实践从微观或宏观视角对具体经济活动展开横截面或纵向关联的分析。例如，数字经济下厂商提供产品和服务的确定过程，产业结构在数字经济运行中如何发生变动，政府如何运用大数据和人工智能技术进行宏观调控，如此等等；但从经济学基础理论考察，数字经济怎样改变以及能在多大程度改变资源配置方式，应该是经济学家分析和研究的重点和难点。显然，这个问题的研究包含着一些需要揭示的数字经济运行的微观机理。

二 数字经济之所以具有高效配置资源的功能，是因为厂商可以通过大数据分析获取准确的投资经营信息，我们可将这一数字经济运行的微观机理作为研究经济内循环为主战略的分析基础

厂商高效率的投资经营决策信息来源于大数据，正在被互联网应用扩张以及人工智能匹配大数据之覆盖面日益扩大的事实所证实。从理论上讲，厂商投资经营大数据是产供销的历史大数据、正在进行产供销的现期大数据、即将进行产供销的未来大数据三大部分之和（何大安，2018a，2018b，2019）。目前，厂商利用互联网平台以及运用人工智能技术来搜集、储存、整合、分类、加工和处理大数据的基本格局是：对历史大数据已有很大进展，对现期大数据已掌握一些技术手段，但面对未来大数据还只是处于探索阶段。也就是说，一方面，这一基本格局在技术上构成了数字经济的微观基础；另一方面，我们可将厂商通过大数据分析获取准确投资经营信息，从而在有效需求方面提供准确的产品和服务，看成厂商搜集、加工和处理大数据之技术能力提高的直接效应。经济理论解说这一点非常重要，它是我们研究经济内循环为主战略的理论分析基础。

经济学解析经济内循环为主战略的关注点，是分析和研究厂商怎样才能最大限度地获取产供销大数据，如何才能从大数据中得到有利于投资经营的准确信息。针对大数据的极大量和完备性，厂商能在多大程度上利用互联网、云平台、社交媒体、传感器、定位系统等搜集与价格和供求相关联的大数据；针对大数据的多维度特征，厂商能在多大程度上运用机器学习、物联网和区块链等人工智能技术对大数据进行相关分析，以甄别和剔除虚假信息和错误信息。假如厂商大数据分析和人工智能运用的科技水平很高，能够最大限度地搜集、加工和处理大数据，那么，厂商就有可能符合市场需求地规划产品和服务，就可以减少甚至杜绝过剩产能，以至于使某类产品和服务的供给和需求均衡。当全体厂商大数据分析和人工智能运用的科技水平很高时，整个社会产品和服务的总供给和总需求就有可能实现均衡，瓦尔拉斯一般均衡就有可能展现在数字经济时代，帕累托最优就有可能在数字经济时代实现。

经济理论以厂商挖掘、加工和处理产供销的历史数据、现期数据和未来数据的能力作为判断厂商技术水平高低的标准，是一种删繁就简的分析思考。假定厂商利用互联网、云平台以及云计算的能力既定，厂商运用人工智能匹配大数据的能力便最能反映其科技水平。概括而言，厂商具有匹配大数据的顶级技术水平，是既能挖掘、加工和处理历史数据又能挖掘、加工和处理现期数据和未来数据；厂商具有较高科技水平，是能够挖掘、加工和处理历史数据并且能部分挖掘、加工和处理现期数据；如果厂商处于一般科技水平，则只能挖掘、加工和处理历史数据。有必要指出的是，以上对厂商科技水平的判断，不是纯逻辑或抽象意义上的，而是对将来数字经济下极有可能情形的描述。特别地，当我们把不同厂商分别划归于顶级、较高、一般三种类型的科技水平时，不仅对分析数字经济运行的宏观机理有所帮助，而且对数字经济下实施内循环为主战略的理论分析也提供了依据。下面，我们分析一下数字经济下的宏观机理。

三　数字经济运行的宏观机理突出表现为厂商竞争会推动社会资源配置效率的提升，厂商运用大数据和人工智能进行投资经营的竞争过程，可以解释为一种微观之于宏观的衔接机理

经济学关于资源配置的分析和研究，主要是围绕产量确定、价格确定、竞争路径、垄断形成等展开的，它的结晶是产业组织理论。客观地讲，无论是以完全竞争模型为导引的传统经济理论，还是以垄断竞争模型或不完全竞争模型为蓝本的新古典经济理论（马歇尔，1890；罗宾逊，

1982；Chamberlin，1933；Mason，1939，1949；Bain，1959；Stigler，1971），它们都是信奉"世界应该怎样"的建构理性，并根据部分信息推论因果关系来论述市场结构和产业组织。数字经济发展对产量和价格确定、竞争路径、垄断形成等提出了理论挑战，大数据、互联网和人工智能技术等的融合则是这一挑战的基础和内核，它要求经济学家必须从大数据中获取极大量的准确信息来建构理论分析模型，以符合厂商大数据思维下的投资经营实际。现有的关于总供给和总需求的分析性理论尚不是这样的架构，易言之，经济学家很难运用现有理论来解说经济内循环为主战略存在的困难和机遇。

我们放眼数字经济运行来讨论经济内循环为主战略，离不开厂商运用大数据和人工智能等技术展开竞争这条主线。数字经济下厂商利用互联网、云平台、云计算和人工智能技术等进行竞争，这种理性竞争集中反映在对大数据的挖掘、搜集、储存、整合、分类、加工和处理上，其具体途径是利用互联网和搭建（利用）云平台，运用云计算和机器学习、物联网、区块链等人工智能技术来匹配产供销大数据，也就是先步入数据智能化，再打造网络协同化，以期实现最大化效用。当全体厂商都采用以上方法和路径进行投资经营而展开竞争时，整个社会的资源配置效率就会大大提高，总供给和总需求就有可能逐步趋于平衡。数字经济资源配置的最大亮点，一方面，是厂商通过大数据和人工智能等技术，可以从大数据中获得远超工业化社会的有关投资经营的准确信息；另一方面，是随着全体厂商新科技水平的提升，产品和服务的总供给和总需求及其结构会接近于有效需求。我们可以将以上情形解析为有别于工业化社会的宏观机理。

作为对问题研究的一种学术探讨，我们可将数字经济会推动资源配置效率提升的宏观机理，把厂商竞争过程所反映的微观与宏观的衔接机理，看成研究经济内循环为主、外循环为辅战略的分析参照系。就理论分析而论，有了这样的参照系，对经济内循环为主战略是否能够取得成效就有了判断标准，对国际贸易约束下经济内循环效率的把握也就有了依据。

第三节　数字经济下内循环为主战略的条件配置

政府采取内循环为主、外循环为辅的经济战略，通常会面临国际产业链、国产替代率提升、本国技术短板、国内消费量扩大、国内资源优化配置、国内有效需求潜力挖掘等问题的约束。这些问题可解释为制约政府实施内循环为主战略的条件配置。如果我们以数字经济运行为背景对这些问题展开经济理论的聚焦分析，可考虑把大数据、互联网和人工智能技术的融合作为研究路径，即把新科技作为解决这些问题的内生变量处理。事实上，无论政府采取什么样的经济发展战略，资源配置问题永远是国民生产总值增长或国民经济可持续性发展的主题。历史上各种经济运行模式的变革，都是期望建立更加合理的资源配置方式，但资源配置方式在有着效率标准的同时，存在着国内外政治经济环境以及资源配置手段变化的影响和制约。撇开国内外政治经济环境变化的影响，仅仅从新科技手段作用或决定经济战略效率来考察，面对经济内循环为主战略，数字经济模式或许是一种值得探讨的路径。

条件配置Ⅰ：社会需具备以数据智能化为标志的数字经济运行基础，具体地说，大部分厂商要有很高的技术层级，能够挖掘、加工和处理产供销的历史数据和现期数据，并且能在一定程度上应对未来数据

厂商的数据智能化由大数据分析和智能化运用两大块构成，可将之解说为厂商利用互联网和运用云平台、5G通信、云计算、机器学习、物联网、区块链等人工智能技术所进行的投资经营。厂商数据智能化水平的高低，取决于厂商运用大数据分析和人工智能技术，从而通过挖掘、加工和处理大数据以获取应对产供销准确信息的能力。数据智能化这个概念对于经济学阐述和论证数字经济运行非常重要。在工业化时代，经济学家的思维模式和认知过程要受到信息和认知的双重约束，也就是说，工业化时代的经济理论不可能把数据智能化作为基本概念来解

释厂商投资经营①。厂商数据智能化之于数字经济运行的作用和使命，是肩负着大数据分析和人工智能运用以实现准确而合理配置资源的重任。正是在这个意义上，我们把数据智能化及其挖掘、加工和处理大数据的功能，解析为政府在数字经济下实施内循环为主战略最重要的条件配置。

经济内循环为主战略是基于国际贸易萎缩、企业对外投资以及国际资本对内投资减少所采取的一种政策取向，它通常发生在国民经济账户的外循环 GDP 值减少或即将大大减少的情形中。一些学者依据国民生产总值是内循环 GDP 和外循环 GDP 之和的现实，认为经济内循环为主战略就是要扩大内需，以实现经济运行的自我循环和自我消化。然则，我们对经济内循环为主战略做出深邃的理论解读，不能局限在扩大内需这样的简要理论层面，而是要揭示怎样才能扩大内需；换言之，就是要说明采取什么样的手段和路径来扩大内需。现有的关于如何扩大内需的分析，比较注重于产业政策、货币政策和财政政策等的研究，很少对厂商运用新科技手段以扩大内需进行考量。诚然，政策因素不可忽视，但由于政策不确定并且不具有持续性，因而从理论上分析内循环为主战略，需要从厂商数据智能化对其展开基础理论研究。

厂商数据智能化的第一阶段需要运用人工智能技术，在第二阶段同样需要运用人工智能技术。这是因为，厂商在挖掘、搜集、储存、整合、分类大数据的第一阶段，需要借助 5G 通信、互联网、云平台、社交媒体、卫星定位、传感器等技术，而这些技术本身在很大程度上是人工智能运用的产物；厂商在加工和处理大数据的第二阶段，是明显运用了云计算、机器学习、物联网、区块链等人工智能技术来匹配大数据。大数据分析与人工智能技术运用密切关联。例如，用"算法"解析大数据的机器学习就是人工智能方法，该方法可在无编程下运用"算法"

---

① 新古典经济学通过"偏好的内在一致性"分析，把偏好、认知和效用等统一于最大化分析框架（Neumann & Morgenstern, 1947; Arrow & Debreu, 1954）；行为经济学力图解析传统投资经营理论与厂商实际投资经营的系统性偏差（Kahneman & Tversky, 1974, 1979）；但无论是运用抽象理论模型来解释厂商投资经营决策怎样才符合合理性（Richter, 1971）的理论，还是运用抽象理论模型来解释厂商如何决策才能实现理性（Edgeworth, 1981）的理论，都不能像以数据智能化为载体且已显露出能够描述数字经济运行端倪的大数据经济学或人工智能经济学那样，对政府实施内循环为主、外循环为辅战略展开具有说服力的分析。

完成对事件的预测（Taddy，2017）。如果厂商借助云平台和运用云计算、物联网、机器学习、区块链等人工智能技术，通过设计多层次神经网络，在结合低层级特征数据与高层级特征数据的基础上揭示大数据的分布特征（Lecun et al，2015；Goodfellow et al，2016），那么，厂商便有可能在加工和处理产供销历史数据的基础上，逐步实现对产供销现期数据和未来数据的加工和处理。

厂商投资经营所面对的，是具有极大量、多维度和完备性等特征的产供销大数据，如果全体厂商数据智能化水平很高，就可以通过对大数据的相关分析和处理，甄别出产供销的正确信息、扭曲信息和错误信息，就可以准确提供产品和服务，就可以减少过剩产能、合理配置国内资源、挖掘国内有效需求潜力，就可以提升国产替代率和弥补本国技术短板，从而为扩大内需提供坚实的基础。据此，数字经济推动资源配置效率提升的宏观机理，厂商竞争过程所反映的微观与宏观的衔接机理，便可以通过对全体厂商数据智能化的分析，在基础理论层面上奠定经济内循环为主、外循环为辅战略的分析参照。

条件配置Ⅱ：扩大内需会涉及厂商与厂商、厂商与消费者之间行为互动为特征的网络协同化；网络协同化作为数据智能化的延伸，它是保证经济内循环为主、外循环为辅战略取得成效的重要条件

互联网、大数据和人工智能之融合意义上的网络协同化，是新科技及其运用在同一时空上的协同关联，它不同于工业化时代生产、交换、分配和消费之传递链式的协同关联。网络协同化与数据智能化的相关性，在短期内反映为既定的厂商数据智能化层级难以扩大厂商网络协同化的程度和范围，即短期内的数据智能化水平对网络协同化的影响有限；但在长期内，厂商数据智能化水平的高低会通过互联网、云平台、云计算、物联网、机器学习、区块链等人工智能等技术手段，提升和扩大厂商网络协同化的层级和范围。从单个厂商与其他厂商和消费者的行为互动来考察网络协同化，是数字经济运行的微观问题；从全体厂商和消费者的行为互动来分析网络协同化，则是数字经济运行的宏观问题。如果我们将高技术层级的网络协同化能够扩大内需看成一个正确的推论，则这个推论意味着网络协同化水平的高低会成为数字经济下实施内循环为主战略的制约条件。

网络协同化通常要受到交易场景和生态的约束。厂商面对诸如信用担保、在线支付、风险监控、物流保证、客户拉动、实时评价、产品和服务上下游关联等网络协同内容，需要有一定层级的数据智能化技术和手段才能解决，这可以理解为数字经济下厂商在内贸和外贸的投资经营中的一种机理。当一国国际贸易环境恶化而被迫实施内循环为主战略时，扩大内需和减少过剩产能的内在冲动和外在强制，会对网络协同化提出更高的要求。网络协同化的重要效应之一，是可以扩大产品和服务的需求端，当它与数据智能化扩大产品和服务供给端的功能一起发挥作用并达到极致状态时，就可以在相当大的程度上和范围内抵御和弥补国际贸易不给力所带来的效率损失。数字经济下的数据智能化和网络协同化共同对实施内循环为主战略的制约问题很复杂，这里的分析只是理论层面的概括。不过有一点可以肯定，那就是网络协同化会通过数据智能化对厂商竞争路径、行业垄断形成、资源配置机制、产业组织变动等问题发生重要影响。

条件配置Ⅲ：数字经济下的产业组织正在发生重塑，即正在出现从垂直整合架构向网络协同架构的转化，产业组织的网络协同架构是数字经济下实施内循环为主战略的重要条件配置

产业组织理论包括产量和价格决定以及竞争和垄断等两大块内容。自马歇尔（1890）创立边际理论以来，瓦尔拉斯一般均衡理论（Warlas，1874－1877）以及帕累托最优配置模型（Pareto，1909）对这两大块内容的研究，主要是围绕市场需求函数满足齐次条件的预算约束均衡展开的；针对这一条件，后期相关研究或是解说怎样通过价格机制获取有效配置资源信息来处理这一条件约束（Hayek，1945）；或是探讨实现竞争的均衡条件（Arrow，1951），或是分析不变规模报酬下生产效率均衡的约束条件（Koopmans，1951；Dantzig，1951）；经济学者熟悉的完全竞争模型、垄断竞争模型、不完全竞争模型等，可以理解为对前期这类问题研究的结晶。但是，经济学家依据以上研究所概括的产业组织理论，是通过价格机制整合和配置资源对市场治理结构的理论分析，是对企业产品和服务上下游关联的研究，这些分析和研究的对象性是产业组织的垂直整合架构。

产业组织垂直整合架构的特点表现为厂商是在信息和认知的双重约束下进行投资经营，面对这样的约束，厂商不可能准确提供符合市场需求的产品和服务，厂商之间产供销的行为互动不可能及时高效。尤其是在国际贸易恶化的情况下，随着国内市场的承压，信息和认知的双重约束会致使厂商很难依据市场信号决定正确的产量和价格。也就是说，国际贸易环境恶化会扰乱经济内外循环秩序，政府很难通过经济内循环为主战略来抵御和弥补外部世界不给力所带来的效率损失，此时，市场运行机制不支持经济内循环为主战略。

数字经济是厂商运用大数据和人工智能等技术进行投资经营的模式，它会通过数据智能化和网络协同化来改变产量和价格决定，改变竞争和垄断的形成路径，从而重塑产业组织结构。这个重塑过程对厂商投资经营来讲，首先，是挖掘、搜集、储存、分类产供销的数字化数据和非数字化数据，以期获取投资经营的准确信息；其次，是运用人工智能匹配大数据的智能平台来导引投资、生产、销售、研发和管理；最后，是通过数据智能化平台把厂商与厂商、厂商与消费者之间的行为互动统一到同一时空，使产供销活动构成"时空错开、同步并联、客户拉动、实时评价"格局。当绝大部分厂商的数据智能化和网络协同化水平能够完成以上过程，产业组织的垂直整合架构也就转化为网络协同架构。产业组织的网络协同架构是市场自发形成的一种非正式制度安排，它是全体厂商产供销行为互动的集合反映；这种架构对于政府实施内循环为主战略具有消除产品和服务供求的中间环节，排除中间商穿插于产供销活动之间的功效。

产业组织的网络协同架构实现了全社会产品和服务的供给和需求总量及其结构的数字化运作，改变了企业过去完全依据价格机制和供求关系来确定产量和价格的操作方式，提升了厂商运用人工智能等技术匹配大数据进行投资经营的能量。政府实施内循环为主战略之于厂商投资经营的困难，是正确测度、预估和解决总供给和总需求数量及其结构均衡，是力图通过最大限度地挖掘国内有效需求潜力来抵御和弥补国际贸易不给力所带来的效率损失。在数字经济下，产业组织的网络协同架构作为市场自发形成的一种非正式制度安排，从厂商运用大数据和人工智能技术展开竞争、进而构成数字经济运行基础看，这一制度安排反映了数字经济下微观与宏观的衔接机理；从厂商之间行为互动引发产业组织架构的变动看，这一制度安排对资源配置效率的提升反映了数字经济运行的宏观机理。

条件配置Ⅳ：政府运用大数据和人工智能技术进行以政策制定和执

行为核心的宏观调控，是实施经济内循环为主战略的重要条件配置

在大数据、互联网和人工智能等相互融合的当今社会，政府宏观调控能否消除市场失灵，取决于政府能不能成功运用大数据和人工智能等技术，取决于政府能不能从各行各业产供销大数据中获取总供给和总需求及其数量结构的准确信息，取决于整个社会的数字经济发展水平。在数字经济下，政府制定政策展开宏观调控的程序、步骤和过程，与厂商并没有性质区别，只是表现在挖掘、搜集、加工、处理大数据时有着不同的对象性。政府以国民经济各部门投资经营的历史数据、现期数据和未来数据作为分析对象，宏观调控的程序、步骤和过程可概括为政府利用5G通信、互联网、社交媒体、传感器、定位系统等新科技手段，挖掘和搜集各行各业投资经营大数据；运用机器学习、物联网、区块链等人工智能技术，储存、整合、分类、加工和处理各行各业投资经营大数据。对于政府新科技水平的评判，我们同样以加工和处理历史数据、现期数据和未来数据的程度和范围，作为判定政府具有何种新科技水平的依据。

这里有两个涉及经济内循环为主战略的问题需要讨论：一是厂商新科技水平如何关联于政府宏观调控能力，我们如何在理论上通过这种关联来认识经济内循环为主战略；二是判断政府运用大数据分析和人工智能技术水平高低的根据是什么，并据此说明数字经济下政府宏观调控是经济内循环为主战略的条件配置。

概括解说第一个问题，如果全体厂商新科技水准很高以至于能够规划出大体符合总供给与总需求平衡的产品量和服务量，则政府便容易得到各行各业投资经营或产供销的正确信息，宏观调控的准确性就会提高；当政府实施经济内循环为主战略时，经济资源将会得到合理配置，宏观调控就可以在很大程度上弥补国际贸易环境恶化带来的损失。反之，如果全体厂商新科技水准不高，政府要想通过宏观调控来提升经济内循环为主战略的效率，就必须通过一系列政策措施在激励厂商提高新科技水准的同时，政府也要加强和提升自身的大数据分析和运用能力①，否则，实施经济内循环为主战略就会困难重重。

关于第二个问题。政府运用大数据分析和人工智能技术等进行宏观调控，意味着政府以大数据为依据的因果思维正在取代过去以部分信息为依据的因果思维。事实上，面对某一时期国民经济各部门投资经营已发生的历史数据、正在发生的现期数据以及有可能发生的未来数据，如果政府能够针对它们的极大量、多维度和完备性特征，通过对这些大数据的挖掘、加工和处理来得到作为宏观调控依据的信息，那么，应该说政府具有很高的新科技水平。不过，政府宏观调控的新科技层级的提高和发展，是从能够挖掘、加工和处理历史数据提升到现期数据，再从能够挖掘、加工和处理现期数据提升到未来数据，这是一个非常缓慢的过程。政府实施内循环为主战略以维系经济持续发展，不仅要能够挖掘、加工和处理现期数据，更重要的，是能够挖掘、加工和处理未来数据。显然，这样的技术层级是以数字经济运行模式的充分发展为前提，它要求政府必须具有极高的大数据分析和人工智能运用的科技水准。

从经济运行留下的大数据痕迹看，国际贸易环境恶化导致外循环GDP的减少，通常在国际贸易的历史数据中早已存在，在现期数据中正在发生，在未来数据中以潜在形式存在。撇开外循环GDP减少是源于经济、政治或文化等某些因素驱动的讨论，政府都需要运用新科技找出导致产品和服务中GDP减少的数量及其结构比率，以制定政策对经济内循环为主战略展开宏观调控。假若政府只能在有限的程度和范围内挖掘、加工和处理历史数据，对现期数据和未来数据无能为力，尤其是在绝大部分厂商无法应对现期数据和未来数据的情况下，政府宏观调控就很难对经济内循环为主战略的实施有所裨益。从我国现阶段大数据、互联网和人工智能等相融合的水平考量，厂商和政府挖掘、加工和处理大数据的实际情况，是对历史数据已具备一定的科技水准，对现期数据只是处于起步时期，对未来数据则完全处于探索阶段，因而政府实施经济内循环为主战略将会面临一系列的困难。

---

① 大数据分析对于政府宏观调控的作用突出反映在总量分析方面，它可以使统计样本小数据分析走向总体大数据分析（刘涛雄，徐晓飞，2015），可以在很大程度上解决统计时滞所导致的宏观调控过程中出现的政府失灵问题（Varian et al，2014）。我们将政府宏观调控看成经济内循环为主战略的条件配置，依据如此。

第四节 经济内循环为主战略的可行性分析

经济内循环为主战略与内外循环并重战略都强调扩大内需，但两者对扩大内需有着程度和范围的差别。当国际贸易环境恶化以至于外循环GDP减少到超越警戒线时，经济内外循环并重战略实际上是一种"犹抱琵琶半遮面"的策略性口号；这时，政府通常会在GDP危机的驱动下实施内循环为主、外循环为辅的战略。如上所述，实施内循环为主战略需要有许多条件配置，当我们把这些条件配置具体化，就会涉及一系列内生性困难。

如果我们以 X_1 表示国际产业链，以 X_2 表示关键技术和设备受制于他国的程度，以 X_3 表示进出口贸易额及其比重，以 X_4 表示因出口减少而产生的过剩产能，以 X_5 表示进口产品和服务的国产替代，以 X_6 表示国内消费能力，以 X_7 表示国内可挖掘的潜在有效需求；那么，表示经济内循环为主战略的效用函数 $F(X)$，便可在理论上以 X_1—X_7 众变量决定：

$$F(X) = aX_1 + bX_2 + cX_3 + dX_4 + eX_5 + fX_6 + gX_7 + \varepsilon \tag{1}$$

（1）式是一个高度抽象的齐次线性函数，ε 是随机变量。从计量经济模型考察，待定系数 a、b、c、d、e、f、g 需要通过对 X_1—X_7 各变量的线性回归确定；从大数据分析和人工智能运用来考察，需要对反映极大量、多维度和完备性等特征的表征 X_1—X_7 众变量的大数据进行挖掘、加工和处理；至于待定系数 a、b、c、d、e、f、g，并不需要展开计量经济模型所要求的线性回归[1]。我们分析经济内循环为主战略的可行性，可以将计量经济模型（1）转化为大数据分析。换言之，我们可剔除 X_1—X_7 众变量的待定系数，可尝试将（1）式转化为符合大数据

---

[1] 大数据分析和人工智能技术力图在改变计量经济学基础上做出准确预测（Varian, 2014；Athey, 2015, 2018），或者说，正在摆脱"待定系数"这一信息不完全产物的束缚。例如，机器学习所运用的岭回归（Ridge Regression）和套索算法（LASSO）、决策树（Decision Tree）、支持向量机（SVM）等模型，在高度关注统计计量的同时准确匹配大数据，试图以模型准确解决预测问题。大数据分析和人工智能技术的未来发展是将一切变量统统归结为"算法"，它们会跨越对计量模型中待定系数的考量，绕避主流经济学的边际求导等分析方法。

分析和人工智能运用的模型：

$$F(X) = X_1 + X_2 + X_3 + X_4 + X_5 + X_6 + X_7 + \varepsilon \qquad (2)$$

按 X_1—X_7 各变量的性质归类，$F(X)$ 有以下三个子函数：

$$F_1(X) = X_1 + X_2 + \varepsilon_1 \qquad (3)$$

$$F_2(X) = X_3 + X_4 + X_5 + \varepsilon_2 \qquad (4)$$

$$F_3(X) = X_6 + X_7 + \varepsilon_3 \qquad (5)$$

（$\varepsilon = \varepsilon_1 + \varepsilon_2 + \varepsilon_3$）

于是有：

$$F(X) = F_1(X) + F_2(X) + F_3(X) \qquad (6)$$

在（1）—（6）函数式中，我们从（1）式中删去待定系数 a、b、c、d、e、f、g，是对大数据分析和人工智能技术能够实现"算法"的一种理解；对于从（1）式转化而来的（2）、（3）、（4）、（5）、（6）式，这些函数式明显包含着两大理论抽象：一是从所有影响经济内循环为主战略的变量中抽象出 X_1、X_2、X_3、X_4、X_5、X_6、X_7，二是将原本需要用非齐次线性表达的函数式抽象为齐次线性函数式。不过，这两大理论抽象并不影响对经济内循环为主战略的效用函数 $F(X)$ 的描述，我们可以通过对这些函数式的分析来揭示实施经济内循环为主战略需要克服的困难。

国际产业链（X_1）以及关键技术和设备受制于他国的程度（X_2），是政府决定实施经济内循环为主战略首先要思考和应对的问题。一国 X_1 表现为与其他国家在产品和服务上的关联数量、程度和范围，一国 X_2 表现为对他国科技依赖的数量、程度和范围；X_1 在国民经济账户上的数量变化通常以显性数据反映，X_2 在国民经济账户上却是隐性的存在。然则，即便 X_1 在国民经济账户上是显性数据，但由于确定 X_1 数据既要涉及产业链直接关联的国家，也要波及与这些国家关联的产品和服务往来。因此，一国只有通过大数据分析才有可能弄清楚 X_1 对实施经济内循环为主战略的制约。当一国大数据分析和人工智能技术的水平较低时，是不可能挖掘、加工和处理好 X_1 的历史数据、现期数据和未来数据，也就是说，只有这个国家的数字经济运行发展到很高水平，以至于能够达到挖掘、加工和处理好 X_1 的历史数据、现期数据和未来数据的技术水准时，实施经济内循环为主战略才具有可行性。

关于（X_2）的关键技术和设备受制于他国的程度问题，则是与 X_1

高度相关。国内学者已针对 X_2 开出了诸如半导体、芯片、高端机械、精密仪器等短缺清单，呼吁实施经济内循环为主战略必须解决这些技术领域的短板。但是，认识到关键技术和设备在哪些方面受制于人是一回事，如何确定关键技术和设备的数量及其结构却是另外一回事。事实上，X_2 短缺在 X_1 上已留下了以大数据表征的痕迹，如果一国大数据分析和人工智能技术水平不高，就不可能准确确定蕴含在历史数据、现期数据和未来数据中短缺的关键技术和设备的数量及其结构，就难以在应对 X_2 的前提下制定出适时适度的经济内循环为主战略的政策和措施。数字经济发展在提升厂商和政府新科技水准的同时，也会催生一系列要求新科技水准升级才能解决的问题，X_1 和 X_2 就属于这种情况。正是在这个意义上，我们把（3）式看成母函数（2）式的一个需要单独进行理论解说的子函数。

（4）式中的进出口贸易额及其比重（X_3），出口减少而产生的过剩产能（X_4），以及进口产品和服务的国产替代（X_5），是实施经济内循环为主战略要关注的耀眼内容。在数字经济下，厂商已在一定程度上运用大数据分析来应对经常项目和资本项目下的进出口贸易，但无论是 X_3 还是 X_4 或 X_5，国际贸易环境变化对于 X_3、X_4、X_5 的数量及其结构的影响都有一个过程。假若一国新科技水平很高，绝大部分厂商都能够通过大数据分析和人工智能技术来挖掘、搜集、整合、分类、加工和处理有关 X_3、X_4、X_5 的历史数据和现期数据，并且能够在一定程度和范围内预测未来数据，那么，该国就有可能及时调整进出口贸易额及其比重，就有可能及时处理因出口减少而产生的过剩产能，就有可能通过大数据和人工智能技术来搜寻和加强出进口产品和服务的国产替代；反之，如果该国绝大部分厂商的大数据分析和人工智能技术水平一般，则 X_3、X_4、X_5 对于绝大部分厂商将是一种扑朔迷离的场景，这种情况会影响经济内循环为主战略的实施。

作为母函数（2）式的子函数（4）式，之所以会以耀眼形式对实施经济内循环为主战略发生影响，乃是因为 X_3 的大幅下降、X_4 的大幅扩大以及 X_5 的替代率很低等，将会直接减少国民经济的 GDP 数量，原有的内循环 GDP 和外循环 GDP 将会失衡；假如一国在此时期正实施经济内循环为主战略，则无疑宣示着该战略的失败。诚然，在国际环境恶化的初期和中期，政府实施经济内循环为主战略是很难抵御和弥补因

X_3、X_4、X_5 不理想带来的损失，但从长期看，数字经济发展有能力改变进出口贸易额及其比重（X_3），有能力改变因出口减少而产生的过剩产能（X_4），有能力提高进口产品和服务的国产替代（X_5）。很明显，这个问题的全面拓展和深入讨论，涉及前文提到的经济内循环为主战略的条件配置以及对厂商数据智能化和网络协同化的分析，但无论怎样解说，它始终需要围绕厂商大数据分析和人工智能运用以及由此决定的数字经济运行和发展来进行。

国内消费能力（X_6）和国内潜在有效需求（X_7），是经济内循环为主战略的实施基础。概括来讲，X_6 和 X_7 得不到扩大、挖掘和提升，经济内循环为主战略就难以实施。X_6 和 X_7 是老专题，经济理论有关消费函数、收入函数、需求函数等的论述，曾从不同角度和层面对这个专题展开过研究，但由于这些研究以信息不完全为基础，无论是模型推导还是实证分析，都是以部分信息为依据并且有着明显的主观判断；同时，这些研究主要集中在对 X_6 和 X_7 的现状描述和结构分析等方面，很少就如何挖掘 X_6 和 X_7 的潜力展开深邃的理论探讨。从基础理论对挖掘 X_6 和 X_7 的潜力进行研究，需要紧扣消费偏好、认知和效用期望等行为过程，但在缺乏大数据分析和人工智能技术的情况下这项研究很难深入（何大安 2018b；2020）。易言之，只有进入数字经济时代，经济学家对 X_6 和 X_7 这两个专题的研究，才会不拘泥于居民收入、居民资产构成和负债、基尼系数、路易斯拐点、社会保障体系、教育和养老等的分析边界。

其实，我们分析以上问题要达到相对准确的程度，离开大数据分析和人工智能技术也是不行的。这是因为，无论是居民收入、居民资产构成和负债、基尼系数、路易斯拐点，还是社会保障体系、教育和养老等问题，它们都是大数据的堆积，都包含着历史数据、现期数据和未来数据，都需要通过人工智能匹配大数据而将之转化为一种"算法"。我们对以上问题的大数据分析，不仅要注重对国内消费能力（X_6）的挖掘，而且要关注对国内潜在有效需求（X_7）的挖掘。经济学围绕 X_7 的研究持续了一个多世纪，但由于缺乏大数据和人工智能等的技术支持而没有取得令人满意的成果。一国实施内循环为主战略以维持经济稳定，扩大内需的主要途径是提升 X_6 和挖掘 X_7；厂商挖掘 X_7 要比提升 X_6 困难得多的原因，在于 X_6 主要涉及的是历史数据，而 X_7 主要涉及的是未来数据。因此，当一国绝大部分厂商挖掘、加工和处理 X_7 的能力不具备时，仅仅在挖掘、加工和处理 X_6 上做文章，则该国试图通过扩大内需来实施内循环为主战略是非常困难的。

经济内循环为主战略是一项涉及面很广的极其复杂的系统工程，它不仅包括以上列举的 X_1—X_7 众多变量及其组合，而且还包括随机变量（ε）所规定的内容[①]。这个随机变量主要是由一些非经济性因素构成，它包括国际环境变化、战争、瘟疫、自然灾害等。诚然，X_1—X_7 众多变量及其组合并没有囊括影响或决定经济内循环的所有因素，或者说，对 X_1—X_7 众多变量及其组合的研究并没有穷尽经济内循环战略的分析路径，但这个分析框架对我们理解经济内循环战略具有一般性的理论导引作用，我们可以在这个分析框架内对 $F_1(X)$、$F_2(X)$、$F_3(X)$ 三个子函数之间的关联做出一般理论意义上的探讨。

国际产业链（X_1）以及关键技术和设备受制于他国程度（X_2）所构成的子函数 $F_1(X)$，通常会影响和决定一国经济外循环的格局、规模和外循环 GDP 大小，它是给实施经济内循环为主战略定盘子的子函数。一般来讲，国际产业链（X_1）越宽广越复杂，关键技术和设备受制于他国的程度（X_2）就越深，当国际环境发生巨大变化时，进出口贸易额及其比重（X_3）就会巨额波动，因出口减少而产生的过剩产能（X_4）就会扩大，对进口产品和服务的国产替代（X_5）就会产生更大的需求。因此，无论是在长期还是在短期，$F_1(X)$ 对 $F_2(X)$ 都有明显的影响和决定作用。另一方面，$F_2(X)$ 对 $F_1(X)$ 也有明显的反作用，即 X_3、X_4、X_5 的变化也会导致 X_1、X_2 的变化。$F_1(X)$ 与 $F_2(X)$ 之间这种动态的相关性，对于政府实施内循环为主战略很重要，如果一国通过大数据分析和人工智能运用能够及时而有效地调整了 $F_2(X)$，应该说是解决了经济内循环的主要问题。

众所周知，经济内循环为主战略的症结是最大限度地扩大内需，但一国有潜力的内需究竟有多大，不是拍脑袋而是大数据分析的产物。从我们给出的分析模型看，大数据分析和人工智能匹配大数据的用武之地在 $F_1(X)$ 与 $F_2(X)$ 这两大区域。在以大数据为分析依据的（6）式中，$F_1(X)$、$F_2(X)$、$F_3(X)$ 之和共同构成了经济内循环为主战略

[①] 我们在此将 ε 称为随机变量而不是称为随机误差，是基于大数据分析而不是基于计量经济模型的考虑，因为所有的误差都是数据，都可以看成大数据的一部分。

的效用函数；该函数的理论值落在什么区间表明经济内循环为主战略的成功，落在什么区间意味着经济内循环为主战略的失败，这是一个需要对经济运行方方面面进行研究的问题，超出本书的讨论范围。不过有一点可以肯定，那就是对 $F_1(X)$ 和 $F_2(X)$ 的大数据分析以及与此相对应的人工智能匹配大数据的成功，无疑会提升国内消费能力（X_6）和国内潜在有效需求（X_7），也就是说，$F_1(X)$、$F_2(X)$ 与 $F_3(X)$ 之间存在着正相关性，而 $F_3(X)$ 对 $F_1(X)$ 和 $F_2(X)$ 的反作用也不难得到论证。如果我们缺少对 $F_1(X)$、$F_2(X)$ 与 $F_3(X)$ 之间的关联分析，只是从政策角度评说经济内循环战略，则这样的评说便明显具有经济意识形态的色彩。

第五节　结束语

数字经济是当今社会时髦的经济学词汇，凡一切与互联网平台、大数据分析和人工智能运用有密切关联经济活动，均可以贴上此标签；数字经济作为一种市场运行模式，表现为厂商会最大限度地利用大数据分析的新科技手段，运用一切能最大限度匹配大数据的人工智能技术，确定厂商投资和生产什么以及投资和生产多少。本章在论证经济内循环为主战略的可行性时暗含着一个观点，即认为只有在数字经济下才有可能实施有效率的经济内循环为主战略；这个观点强调经济内循环为主战略的实施主体对国际贸易环境恶化要有可控性和预测性，认为大数据分析和人工智能匹配大数据技术在扩大内需方面起着不可替代的作用。厂商如何运用新科技手段进行投资经营以应对国际贸易环境恶化，是我们在理论上讨论经济内循环为主战略的分析基础。

经济内循环为主战略要能够抵御和弥补外循环 GDP 的损失，通常要具备一系列的条件配置，这可以看成是厂商投资经营的市场型制度安排和非市场型制度安排的综合。关于这些条件配置的讨论，可分别从理论分析层面和实际操作层面来进行。就论证经济内循环为主战略的可行性而言，首先要分析这些条件配置的构成及其作用，至于实际操作层面的分析，则可以在后期研究中针对具体问题逐一展开。这里说的后续研究就是要在实施经济内循环为主战略时，具体分析厂商和政府怎样挖掘、搜集、储存、整合、分类、加工和处理大数据,从这些大数据中得到能够抵御和弥补外循环 GDP 减少的投资经营信息。其实,一国实施经济内循环为主战略是针对国际贸易环境恶化而采取的无奈选择,并不像有些学者那样亢奋地认为此举一定可以稳操胜券。以此之故,我们对经济内循环为主战略的可行性分析就显得尤为重要。

在现实中,影响或制约经济内循环为主战略的要素可能会超出 X_1—X_7 众变量的范围,并且这些变量的组合关系所对应的子函数也可能比 $F_1(X)$、$F_2(X)$、$F_3(X)$ 更复杂。本章依据大数据特性从表征计量经济模型的(1)式中剔除待定系数所建构的(2)式,是研究经济内循环为主战略的可行性的分析模型;基于该模型的高度抽象特征,将该模型拆分为(3)、(4)、(5)三个子模型(函数),通过对它们的组合关系及相关性的考察,应该说大体上完成了对实施经济内循环为主战略可行性的说明。在笔者看来,这些模型至少粗略地勾勒了论证经济内循环为主战略可行性的分析框架,从而为问题的深入研究铺垫了具有明确对象性的分析基础。诚然,这些模型到落地于厂商和政府的实际操作尚有较大的空间,但如果我们沿着这样的分析思路分别再将(3)、(4)、(5)三个子函数看成拥有各自的子函数〔例如,$F_1(X) = F_{11}(X) + F_{12}(X) + F1n(X) + \cdots\cdots + \varepsilon_{11}$〕,并且以此继续类推,那么,我们关于数字经济下内循环为主战略的可行性分析将会进一步逼近现实,这无疑对经济学家和政府研究经济内循环为主战略大有裨益。

在全球经济相互渗透的背景下,任何国家都不会主动偏离经济双循环轨道,以中国现阶段面临的国际环境来讲,强调经济双循环战略并不是"阳光下的新鲜事",而主张经济内循环为主战略才是抓住了问题症结,这是问题的一方面。另一方面,无论是数字经济下经济双循环战略的理论研究,还是数字经济下经济内循环为主战略的理论研究,都会涉及经济学基础理论的创新。近阶段一些学者有着创新经济学基础理论的思维倾向,提出了构建大数据经济学、人工智能经济学、互联网经济学等理论主张,这是值得研究的理论专题,我们可以选择人工智能经济学的构建作为分析对象,围绕经济学基础理论进行讨论。

第十二章 经济学基础理论与人工智能经济学

自《国富论》问世以来，经济学理论的系统发展经历了200多年，其重要的理论创新大都发生在科技进步导致生产组织方式出现大变革时期。以基础理论的创新而言，它通常是经济学家运用哲学思维对新经济现象展开分析性透视，并通过对基本概念、范畴、范式的重新解读来完成的；就应用理论的创新而论，它一般出现在原有理论难以解释新经济现象而实践又迫切需要理论指导的阶段，应用理论创新具有试错特点。经济学家从萌发创新意识到理论形成，往往需要经历理论框架的搭建、理论建构和论证、理论验证等几个阶段；当理论导引实践的效用函数达不到期望值时，经济学家将会重新进行理论的搭建、建构和论证。大数据革命催生的经济学创新正处于理论框架的搭建和建构时期。

第一节 大数据时代经济学基础理论的创新框架

经济学基础理论主要包括假设前提、参照系和分析方法，以及影响或决定厂商、个人、政府决策的性质规定和运作机理。关于这些基础理论框架的搭建和建构，本书在前面的章节中曾从不同侧面或角度有所涉及，但那些散状的分析和论证不足以使读者对大数据革命下的经济学创新有清晰的认识。事实上，随着大数据、互联网和人工智能等的全方位融合，无论是假设前提、参照系和分析方法，还是厂商、个人、政府决策的性质规定和运作机理，都已明显反映出主流经济学理论与大数据时代现实的偏离。经济学基础理论的创新框架要纠正这种偏离，需要从哪些主要方面搭建和建构呢？这是全书终结而在理论上必须做出阐述的不可回避的内容。

一　基于大数据、互联网和人工智能等全方位融合有可能给人类提供完全信息和准确信息，经济学创新可考虑以"完备信息"作为假设前提

完备信息是指介于不完全信息和完全信息之间的一种信息状态，它包括人们获得的信息量和信息准确度两大块内容。大数据的极大量、完备性和多维度以及人工智能匹配大数据的新科技，是人类获取完备信息的技术基础；当人类通过大数据分析能够得到距完全信息比较接近的信息进行决策，即能够得到完备信息进行决策时，经济学家以之为假设前提，就可以对厂商投资经营做出符合大数据时代实际的理论分析。假设前提的这种经济学创新，有两方面的学理需要建构和论证，一是说明厂商在互联网平台上运用云计算、机器学习、物联网等人工智能技术怎样对的世界的挖掘、搜集、整理、加工和处理，以论证获取完备信息的可能性；二是说明厂商在完备信息下对信息约束和认知约束的摆脱，以论证厂商决策时不同于不完全信息下的情形。完备信息之假设前提，同样适用于个人和政府的决策行为，它是人类决策行为的一般理论假设。

本书在前面的分析中多次提到经济学理性选择理论之假设前提的重新构筑问题，但那里的分析主要是针对大数据时代人类获取信息的基本格局发生重大变化的讨论，并不是关于经济学创新框架改变的讨论。对于经济学框架的创新，假设前提的重塑不应仅仅停留在性质和机理层面，它需要经济学家把这些性质和机理展开一般模型分析。显然，如果完备信息假设具有科学性，这是一项极具创新的研究课题。

二　经济学可考虑改变过去那种主要以资本、劳动和土地等为研究要素的分析传统，将新科技与资本、劳动和土地等融为一体的场景作为参照系

经济学建构这样的参照系并不是忽视资本、劳动和土地等要素，也不是提倡单纯以大数据和人工智能技术来解说厂商的投资经营，而是主张对新科技在很大程度上影响厂商投资经营和社会资源配置的关注。经济学家要改变原有的参照系来实现创新，必须能够运用大数据和人工智能等新科技对厂商的投资选择做出基础理论解释，即能够对厂商投资选择的偏好、认知和效用期望等做出解释。这是一个十分深邃的基础理论问题，其研究思路可沿以下路径展开：通过对厂商和客户在互联网交易中的关注度、点击率、产品和服务刷屏、交易品种和数量等的分析，概

括出厂商运用云计算、机器学习、物联网、区块链等人工智能手段匹配大数据的一般特征，对厂商交易的行为数据流的相关分析过程做出描述。具体地讲，就是经济学家要能够依据新科技匹配大数据的机理，对厂商和客户的选择偏好做出一般理论描述，并在此基础上依据新科技匹配大数据机理对厂商和客户的认知和效用期望等做出一般理论解读。

如果沿着以上思路能够对大数据时代厂商投资经营选择实际进行解说，那么，经济学理性选择理论的分析框架便得到了彻底的创新。这一创新的亮点在于，经济学会出现以新科技与资本、劳动和土地等要素相融合为分析参照系的局面，科技因素会真正成为经济理论研究的内生变量。经济学分析参照系的改变会致使经济学家对所有经济问题的研究都采取大数据思维，他们会在大数据、互联网和人工智能等融合的背景下进行理论和实证分析，这是问题的一方面。另一方面，这种参照系创新是完备信息假设创新的延续，因为，厂商获得完备信息是运用新科技对大数据进行挖掘、搜集、整合、分类、加工和处理的结果，而完备信息假设是厂商运用各种人工智能手段对偏好、认知和效用期望等做出大数据匹配，从而对这三要素展开一般性理论描述和分析的前提。不过，经济学仅仅对假设前提和参照系展开创新是不够的，还必须在方法论上有所创新。

三　基于投资选择出现偏好趋同化、认知趋同化、效用期盼等情形，经济学家可尝试以"群体行为"作为经济学基本分析单元

在大数据、互联网和人工智能等全面融合的背景下，厂商和个人的投资和消费选择已不像过去那样，只会出现偶发性的从众行为和羊群效应，而是逐渐会形成一种蕴含着内在效用推动和外在互联网平台强制的趋势性选择。针对这种趋势性选择，如果本书有关厂商和消费者的智慧大脑和非智慧大脑的二元结构划分，以及智慧大脑引领非智慧大脑投资和消费的分析符合未来实际，那么，经济学便有可能采取群体主义方法论。较之于个体主义方法论，群体主义方法论的分析框架在理论论证和模型建构等方面可能会面临更多困难，这些困难与假设前提和分析参照系是交叉关联的；在这种交叉关联中，假设前提创新对群体主义方法论创新是基础性的，分析参照系创新给群体主义方法论创新提供实施的对象性，它们是经济学基础理论框架创新的三位一体的综合，我们不能只把经济学群体主义方法论创新的困难看成是自身的困难。

偏好趋同化、认知趋同化、效用期盼等是经济学群体主义方法论的立论依据，经济学家只有对这些立论依据做出深入的分析和论证，才能对经济学群体主义方法论展开扩张性运用。当以上三位一体的综合得以实现时，经济学其他领域的创新便可以有的放矢。本书有关经济学群体主义方法论的探讨，只是提供了一种分析性的创新思路，它距完全建构经济学群体主义方法论框架尚有一定的距离。我们如何通过经济学群体主义方法论的创新来建立这种三位一体的融合呢？这需要经济学家的努力。这方面的研究不仅需要对偏好趋同化、认知趋同化、效用期盼等进行机理分析和模型分析，而且需要将它们作为分析参照系来适应以上三位一体的综合。很明显，这些基础理论创新将会直面经济学的资源配置理论。

四 互联网、大数据、物联网等人工智能的未来发展，将有可能出现互联网资源配置机制或人工智能资源配置机制，这要求经济学基础理论有相应的创新

随着新科技的日新月异，厂商投资经营选择越来越依赖互联网、大数据、物联网等人工智能技术。新科技之于经济活动的最重要特征，是厂商以互联网为交易载体，以大数据分析为依据，以人工智能技术为手段来规划自己投资经营品种、数量及其结构。从社会经济运行角度考察，厂商这种投资经营方式所揭示的数据智能化和网络协同化过程，就是新的资源配置方式的形成过程。经济学要建立互联网资源配置理论或人工智能资源配置理论，一是要在分析和论证数据智能化和网络协同化如何影响和决定厂商投资选择的基础上，说明互联网资源配置机制或人工智能资源配置机制在什么样的条件下有可能逐步取代原先完全以价格信号来资源配置机制，这项研究贯穿于"大数据革命与经济学创新"之分析主题的始终；二是要在分析和论证互联网资源配置机制或人工智能资源配置机制，与厂商投资经营选择的偏好、认知和效用期望之间的现实逻辑关联，这项研究的重点是说明大数据时代投资选择主体的二元结构，如何通过偏好趋同化、认知趋同化和效用期盼使资源配置机制发生转型。

关于第一个问题的分析和论证，互联网资源配置机制或人工智能资源配置机制仍属于市场机制范畴，经济学家必须在对之做出定性分析的前提下，解说这一新资源配置方式与价格信号资源配置机制的区别，需要通过参数选用和模型设置让问题研究理论化，以揭示厂商数据智能化和网络协同化如何促使这一新资源配置方式的形成机理。关于第二个问题的分析和论证，需要对厂商投资经营选择的偏好、认知和效用期望进行大数据分析，通过理论和模型分析把大数据时代有可能形成的厂商群体选择行为描述出来，也就是说，经济学家要以偏好、认知和效用期望等的大数据分析为立论依据，对厂商投资经营选择展开具有前瞻性解析。总之，经济学家对建立在新的假设前提、分析参照系和方法论基础上的资源配置理论的研究，要以厂商的数据智能化和网络协同化为分析基点，否则，便难以对大数据时代经济学应用理论的框架进行创新。

第二节　大数据时代经济学应用理论的创新框架

经济学应用理论是直接指导厂商投资经营或至少能给厂商投资经营提供启迪的理论。就经济学应用理论的构成来讲，产业组织理论可谓是经济学应用理论中的基础理论。如果经济学家能够创新产业组织理论，那么，经济学应用理论创新框架的构建便有了希望火花。这是因为，社会的产量和价格决定问题，是经济理论用于指导实践的基本问题；而厂商的竞争路径和垄断形成问题，则是影响或决定经济体制模式选择的重要问题。面对大数据时代厂商投资什么、生产什么，以及如何投资和如何生产，经济学家要根据大数据、互联网和人工智能等融合的实际，分析和研究厂商与厂商、厂商与消费者以及消费者与消费者之间的行为互动，运用大数据分析把这些行为互动机理一般化和理论化，并在此创新基础上梳理和归纳出应用经济学的各分支理论。

一　针对厂商的产量和价格决定，经济学需要创新微观和宏观两个层面的分析框架，前者是解释单个厂商和消费者的供给和需求的确定问题，后者是解释全体厂商和消费者的总供给和总需求的确定问题

在理论上解决这两个问题的分析基础是厂商能否在投资经营中获取准确信息。经济学家判断厂商能否获取准确信息的依据，是厂商利用云平台和运用云计算、机器学习、物联网、区块链等人工智能手段的技术水平；经济学可在假定厂商具备顶级技术水平状态时，做出厂商能够准确确定产品和服务数量及其准确定价的推论，但对于这一厂商理论的精髓，经济学如何依据大数据分析将产量和价格决定问题理论化系统化，关系到厂商理论的创新。联系主流经济理论看问题，经济学首先要通过大数据分析摆脱主流经济理论的一系列给定条件约束，在理论上把产品和服务的供给以及消费者对产品和服务的需求统统转化为一种经得起推敲的"算法"，建立以数据智能化和网络协同化为范式的分析框架。这种分析框架的创新与理性选择理论和资源配置理论的创新有密切的关联，它们都是以数据智能化和网络协同化为分析主线，都是把新科技作为内生变量从而把一切行为都转化成"算法"的结果。

基于目前厂商新科技水平尚未达到能将人类一切行为都转化成"算法"的层级，经济学家创新厂商理论或多或少具有展望的性质，但这种展望性质的创新代表着经济理论发展的方向。宏观层面上的产量和价格决定问题是微观层面的集合，经济理论应用的终极目标是解决总供给和总需求的均衡，如何在理论上构建大数据时代宏观经济均衡的分析框架，不仅关系到产品和服务的总量分析，而且涉及产品和服务的结构分析，它要求经济学家能够对总量和结构展开大数据分析。较之于主流经济学的一般均衡理论和局部均衡理论，经济学依据大数据的总量均衡分析，应该是抽象逻辑推论的成分较少，主要是依据新科技手段对总量和结构的大数据分析。很明显，如果经济学在这方面的框架创新获得成功，它会对互联网资源配置理论或大数据资源配置理论有强有力的支撑。

二 不同经济学流派对竞争和垄断的描述，大都是部分依据现实、部分借助逻辑推理完成的，经济学家要实现对原有理论的创新，可考虑根据数据智能化和网络协同化来建立新的分析框架

厂商投资经营的数据智能化，是大数据时代微观经济运行基础发生变化的标志，它表征着5G通信、移动互联网、人工智能技术等对厂商投资经营的大数据革命。厂商在依据数据智能化确定产品和服务的数量和价格的同时，也是以数据智能化作为市场竞争路径。对于微观领域的这一大数据革命，经济学家可通过对厂商如何利用云平台和运用云计算、机器学习、物联网、区块链等人工智能手段作用于投资经营的分析，描述厂商市场竞争的路径，从而创新厂商竞争理论。这一理论的框架创新没有背离厂商追求效用最大化原则，只是将厂商运用新科技确定产品和服务的数量和价格放在首要地位,重视新科技对厂商投资经营的引领作用,强调新科技已成为厂商竞争的主要手段。比照于新古典经济学和以之为底蕴的主流经济学的厂商竞争理论,这种创新既表明竞争路径发生变化,又反映了竞争内容的变化,并且使创新后的理论更加贴近现实和体现时代特征。

　　大数据革命改变厂商竞争路径会使厂商市场势力的形成出现新格局,或者说会导致新的垄断形成路径,因而垄断理论创新是竞争理论创新的延续。关于垄断理论的框架创新,经济学家可考虑在分析数据智能化的基础上把重心放在网络协同化分析上,通过厂商与厂商、厂商与消费者、消费者与消费者之间的行为互动,来揭示因数据智能化水平差异而产生的市场势力和产品或行业进入壁垒,并通过效用最大化表征的网络协同效应以创新厂商垄断理论。无论是数据智能化还是网络协同化,都是在大数据、互联网和人工智能等融合背景下对厂商如何利用云平台和运用云计算等的分析和研究,它是经济学家创新竞争理论和垄断理论的核心和分析基础。

　　三　厂商竞争和垄断理论创新会引致产业组织理论的创新,而产业组织这一紧密关联于应用层级的理论创新,则要求经济学一系列应用理论的创新

　　主流经济学产业组织理论是建立在产业组织垂直整合架构基础之上的,大数据革命使产业组织架构演变成网络协同架构,这一演变过程将不可避免地要求对产业组织理论进行创新。针对产业组织网络协同架构的形成,经济学家需要将竞争路径、垄断形成路径和网络协同架构形成放置于同一分析框架进行研究,并联系数据智能化和网络协同化来解说网络协同架构的形成机理和过程。产业组织理论创新可谓是经济学应用理论创新的中间环节,它的创新会带动诸如委托代理理论、资产定价理论、贸易流通理论、投融资理论等的创新,从而导致整个经济理论分析框架的创新。

　　产业组织理论创新的要点是对产业组织网络协同架构的解析。主流经济理论关于产业组织垂直整合架构的分析,是在信息不完全背景下依据产品或行业上下游关联、厂商区域间关联等对产品和服务产供销链的理论描述,虽然,产业组织的垂直整合架构考虑到了厂商与客户之间的行为互动,并且从运输成本以及中心外围联系等方面展开分析,但厂商

与客户之间这种狭窄的行为互动距网络协同甚远，因而它不是大数据时代产业组织架构的写照。大数据时代厂商与客户之间行为互动的外延无限大，网络协同架构反映了这种无限大外延的行为互动，厂商正是通过这种网络协同对投资经营的直接和间接大数据的瓦缺、搜集、整合、分类、加工和处理而塑造出产业组织架构的。经济学家要置身于网络协同化来解说大数据时代的产业组织架构，要结合厂商加工和处理大数据来分析大数据时代网络协同架构的形成机制和机理，从而实现产业组织理论的创新。

四 政府实施产业政策、财政政策、金融政策以及产业规制措施之依据，已开始受到新科技作用于市场机制而引致资源配置方式改变的影响，大数据革命要求宏观调控理论创新

大数据、互联网和人工智能等的全面融合，正在形成互联网资源配置方式或大数据资源配置方式，资源配置方式的改变在很大程度上和很大范围内减少了市场失灵，政府在大数据时代需不需要进行宏观调控以及在多大程度上实施宏观调控，是经济学应用理论需要解决的问题。当新科技还不能给人类提供完全信息或人类还不能利用云平台和运用云计算、机器学习、物联网、区块链等人工智能技术得到准确信息时，面对市场失灵现象，政府宏观调控在一定范围内的宏观调控显然是必要的；由于政府宏观调控会出现政府失灵，当新科技还能够给人类提供完全信息或人类能够利用云平台和运用云计算、机器学习、物联网、区块链等人工智能技术得到准确信息时，政府宏观调控就不必要了。这是我们从新科技现状及其未来发展对政府宏观调控的学术看法。

经济学家可从新科技现状和新科技未来发展两个层面创新宏观调控理论。在大数据革命的现阶段，宏观调控理论的创新可沿以下思路进行：（1）在对大数据、互联网和人工智能等融合做出理论解说的基础上，说明厂商不能获取完全信息和准确信息；（2）厂商投资经营决策难以准确确定产品和服务的数量和价格，大数据革命介入的市场机制仍然存在市场失灵现象；（3）解读互联网或大数据资源配置机制与政府宏观调控之间的相关性，说明大数据革命改变政府宏观调控手段的客观性；（4）论证大数据时代政府利用云平台和运用人工智能技术提高宏观调控效率的机理，解说大数据革命对政府宏观调控的效用函数提高的促进作用；（5）结合理性选择理论和产业组织理论等的创新，搭建现阶段大数据革命的宏观调控理论的创新框架。当然，大数据革命下宏观调控理论的创新还会涉及一些体制方面的问题，但以上创新思路应该说抓住了问题的症结。

针对新科技未来前景，若大数据革命能够给人类提供完备信息，宏观调控理论的创新可沿以下思路进行：（1）在描述数据智能化和网络协同化一般机理的基础上，阐述互联网或大数据资源配置机制如何成为以新科技为灵魂的新型市场机制；（2）描述完备信息下产业组织的网络协同架构，如何与数据智能化和网络协同化一起扩大社会有效供给端和有效需求端；（3）对大数据革命如何大大降低市场失灵做出理论解析，为减弱和缩小政府宏观调控的程度和范围提供理论支持；（4）分析大数据时代政府继续进行宏观调控的方法和手段，分析政府在大数据、互联网和人工智能全面融合背景下产生政府失灵的可能性。总之，宏观调控理论的创新是经济学理性选择理论、资源配置理论、产业组织理论等创新的归宿，它会与其他理论的创新一起共同构筑新的经济学理论大厦。

第三节 人工智能经济学的思想端倪

人工智能技术的广泛运用正在悄然改变人类物质文明和精神文明，它对社会经济、政治、文化乃至于对意识形态的影响，已经展露了建构人工智能经济学的思想端倪。基于数字经济的发展趋势，我们需要解释人工智能会在哪些方面借助市场机制对厂商投资经营发生作用，厂商运用人工智能技术究竟能在多大程度上预测需求和提供有效供给，厂商在未来普遍采用人工智能技术进行投资经营选择时，社会经济实践会在多大范围内要求经济学家修正微观经济学基础的理性选择理论、厂商理论和产业组织理论。假若人工智能在未来果真引发了经济学革命，经济学家如何探寻人工智能经济学的建构路径等。本章将依据经济学原理对以上诸问题做出分析性描述。

经济学作为一门学科，走过了重商主义→重农主义→古典经济学→新古典经济学→新古典综合→现代（主流和非主流）经济学的历程。撇开经济学说史层面上的各种理论评说、流派划分和分析结论，经济学研究范围越来越细化。经济学发展到今天，以新古典理论为底蕴的现代

第十二章 经济学基础理论与人工智能经济学

经济学曾根据不同分析对象和不同分析主线的需要，创建了诸如福利经济学、制度经济学、交易成本经济学、产权经济学、契约经济学等分支学科。这些在主流理论体系内创立的以不同名称命名的经济理论，是对那些长期存在并制约经济发展的核心变量的理论论证。同时，另一些经济学家面对非经济性活动或自然现象（外生变量）对经济发展的影响，曾提议创建卫生经济学、灾害经济学、国防经济学等，并强调要结合哲学、数理、心理、历史等分析以期建立经济学帝国主义大厦。诚然，这些分析深化了特定经济问题的研究和开拓了经济学疆土，但经济学家迄今尚未找到一种可兼容内生变量和外生变量，并且在理论上成立而能以之作为特定称谓的经济学①。

任何一种学说在创立初期通常都有着社会物质基础支撑的思想端倪。例如，蒸汽机技术导致的社会分工和协作是形成古典经济学的社会物质基础（亚当·斯密，1776），该理论的思想端倪起始于个人追求自身利益最大化这一以"经济人假设"为标志的经济意识形态；继它之后的新古典经济学的物质基础，仍然是文艺复兴和启蒙运动推动的蓬勃发展的工业化，其思想端倪可理解成对边沁"将自利选择'定义'为自我偏好"的功利主义的深化和拓宽（哈里森，1996）。从人类理性选择考察，如果进一步探讨新古典经济学试图说明个体怎样才能符合理性地选择（Harsanyi，1977）的理论观点，进一步探讨现代主流经济学旨在阐释个体如何选择才符合理性（Edgeworth，1981）的理论见解，我们同样可以发现和找到它们的社会物质基础支撑的思想端倪。再例如，凯恩斯经济学以有效需求为核心的宏观调控理论（凯恩斯，1936），它的物质基础是1929—1933年的经济危机，思想端倪则是人们对市场失灵的切肤认知。但有必要指出的是，引致理论创新的思想端倪必须是一种趋势化的存在，而不是特定时空上的思想涟漪。

随着人类社会步入大数据、互联网和人工智能等相融合的数字经济

---

① 这里所说的能够兼容内生变量和外生变量的分析对象，是指按主流经济理论划分不属于经济范畴但却贯穿于经济活动始终、并且引领厂商投资经营朝特定方向发展的变量；科技因素通常具有这样的基质，故有人提出创建科技经济学，但问题在于，笼统地将科技因素作为这种兼容性变量，对厂商投资经营的方向引领比较模糊；人工智能具有这种兼容性变量的特征，它可以引领厂商运用大数据分析朝着数字经营的方向发展，因此，依据人工智能的未来发展，经济学家可在理论上探寻人工智能经济学的建构路径。

时代，厂商、个人和政府的投资经营开始以大数据为基本元素，以互联网为交易平台，以人工智能为技术手段；这种格局最显著的表现，是经由大数据判定的因果思维会逐步取代以部分数据为依据进行推论的因果思维，而大数据思维的趋势化将会导引人类把一切社会活动和自然界一切现象统统看成是"算法"（赫拉利，2017）。针对未来学家有关大数据思维和算法等观点的科学性，厂商、个人和政府运用新科技进行投资经营的经济效率已一定程度和范围内有所验证，他们越来越趋向于通过移动互联网、传感器、社交媒体、卫星定位系统等搜集与自己投资经营活动相关的大数据，运用人工智能技术来整合、储存、分类、加工和处理这些大数据。厂商、个人和政府运用新科技进行投资经营的过程，在技术上将会呈现出人工智能对大数据的匹配过程；大数据、互联网和人工智能等的融合主宰人类行为选择和方式之日，便是人工智能经济学的构建完全具备物质基础之时。

人工智能经济学的思想端倪起源于新科技基本元素的大数据无所不包的边界，发端于大数据思维判定因果关系的准确性，定格于人类运用人工智能技术对市场出清意义上的供给和需求的把握。人工智能技术在社会经济、文化、政治等领域的广泛应用，兴起了与历史上各种人文主义不同的科技人文主义（舍恩伯格，2012；凯利，2014；吴军，2016）。科技人文主义作为一种思潮，可用大数据时代或人工智能时代来表征。其实，大数据与人工智能本质上雷同，我们无论是以大数据还是以人工智能来理解和说明科技人文主义，都必须围绕它们改变人类思维方式、认知过程、选择行为、操作程序、效用展望等展开，都必须解释它们对人类学习、工作、生活、憧憬等的影响。就经济领域的生产、交换、分配和消费而论，科技人文主义可看成厂商投资经营的哲学背景。这种背景催生了科技人文主义成为人工智能经济学的思想端倪以后，倘若在将来渗透于经济运行和经济发展的始终，并且获得了广泛扩散和长足发展，则我们建构人工智能经济学就有了思想基础。

经济学家建构人工智能经济学的困难，发生在如何依据现实把人工智能界定为影响经济活动的内生变量。从纯粹技术角度看，人工智能属于外生变量，但从它全方位影响和渗透厂商投资经营看，人工智能又明显具有内生变量属性；在厂商已运用人工智能匹配大数据来进行投资经营的现阶段，人工智能具有兼容内生变量和外生变量的特性；在未来，厂商投资经营受人工智能支配将是它的发展方向和归宿。具体地讲，厂商在未来投资和生产什么、投资和生产多少、产量和价格如何确定、怎样选择竞争路径以及怎样追求市场势力等，都需要通过人工智能匹配大数据的方法来解决和实现。这一清晰的发展前景表明科技人文主义具有现实支撑的立论依据。然则，科技人文主义思潮并不意味着人工智能已成为内生变量，人工智能是否会成为厂商投资经营的内生变量，关键在于它将来的发展能不能左右厂商的选择偏好、认知和选择行为等；如果人工智能在未来能够成为厂商投资经营的内生变量，那么，人工智能经济学的建构路径便有了探寻的轨迹。换言之，经济学家可以围绕厂商运用人工智能对宏观、微观经济活动的影响来展开符合学术规范的论述。

新理论的建构路径通常与原有理论有着承接性，人工智能经济学的建构路径也不例外。从理论的承接性考察，经济学家可依据大数据、互联网和人工智能等融合的实际，对主流经济学的厂商决策、资源配置、产业组织等基础理论展开相关评说，并由此对人工智能经济学的建构路径进行探讨；至于逻辑上还需要考虑的国际贸易理论、经济周期理论、宏观调控理论等，基于它们是以上理论的派生和延伸，它们的建构路径可以参考或套用以上理论的探讨。本章的结构安排是：第二部分拟在分析厂商运用人工智能进行投资经营的前提下，探讨厂商投资经营的决策行为，在理论上借助市场机制说明厂商的产量和价格确定、供求规划以及竞争路径的选择，以阐述人工智能对数字经济的推动；第三部分是文章的重点，通过对人工智能可以成为经济学内生变量的分析，围绕经济学基础理论来研究人工智能经济学的建构路径；第四部分是对这种建构路径所需要的条件配置做出几点补充说明。

第四节 人工智能推动数字经济发展的理论描述

一 人工智能推动数字经济的发展，发端于依据大数据的因果思维正逐步取代以部分信息为根据的因果思维，起步于厂商运用人工智能技术有可能取得的满意的效用函数

工业化时代经济理论研究的一个重要特征，是理论推理和论证存在一定程度的主观判断。我们姑且不讨论这种主观判断存在的失误,但应当明白信息不完全是产生主观判断的原因,或者说,经济理论研究缺乏大数据支持就会产生主观判断①。大数据的极大量、多维度和完备性等特征,对厂商以大数据思维取代过去以部分信息推论全体的因果逻辑思维来讲,给经济理论研究提供了新视域(何大安,2018a)。总的来说,经济学家可以通过研究厂商以大数据为基本元素、以互联网为运作平台、以人工智能为手段的投资经营方式,解析厂商大数据思维下的产供销活动,解构厂商与厂商、厂商与消费者之间的行为互动;大数据思维使经济学家在剔除主观判断的同时,关注机器学习、物联网和区块链等人工智能手段在投资经营中的运用,关注人工智能技术之于数字经济的产生和发展。因此,人工智能推动数字经济的发展发端于大数据思维,它是大数据、互联网和人工智能相互融合的结果。

厂商运用人工智能进行投资经营有可能取得满意效用函数的问题,是一个需要经过迂回分析才能明晰的问题。人工智能技术归根结底是大数据分析和运用的技术,厂商运用人工智能技术进行投资经营,通常需要经历大数据的搜集和储存、整合和分类、加工和处理三大阶段,由于这三大阶段所使用的新科技手段都离不开人工智能技术,因而厂商处于不同阶段的新科技水平的差异,意味着厂商运用人工智能技术匹配大数据的数据智能化水平的差异,意味着厂商准确规划和确定产品和服务数量的差异,从而决定着厂商运用人工智能进行投资经营取得效用函数的差异。同时,厂商与厂商以及厂商与消费者之间的行为互动,要求厂商必须具有较高人工智能技术支撑的网络协同化能力;网络协同化是厂商与客户产供销活动在互联网交易平台上的协调,它以数据智能化为基础;厂商只有同时具备较高的数据智能化和网络协同化,才能够取得以市场势力为标志且有可能带来效用最大化的网络协同效应。从厂商投资经营的效用函数评判,网络协同化是厂商在大数据分析上的"知己知彼",网络协同效应是厂商取得满意效用函数的前提。厂商追求网络协同效应的过程,就是人工智能推动数字经济发展的过程。

---

① 这里暗含着一个需要说明的观点,那就是大数据外延比信息大,信息来源于大数据。该观点的理论依据是不管你是否发现或感知大数据,它都不以人的意识而存在,而信息却是人们发现或感知的产物。关于大数据,只是人类科技水平达不到一定高度时没有启用这个概念罢了。

二 数字经济是人工智能为代表的新科技在厂商投资经营过程的综合反映，人工智能与数字经济的相关性可分别从短期和长期考察

数字经济的产生和发展是大数据、互联网和人工智能等相融合的产物，在这一体现新科技综合的相互融合中，社会人工智能的技术层级会在很大程度上反映大数据分析、云计算能力、互联网运用等技术层级[1]。数字经济作为一种改变人类选择行为和资源配置模式的运行模式，主要表现为厂商如何运用云平台、云计算和人工智能手段进行投资经营，从而对产品和服务的供求数量及其结构的规划和确定。人工智能之所以是新科技在厂商投资经营过程的综合反映，是因为厂商无论是搜集、储存、整合和分类初始的大数据，还是加工和处理直接影响产供销的大数据，要想在参数选择和模型设计上做到准确高效，都需要运用高技术层级的机器学习、物联网、区块链等人工智能手段来解决和实现；同时，投资经营面对的大数据是数字化数据与非数字化数据之和[2]，以大数据匹配而言，厂商加工和处理非数字化数据必须具备高超的人工智能水平。当绝大部分厂商能够运用高技术层级的人工智能手段进行大数据分析并由此展开产供销活动时，人类社会便进入了数字经济时代。

人工智能与数字经济之间有着可分别从短期和长期考察的相关性。从短期看，由于厂商的人工智能水平相对稳定，他们搜集、储存、整合、分类、加工和处理大数据的能力会受到既定水平的制约。比如，在厂商只能对数字化数据而不能对非数字化数据，只能对历史数据而不能对现期数据和未来数据进行大数据分析的情况下，社会的数字经济水平不会得到明显提高，这种情形可看成人工智能与数字经济之间的弱相关。从长期看，一方面，随着厂商人工智能水平的不断提高，亦即他们

---

[1] 学术界关于数字经济的观点可概括为：数字经济是以大数据为基本元素，以互联网为运作平台，以云计算、机器学习、物联网、区块链等人工智能技术为手段的投资经营活动（杨伟国等，2018）。经济学界对数字经济进行了两方面的研究：一是数字经济有什么样的性质规定及其规模变动特征（美国商务部，1998、1999；泰普斯科特，2016；尼葛洛庞蒂，2017；中国信通院，2017），二是数字经济之投资经营的机理构成（何大安、许一帆，2020），很明显，后者是经济学家建构人工智能经济学的重要内容。

[2] 大数据是人类活动和自然现象的结果，它既可解释为数字化数据和非数字化数据之和，也可解说为历史数据、现期数据和未来数据之和（何大安，2018b、2020），理解这一点很重要，它是经济学家建构人工智能经济学不可绕避的分析基础。关于历史数据、现期数据和未来数据，后文将会在有些场合反复论及。

大数据分析能力开始从匹配数字化数据上升到非数字化数据，从匹配历史数据上升到现期数据乃至于未来数据，厂商在能够准确规划产供销活动的同时，整个社会数字经济运行的覆盖面也会随之不断扩大；另一方面，数字经济发展会对人工智能的技术水平提出更高的要求，会对厂商形成一种具有反作用性质的外在强制。因此，人工智能与数字经济在长期内存在强相关。我们探寻人工智能经济学的建构路径，离不开人工智能与数字经济之间的相关性。

三　单纯从技术角度观察，人工智能是外生变量，但从厂商投资经营的数据智能化考察，人工智能则属于内生变量；我们探寻人工智能经济学的建构路径，可沿着人工智能推动数字经济发展这条主线思考

人工智能是一种起始于大数据思维并试图以机器代替人脑和人手的技术手段，人类成功挖掘计算机模拟、仿真、预测等功能是以大数据广泛运用为底蕴的，厂商已开始将大数据普遍运用于投资经营，数据主义盛行已导致大数据分析成为社会经济、政治、文化等运行的一种大趋势（Kevin，2010；Hidalgo，2015）。现有的人工智能技术对数字化数据的匹配有了长足进展，目前正努力推进和发展逻辑推理、概率推理、专家系统、指纹鉴定、语音识别、自然语言处理等人工智能技术来匹配非数字化数据。就这些新科技力图实现将非数字化数据转化为数字化数据而论，我们在理论上可以把人工智能解释为经济运行的外生变量。或许是因为这一事实，一些学者坚持认为人工智能和大数据是工具，它们撼动不了主流经济学基础，遑论建立人工智能经济学。这的确是一个有趣的理论问题，值得我们深入探讨。

其实，正如前文梗概描述的那样，在厂商运用数据智能化进行投资经营的过程中，我们既可以把人工智能界定为外生变量，也可以把人工智能界定为内生变量。诚然，厂商借助移动通信、互联网、传感器、社交媒体、定位系统等新科技手段搜集、加工和处理大数据，通过人工智能技术将非数字化数据转化为数字化数据，努力从加工和处理历史数据走向加工和处理现期数据和未来数据，表现为一个纯技术的发展过程，但它会改变厂商投资经营的认知过程、决策依据和路径、决策手段和效用展望等。具体地讲，厂商针对提供原材料和中间品的生产客户以及针对大众的消费倾向、消费偏好、消费时尚等的变化，需要通过人工智能技术来匹配对应于他们行为方式的数字化数据、非数字化数据、历史数

据、现期数据和未来数据，从而使人工智能成为内生变量。当绝大部分厂商的人工智能技术达到很高的层级时，人工智能无疑会成为催生数字经济的内生变量，并且这个内生变量会贯穿于数字经济运行和发展的始终。以此之故，从数字经济运行和发展看问题，我们以身兼外生变量和内生变量的人工智能作为分析主线，有着创新经济学的空间。

四　数字经济运行和发展的实质是厂商运用大数据分析和人工智能技术，以规划和确定产品和服务的数量和价格，人工智能技术广泛运用之时，便是数字经济覆盖面日益扩大之日

厂商利用互联网、大数据、云平台、云计算等规划产品和服务数量的主要人工智能手段，是机器学习和物联网两大技术，这是当前人工智能技术落地于厂商投资经营层面的重要标志。相对于过度关注统计计量的计量经济学，机器学习是厂商预测供求关系最有效的人工智能技术；机器学习运用决策树（Decision Tree）和支持向量机（SVM）等模型，运用回归（Ridge Regression）和套索算法（LASSO）等解决预测问题（Varian，2014；Athey，2015，2018）。物联网具有数据采集、数据处理和智能运用等功能，是融合了互联网技术、通信技术和信息技术的跨领域人工智能平台；相对于具有分布式账本、去中心化信任、时间戳、非对称加密、智能合约五大技术特征并且具有价值互联网性质的区块链，物联网对厂商投资经营的大数据分析功能要强于区块链。因此，从厂商依据大数据分析和运用人工智能手段来预测产量和价格看，机器学习和物联网是推动数字经济发展的主要人工智能手段。

人工智能技术广泛运用的背景是大数据、互联网和人工智能等的全方位融合，以现阶段厂商投资经营实际而论，一些厂商已开始通过物联网技术搜集、储存、整合和分类大数据以确定产品数量和价格[①]；同时，也有一些厂商运用机器学习技术对多维度大数据进行加工和处理，从极大量和完备性的大数据中甄别和挑选出有助于确定产量和价格的大数据。我们应该注意的一个基本事实是：当大部分厂商运用物

---

① 前文反复谈及的厂商运用移动互联网、传感器、社交媒体、定位系统等搜集大数据的情形，同样是一定程度上和一定范围的人工智能应用，因为这些搜集大数据的设备或多或少存在人工智能因素，只是物联网搜集和处理大数据的集约化程度很高显得非常耀眼罢了。在此，我们可看出大数据、互联网和人工智能等全面融合的背景含义。

联网和机器学习技术来搜集、储存、整合、分类、加工和处理大数据，并以此作为投资选择依据时，市场经济条件下以供求和价格波动为导向的市场机制就会让位于以大数据分析和人工智能运用为导向的市场机制。从理论上来讲，调节产量和价格的市场机制的内容发生变化，经济运行模式也就发生变化。易言之，当绝大部分厂商运用大数据分析和人工智能技术进行投资经营时，社会经济运行模式也就进入了我们已感知或认识但尚未能在理论上予以清晰说明的数字经济时代。

数字经济果真像未来学家和社会物理学家所预言和憧憬那样会成为一种以"算法"为特征的经济模式吗？对这些预言和憧憬给予支持和批评的观点究竟哪一个更具有科学性，我们可以暂时搁置不论，但对于市场调节机制出现变化从而引发经济运行模式的变化，有许多问题值得讨论。其中，可不可以建立人工智能经济学，则是一个紧扣当前实际的课题；若可以，针对人工智能经济学的建构，经济学家应该从哪些方面探索建构路径呢？

第五节 人工智能经济学的建构路径探索

一门学说的建构至少要完成两项不可绕避的工作：一是解说该学科相关理论与新建学说在学术上的承接，说明新建学说之于以往理论的取舍；二是围绕假设前提和分析参照系对新学说的建构途径展开论证，说明新学说建构途径的学理符合该学科的规范。关于这两项工作的分析安排，限于篇幅，本文不打算对以往理论的回顾展开类似文献综述的评说，而是将相应的文献评说放置于探索建构路径的分析框架中。同时，对新学说假设前提和分析参照系之建构途径的探索，将以大数据、互联网和人工智能等相融合为背景，重点分析厂商运用人工智能进行投资经营的程序、路径和过程，通过对这些程序、路径和过程的分析，以人工智能运用为核心来探索厂商理论、资源配置理论、产业组织理论的建构路径。在笔者看来，这三大基础理论的建构是人工智能经济学的基石，如果经济学家能够打开这三大基础理论的建构通道，则人工智能经济学的建构就有了希望的火花。

一 基于大数据、互联网和人工智能等相融合有可能较准确、较全面地提供大数据的实际，可考虑以"完备信息"作为人工智能经济学的假设前提

经济学基础理论的发展主要经历了完全信息假设和不完全信息假设两大阶段，这两大假设是工业化不同进程的理论反映，它演绎出不同的经济理论体系。古典经济学的完全信息假设成为历史陈迹，起始于新古典经济学不完全信息假设的主张；随着以完全信息假设为前提的"经济人"范式被以不完全信息假设为底蕴的"理性经济人"范式所替代，新古典经济学的期望效用函数理论（Neumann，John & Morgenstern，1947）便逐步成为经济学理性选择理论的主流。但是，正如赫伯特·西蒙（1989，2002）以"下棋和寻针例证"做出的批评那样，新古典经济学对偏好、认知和效用等有着一系列给定条件约束（Arrow, K. & G. Debreu, 1954），这些约束不仅使自己的假设前提暧昧不清，而且在影响现代主流经济学确定效用函数变量的同时（Akerlof & Kranton, 2005；Akerlof, 2007），也对旗帜鲜明地坚持不完全信息假设的现代非主流经济学产生了潜在影响（Kahneman & Tversky, 1974, 1979；Smith, 1994）。换言之，不同时期的经济理论应用不完全信息假设的程度和范围存在着差异。

在经济学世界，完全信息意味着完全理性，厂商在完全信息或完全理性下可以知晓选择结果；不完全信息意味着有限理性，厂商在不完全信息或有限理性下不可能知晓选择结果；厂商是否知晓选择结果，关系到效用最大化的实现问题。在人工智能技术出现以前，厂商的有限理性约束说明他们只掌握部分信息，这部分信息之于大数据，在数量范围上只是很小的一部分；具体地讲，它们只是数字化数据或历史数据的一部分，既不包括图书、图片、图纸、视频、声音、指纹、影像等非数字化数据，也不包括正在发生的现期数据，更不包括尚未发生的未来数据。这种情形表明，经济学不完全信息假设是对工业化时代厂商搜集信息能力的一种理论描述，尽管这一假设具有立论的科学性，却是一种距现实相差甚远的理论抽象。随着万物互联、低时延的5G通信以及移动互联网的覆盖面越来越大，厂商运用传感器、社交媒体、定位设备、机器学习、物联网、区块链等人工智能来搜集、整合、分类、加工和处理大数据的技术水平会不断提高，据此，我们可有以下推论：厂商在未来存在着获取相对准确和完整信息的可能性。

　　基于这样的推论，是否可以用"完备信息"作为建构人工智能经济学的假设前提呢？完全信息之于厂商投资经营，是针对厂商能够掌握的产供销活动的全部信息而言的。然而问题在于，即便厂商在未来能够通过人工智能技术搜集到影响产供销的全部大数据，但并非代表厂商有能力整理和分类这些影响产供销的大数据，也并非代表厂商通过大数据分析能够加工和处理所有影响产供销的信息。所以，厂商在未来能否获取完全信息是一个备受争议的问题。我们可以把相对准确和完整的信息理解或定义为完备信息；完备信息是处于不完全信息与完全信息之间的一种信息状态，它不可能出现在工业化的技术条件时期，只能出现在大数据、互联网和人工智能等相融合时期。如果经济学家以完备信息作为建构人工智能经济学的假设前提，在很大程度上是符合新科技导引厂商选择行为实际的。

　　二　厂商理论是人工智能经济学的基础，经济学家探寻厂商理论的建构路径，首先要对大数据、互联网和人工智能相融合下厂商的选择偏好、认知和效用等，做出理论符合实际的框架性或方向性解释

　　前文关于人工智能经济学的思想端倪以及人工智能推动数字经济发展的解说，暗指不能单纯地把诸如机器学习、物联网、区块链等作用于厂商投资经营过程看成人工智能经济学的技术背景，而是特别强调大数据、互联网和人工智能等的融合对人工智能经济学形成的综合作用。经济学家建构人工智能经济学的重要任务之一，是要建立符合大数据、互联网和人工智能等相融合的厂商理论，而建立这样的厂商理论得必须对厂商的投资选择行为展开论证；人工智能运用背景下的厂商投资选择行为包括选择偏好、认知过程和效用期望等内容，如果经济学家能够以完备信息假设为假设前提将这些内容作为分析参照系，并且能够对这些内容有框架性或方向性的解释，则经济学家对人工智能经济学建构路径的探索就迈出了重要一步。

　　现有的关于人工智能运用的经济理论研究，主要是将人工智能看成一种由大数据决定的技术手段或工具，这些研究通过对人工智能技术与厂商投资经营实际的考量，结合博弈论和行为经济学等来解释人工智能技术运用对厂商选择行为的影响（Tennenholtz，2002）；另一些研究则注重机器学习、物联网、区块链等具体人工智能技术的运用，试图运用

模型来描述人工智能技术对市场设计、金融操作和厂商选择行为的影响（Dunis et al, 2016；Milgrom & Tadelis, 2017）。诚然，这些理论研究在一定程度和范围内解说了人工智能技术与厂商选择行为之间的相关性，但没有从基础理论层面解释人工智能技术如何影响厂商选择行为及其投资经营过程。也就是说，这些理论研究跳开了假设前提和参照系，直面产供销活动而没有在基础理论层面上发力。其实，经济学家建构新的厂商理论，必须对厂商的选择偏好、认知过程、效用期望等做出新解释，并据此对厂商投资经营活动进行论述，这是联系经济学基础理论对人工智能运用展开理论研究的基本环节，是建构人工智能经济学不能跨越的路径。

从基础理论层面考察，经济学家建构新的厂商理论的基本关注点，应该放在厂商选择的偏好函数、认知函数和效用函数上，具体探索路径是解析这些函数的构成机理。事实上，在大数据、互联网和人工智能等相互融合的背景下，厂商投资经营选择正在逐步形成两大群体：一是在很高科技层级上运用大数据和人工智能进行投资选择的群体，这类厂商数量极少但却能引领其他厂商投资选择，是厂商集群中的精英群体；二是不能驾驭大数据和人工智能技术的普通群体，这类数量庞大的群体的投资选择会受到精英群体的导引。经济学家探索人工智能经济学的建构路径，可考虑在分别描述精英群体和普通群体的偏好函数、认知函数和效用函数的基础上，以精英群体的三大函数来涵括普通群体的三大函数，从而突出精英群体运用大数据和人工智能进行投资经营取得极大收益对普通群体的引领作用。厂商理论这样的建构路径是以精英群体通过大数据和人工智能可以获取完备信息，精英群体能够知晓选择结果从而会取得效用最大化为前提。当然，对假设前提和分析参照系这种框架性或方向性的解释，还需要经济学家在理论研究上进一步细化。

三 厂商投资经营方式变化会导致资源配置模式变化，经济学家可通过对大数据和人工智能运用的分析，从资源配置模式变化来探索人工智能经济学的建构路径

概而言之，厂商投资经营方式变化是指厂商投资和生产什么、投资和生产多少的运营手段的变化。在工业化时代，厂商主要是依据供求关系和价格波动等市场机制来决定投资和生产什么以及投资和生产多少；这种以市场机制为依据的运营方法，应该说是信息不完全情况下的无奈选择，因为厂商根据部分信息进行选择不可能知道决策结果，他们投资和生产的产品和服务数量难以应对不断变化的社会有效需求①。在大数据和人工智能时代，厂商交易实质上是互联网上的行为互动，当互联网的"时空错开、同步并联、客户拉动、实时评价"功能使厂商投资经营出现无约束"联结"和交易"去中间化"场景，并且厂商通过人工智能技术能够搜集、加工和处理这些表征行为互动的大数据时，就会产生由大数据、互联网和人工智能等相融合导致的资源配置模式；假如厂商通过大数据和人工智能技术能够获取完备信息，它就会明显优于市场机制的资源配置模式。经济学家可考虑从资源配置模式变化来探索人工智能经济学的建构路径。

关于资源配置模式的变化，我们既可将称之为互联网资源配置模式，也称之为人工智能资源配置模式或大数据资源配置模式。其实，怎样称呼并不是很重要，关键是要了解资源配置模式变化是大数据、互联网和人工智能相等融合的产物。为讨论方便计，我们称之为人工智能资源配置模式。在数字经济运行中，产品和服务在互联网上的点击率、关注度、实时评价、网红、体验交流等行为互动大数据，通常是数字化数据、非数字化数据、现期数据三大类②；经济学家可根据厂商运用人工智能匹配这三类大数据的能力，把厂商的人工智能技术水平划分为不同层级。很明显，只能匹配数字化数据而不能匹配非数字化数据、现期数据的厂商，其技术层级会低于既能匹配数字化数据也能匹配非数字化数据的厂商，更低于既能匹配数字化数据、非数字化数据也能匹配现期数据的厂商。经济学家从资源配置模式变化探索人工智能经济学的建构路径，可依据不同技术层级的厂商数量及其比率，来说明和论证人工智能资源配置模式会在多大程度和范围内取代以价格波动和供求关系为调节手段的市场资源配置模式。

诚然，人工智能资源配置模式本质上仍属于市场运行范畴，但这种运用大数据分析产供销活动、进而通过人工智能技术来规划产品和服务

---

① 瓦尔拉斯和帕累托曾对资源配置展开过一般均衡分析（Warlas, 1874－1877；Pareto, 1909），后期经济学家则对不变规模报酬模型下生产效率的均衡问题进行了探讨（Hayek, 1945；Koopmans, 1951；Dantzig, 1951），但由于信息不完全和有限理性约束，产品和服务数量怎样才能满足社会有效需求问题一直没有在理论上得到令人满意的解决。

② 互联网交易平台上的行为互动大数据，一般不出现历史数据和未来数据。

数量的过程，至少有以下特征：（1）当前厂商的大数据分析不仅包括价格波动和供求关系直接提供的数字化数据，而且包括间接影响产品和服务的非数字化数据；（2）在未来，厂商运用人工智能技术对数字化数据、非数字化数据、历史数据、现期数据、未来数据的匹配，有可能获取确定产品和服务之准确数量的完备信息；（3）较之于以价格波动和供求关系为调节手段的市场资源配置模式，人工智能资源配置模式突出了人类以新科技为手段来规划产品和服务数量的格局。从这个角度看，作为新科技代表的人工智能不应被视为外生变量，而是应该将之作为内生变量而纳入经济分析模型中处理，如此，经济学家建构人工智能经济学的分析路径将会大大拓宽，人工智能经济学将有可能走进微观经济学大家族。

四 厂商运用人工智能进行投资经营取决于数据智能化，经济学家探索人工智能经济学的建构路径，可考虑通过数据智能化的解析，对厂商运用人工智能技术做出一般性理论描述

对厂商运用人工智能技术进行投资经营展开一般性理论描述，要点在于通过数据智能化技术层级变动的分析来解说人工智能的内生变量属性，也就是说，经济学家需要在学理上将人工智能看成数据智能化的函数。如前所述，厂商数据智能化水平不同，则搜集、储存、整合、分类、加工和处理大数据的能力就存在差异，这种因数据智能化水平不同所导致的大数据分析能力差异，充分反映在厂商运用人工智能技术对数字化数据、非数字化数据、历史数据、现期数据、未来数据等的匹配上。如果经济学家能够建立模型来概括厂商匹配不同类型数据的技术层级，并通过对技术层级的一般分析揭示出厂商运用人工智能来规划产品和服务数量的不同情形，那么，人工智能在经济学家视野中的外生变量属性就会淡化，人工智能作为内生变量，就会落实到经济活动的实际场景。经济学家对这种实际场景的分析，应围绕厂商数据智能化决定人工智能匹配大数据的技术层级，从而影响厂商投资和生产什么、投资和生产多少来展开。这是建构人工智能经济学的重要路径。

现有的关于人工智能与经济理论结合的一般性分析尚不多见，这或许是因为经济学家局限于人工智能的技术运用而没有将之理解为内生变量。第一位获得克拉克奖的女性经济学家Susan Athey（2018）率先对机器学习之于经济活动进行了因果推断，继之，对这种因果推断展开进一步研究（Athey，Imbens & Wager 2016），并讨论了预测和因果推理（Athey，2017），也有经济学家通过人工智能研究了最优政策估计（Kleinberg，et al，2015）。客观地讲，这些分析和研究是典型的人工智能技术（机器学习）运用的研究。国内学者林木西、张紫薇（2019）从经济学资源配置视角对区块链能够降低信息不对称和交易成本，从而有可能建立"完全竞争市场"做出了分析，认为在建构企业和政府的动态博弈模型的基础上，通过"区块链＋生产"平台让智能合约机制、溯源机制、P2P机制、数字双胞胎机制等改变生产方式决策的成本与收益，让市场机制推动企业向绿色生产方式转型。这方面的研究文献很多，但严格地讲，它们还不属于将经济理论与人工智能结合的一般性研究，这有待于在理论分析层级上升华。

人工智能的技术运用可以看成是大数据、互联网和人工智能相融合的聚合点或归宿点，它在社会生产、流通、分配和消费等环节的全方位运用，为经济学家展开一般性经济理论分析提供了物质基础。数据智能化作为升华人工智能之理论分析层级的一个重要概念，其分析基点在于人类运用人工智能对大数据的搜集、储存、整合、分类、加工和处理。就人工智能经济学的建构来讲，经济学家首先需要分析单个厂商如何运用人工智能技术来预测成本与收益以及规划产量和价格，分析竞争和垄断的形成路径，解释厂商达到什么样的人工智能技术层级才能有效扩大供给端；继之，经济学家需要对全体厂商人工智能技术层级的变动做出解说，论证宏观经济层次上的供给端与全体厂商人工智能技术层级的关联，并通过对数据智能化的分析来建构人工智能经济学。厂商人工智能的技术层级变动也反映在厂商与厂商以及厂商与消费者之间的行为互动上，为此，人工智能与经济理论结合的一般性分析，需要关注这种行为互动所引致的网络协同化。

五 厂商之间的行为互动会在产品和服务交易上形成网络协同化，对网络协同化展开符合经济学规范的理论研究，是建构人工智能经济学的重要路径

经济学关于"供求关系→价格波动→厂商投资经营选择"的市场资源配置机制的理论经典，在难以解决市场失灵或不能实现帕累托最优的原因之一，是工业化时代的经济学家分析厂商之间的行为互动，局限于产品和服务的上下游联系以及由此反映的价格信号，他们缺乏完备信息而不可能对厂商之间的行为互动展开大数据分析。厂商之间行为互动的网络协同化是对厂商交易过程"知己知彼"的一种理论概括，在产品和服务的供给量既定的情况下，如果大部分厂商投资经营能够实现较好的网络协同，他们对产品和服务的规划便能够相对准确地应对社会的有效需求；在产品和服务的供给量扩大的情况下，网络协同化会扩大产品和服务的需求端。产品和服务需求端的扩大是针对全社会而言的，说到底，就是厂商与厂商以及厂商与消费者之间的产品和服务交易能够符合社会有效需求，这需要大数据分析，需要人工智能技术的充分发展。

如前所述，属于精英群体的厂商可通过云平台和云计算对人们的选择偏好、认知和效用期望等进行大数据分析，通过人工智能技术匹配大数据，有可能在掌握客户需求的完备信息下选择投资经营。当绝大部分厂商迈入精英群体的行列，绝大部分厂商通过大数据和人工智能技术使产供销活动进入"知己知彼"状态，也就是绝大部分厂商可以通过人工智能技术处理互联网交易带来的行为互动大数据从而实现网络协同化时，社会经济运行和发展便具备了瓦尔拉斯一般均衡理论所描述的基础。经济学家对网络协同化的认识，除了需要在理论上描述它具有扩大需求端的功能外，还需要对网络协同效应进行分析。网络协同效应涉及的问题比较宽泛，从人工智能经济学的建构路径看，在符合经济学规范的前提下对产量和价格决定以及对竞争和垄断的形成展开分析，即对产业组织的重塑展开理论分析，是解析网络协同效应的最重要的落脚点。

六　厂商运用人工智能来匹配产供销大数据，会在改变产量和价格的市场决定机制的同时，改变产业组织架构，在理论上对产业组织重塑的解析，是建构人工智能经济学的重要路径

在大数据和人工智能时代，产业组织问题正逐步演化为厂商与厂商以及厂商与消费者之间的网络协同化问题。这一演化过程起步于互联网＋模式，对整个社会经济运行来讲，只有实现了人工智能＋模式才能获得全社会意义上的网络协同化。诚然，互联网＋模式能够"去中间化"从而导致资源配置方式一定程度的变革，但由于这种新的市场型制度安排的技术进入门槛较低，大部分实施互联网＋模式的厂商难以应对诸如在线支付、信用担保、物流仓储调节、质量监控、收益分享、道德风险防范等复杂场景和生态，于是，由产量和价格决定以及竞争和垄断形成路径共同塑造的产业组织，仍然不能全面摆脱企业上下游纽带、区域关联、运输半径、中心外围战略等的约束，换言之，产业组织架构仍然在很大程度上显现出以纵向布局为特征的格局。由此，我们可以看出互联网是改变产业组织的一个重要平台，但它还不能成为重塑经济学的内生变量。

从基础理论考察，厂商采取人工智能+模式能够获得网络协同化的原因，在于高层级的人工智能技术有可能匹配客户的选择偏好、认知和效用期望等内蕴的能够左右产供销活动的大数据，从而可以应对和处理投资经营的复杂场景和生态。正是基于人工智能具有这样的内生变量基质，产业组织会演变成网络协同架构。对于经济学基础理论的重塑来讲，产业组织的网络协同架构取代经济体系中原有的纵向垂直架构有着革命性，它可以导引经济学家在数据智能化的基础上对网络协同化展开全方位的分析，即分析厂商与厂商以及厂商与消费者之间的产量和价格如何确定、竞争和垄断的路径怎样形成等问题。这两大类构成产业组织理论的问题很复杂，当经济学家将之作为人工智能经济学的建构路径时，需要通过大数据分析奠定完备信息的假设前提下，建立一系列符合大数据、互联网和人工智能等相融合的分析模型，以突出人工智能作为内生变量的"显赫"地位，从而架构出人工智能经济学的基本分析框架。

经济学家完成人工智能经济学建构路径的探索是一回事，成功建构人工智能经济学却是另一回事。在现阶段，我们依据大数据分析把人工智能作为内生变量纳入微观经济分析，从而对人工智能经济学建构路径的探索，与其说是对建立一种成熟学说的理论描述，不如说是对未来人工智能充分发展在经济理论研究上的一种分析展望。实际上，建构人工智能经济学需要有很多条件配置，对这些条件配置的解释是不可或缺的，也就是说，只有具备了这些条件配置，人工智能经济学才能够建立起来。

第六节　关于建构人工智能经济学的几点说明

人工智能问世已有半个多世纪，它成为主导经济学的一种思想端倪，是起源于未来学家和社会物理学家关于未来一切由大数据所主宰以及人类一切活动都可以归结为"算法"等的思想理念。然则，比照于经济实践，尽管厂商的投资经营活动开始运用机器学习、物联网、区块链等人工智能技术，但由于人工智能运用的覆盖面还没有扩张至企业产供销活动的每一个细节，厂商的投资经营仍然要受到以价格和供求关系为信号的市场机制的支配。关于人工智能经济学的思想端倪，我们既可以在哲学意义上将之看成一种经济意识形态，也可以将它理解为对人工智能为代表的新科技之未来运用前景的展望。很明显，建构人工智能经济学的学术主张，是属于对新科技未来发展能够左右经济活动的一种前景描述；但当厂商还不能在产供销活动中广泛运用人工智能，或者说人工智能还没有成为微观经济运行的内生变量时，人工智能经济学就不具备建构的基础。从这个意义上理解，人工智能经济学建构的基本条件配置，是必须从思想端倪转变为人工智能广泛运用于厂商投资经营实践。

人工智能作为新科技运用的聚焦点和归宿点，其亮点主要反映在匹配大数据的"算法"上。"算法"有高低层级之别，它只有达到顶级状态才有可能使厂商获取完备信息，才有可能使人工智能经济学的假设前提成立。完备信息假设对于人工智能经济学的建构十分重要，它是人工智能成为微观经济学之内生变量的基础；本书只是梗概地表述了这一假设前提，并没有对之展开学理性论证，从理论建构的严谨性来看，完备信息假设无疑是我们建构人工智能经济学的理论条件配置。经济学家要解决这一条件配置，必须紧扣大数据、互联网和人工智能等相融合做文章，通过三者的关联来解析将来人工智能可以准确匹配大数据的技术基质，说明厂商运用人工智能技术的未来前景在理论上对应于完备信息假设的逻辑自洽。在笔者看来，虽然这一假设之于人工智能经济学建构是一种潜在的条件配置，但它是这一理论建构的至关重要的基点。

人工智能匹配大数据之技术层级的高低，是考察全体厂商能在多大程度和范围内能够搜集、储存、整合、分类、加工和处理大数据，这个问题涉及对全社会人工智能技术运用水平的考量；人工智能要成为重塑微观经济学的内生变量，不仅要求全体厂商能够搜集、储存、整合、分类投资经营的大数据，而且要求能够加工和处理大数据，并且要求厂商在未来能够挖掘大数据，这便关联到本书反复提及的人工智能对数字化数据、非数字化数据、历史数据、现期数据、未来数据的匹配问题。假若全体厂商局限于加工和处理数字化数据和历史数据的水平，而不能对非数字化数据、现期数据和未来数据的挖掘、加工和处理，那么，人工智能经济学的建构便受到了技术制约，或者说，人工智能成为内生变量就缺乏社会经济实践基础，人工智能经济学只能处于思想端倪状态而得不到新科技的支持。诚然，人工智能匹配大数据的技术运用是大数据专家或人工智能专家干的活，但经济学家要明晰这种技术条件配置对理论建构的影响，要能够从人工智能技术运用的广度和深度来提炼和概括这种技术条件配置的作用机理。

经济学家探索人工智能经济学的建构路径需要得到市场经济体制的支撑，具体地讲，人工智能资源配置机制的发挥是在市场经济体制的框架内进行，如果政府干预经济的覆盖面过大，那么从全社会的角度看，即便厂商能够通过大数据和人工智能技术获取完备信息或准确信息，人工智能的资源配置机制也难以全面发挥作用，这可以理解为是建构人工智能经济学之制度约束的条件配置。虽然这一条件配置跨越了人工智能经济学的内生变量分析范围，但当经济学家着重讨论人工智能资源配置机制对产量和价格决定以及竞争和垄断形成的作用，从而对人工智能经济学建构路径展开扩散性分析时，通常会涉及与政府行为联系的相关讨论，于是这一条件配置便显现出它的约束。不过，这里将制度作为条件配置与新制度学派将制度作为基本分析变量有所不同，它强调市场制度是构建人工智能经济学的现实前提，当这一前提得以确立，制度因素在人工智能经济学的分析视野中，同样会被解析为一种"算法"。

当今数字经济的发展正处于互联网＋模式向人工智能＋模式的转变阶段，这种转变之于人工智能技术提升，应该说对人工智能经济学是否能够建构有着全局条件配置的作用。这是因为，只有绝大部分厂商进入人工智能＋模式的投资经营，并且能够运用机器学习、物联网、区块链等技术把产供销活动的所有大数据都转换成"算法"，人工智能才可以作为经济运行和发展的内生变量，经济学家才能以人工智能作为内生变量来分析资源配置机制重塑和产业组织变动。如果说单个厂商的技术条件配置是人工智能经济学的微观分析基础，那么，全体厂商的技术条件配置则是建立在微观分析基础之上的整体性条件配置。基于现阶段人工智能＋模式尚未普及和技术层级制约，人工智能经济学的构建还只是处于思想端倪阶段，但这并不妨碍经济学家对人工智能经济学建构的憧憬。因此，我们通过对以上条件配置的分析，让问题的研究又回到了本章的分析起点。

总之，建构人工智能经济学是一项要求学理和实际具有一致性的系统工程。严格来讲，我们沿着思想端倪到建构路径来进行探索，只是开启了这项系统工程的学理窗口；从这个窗口到完善的理论，还有很多工作要做；建构完善的人工智能经济学，不仅涉及对厂商运用大数据和人工智能的分析，对新科技层级变动所引发的数字经济模式的分析，而且关系到微观经济理论与宏观经济理论的衔接对人工智能经济学的要求。这些复杂的研究工作一定会出现许多困难，它需要经济学家付出辛勤劳动来完成。

第七节 全书余言

人类社会正在经历大数据革命的洗礼，如果说前几次科技革命教会人类如何决策才有可能提高效率，那么，大数据革命则告诉人类如何决策才能精准提高效率。经济学是一门经世济民的科学，依据大数据的逻辑定义，厂商、个人和政府的一切经济活动都反映为是大数据的堆积，未来学家把人类一切活动和自然界一切现象都解说为一种"算法"，是对大数据逻辑定义的极限解析。大数据革命最重要的特征是驱动人类大数据思维，最重要贡献是有可能给人类提供完全信息，最重要作用是形成大数据平台从而让人类运用云计算、机器学习、物联网、区块链等人工智能技术来解决实际问题。大数据革命引发科技人文主义，科技人文主义正在唤醒经济学家要将科技要素作为经济研究的内生变量，告诫经济学家要充分考虑以大数据为基本要素的新科技及其运用，对市场机制、厂商投资经营、政府宏观调控等的机理构成和作用过程。

现有的主流经济理论是在信息不完全假设或有限理性约束下形成和发展的，其对经济活动的理论描述和分析，主要是基于部分信息来证伪事先建构的理论逻辑，各大经济学流派之间的学术争论在很大程度上源于各自理论逻辑建构的差异。大数据革命对经济理论的冲击，会逐渐减弱乃至于完全消除建构理性对经济学家的影响；经济学家以大数据为分析工具来描述和分析经济活动，会逐渐扬弃"制度、主体和行为预设"这一分析传统。从这个意义上讲，大数据革命背景下的经济理论研究正开始走向演化理性，这是大数据革命与经济学创新在哲学层面上的逻辑关联，尽管这种关联还处于起步阶段，对它的全面分析和论证会碰到许多困难，但作为一种理论探讨，经济学家要研究这一主题。

大数据革命在思维模式上表现是大数据思维将取代以部分信息为依据的因果思维，大数据革命在实际经济运行中的理论概括，可用数据智能化和网络协同化来表述。数据智能化的特定含义及其规定，要求经济学家能够对厂商运用互联网、5G通信、云平台、云计算、机器学习、物联网、区块链等人工智能技术做出经济学解释。网络协同化的特定含义及其规定，要求经济学家能够对厂商与客户之间的行为互动做出经济学解释，与数据智能化一样，它同样是经济学创新的核心内容。经济学创新的深度和广度要受新科技运用的程度和范围的约束，也就是说，新科技发展和运用的状态会决定经济学解释的理论状态。针对大数据时代的经济学创新，经济学家可根据现阶段和未来的新科技发展来进行研究，以构建出经济学理论创新的分析框架。本书关于厂商技术层级以及整个社会技术层级的划分，以及在此基础上对厂商数据智能化和网络协同化的解说，正是基于这样的思考。

经济学家不是计算机和人工智能专家，不可能直接运用新科技手段对经济问题展开分析，他们只能运用已经获取的新科技成果对厂商投资经营做出一般性理论概括。不过，这样的理论概括必须符合厂商运用新科技进行投资经营的实际，唯有如此，经济学家才有可能创新诸如理性选择理论、资源配置理论、产业组织理论、宏观调控理论等，才有可能构建出符合大数据时代的新理论框架。经济学各分支理论的创新会构成一个有机整体，彼此之间存在许多交叉和融合。总的来说，将来大数据能否提供完全信息，厂商实现数据智能化及应对网络协同化场景，新科技发展对制度安排的影响，厂商和政府运用新科技展开投资经营和宏观调控的效用函数等问题，将一直贯穿于经济学各分支理论创新的始终。大数据革命与经济学创新是一个大选题，问题的讨论涉及新科技运用与厂商投资经营的方方面面，并且许多观点的提出和论证都是针对未来而言的，理论分析的预期特征非常明显，正因如此，作者选择了"数字经济下经济学创新的理论探索"为书名。

谈到理论分析的预期，问题的研究还是要回到数字经济在未来能不能提供完全信息这个经济学家敏感话题上来。目前，学术界对此争论很大，本书在不同的章节也涉及这方面问题的讨论，基本观点是认为数字经济的现阶段不可能提供完全信息，但在新科技发展到顶级状态的未来，存在着提供完全信息的可能性。如果人类在未来能够获取完全信息，社会经济运行模式就会发生变化，即会出现市场机制被新科技主宰的可称之为"市场型计划经济"模式，这是一个对经济学创新来讲有着重大价值的研究课题，应该引起经济学家的关注。

主要参考文献

中文文献

图书

［美］阿莱克斯·彭特兰：《智慧城市：大数据与社会物理学》，汪小帆、汪容译，浙江人民出版社2015年版。

［美］奥利弗·威廉姆森：《反托拉斯经济学》，张群群等译，经济科学出版社1999年版。

［英］大卫·李嘉图：《政治经济学及赋税原理》，丰俊功译，光明日报出版社2009年版。

［美］丹尼尔·史普博：《管制与市场》，余晖等译，上海人民出版社1999年版。

［奥］冯·哈耶克：《致命的自负》，冯克利等译，中国社会科学出版社2000年版。

［奥］冯·哈耶克：《建构理性主义的谬误》，载《哈耶克文集》，邓正来译，首都经济贸易大学出版社2001年版。

［美］哈罗德·德姆赛茨：《所有权、控制与企业》，段毅才译，经济科学出版社1999年版。

何大安：《经济行为选择过程要义》，中国社会科学出版社2014年版。

何大安：《选择行为的理性与非理性融合》，上海人民出版社2006年版。

［美］赫伯特·西蒙：《现代决策理论的基石》，杨砺等译，北京经济学院出版社1989年版。

［美］赫伯特·西蒙：《从实质理性到过程理性》，载《西蒙选集》，黄涛译，首都经济贸易大学出版社2002年版。

［美］加里·贝克尔：《人类行为的经济分析》，王业宇等译，格致

出版社 2015 年版。

［美］罗纳德·科斯：《论生产的制度结构》，盛洪等译，上海三联书店 1994 年版。

［美］凯文·凯利：《新经济新准则》，刘仲涛等译，电子工业出版社 2014 年版。

［美］凯文·凯利：《必然》，周峰等译，电子工业出版社 2016 年版。

［美］凯文·凯利：《科技想要什么》，严丽娟译，电子工业出版社 2017 年版。

［美］罗伯特·希勒：《非理性繁荣》，廖理译，中国人民大学出版社 2001 年版。

［德］马克思：《资本论》第一卷（1867），中共中央编译局译，人民出版社 1975 年版。

［德］马克思：《资本论》第二卷（1885），中共中央编译局译，人民出版社 1975 年版。

［德］马克思：《资本论》第三卷（1894），中共中央编译局译，人民出版社 1975 年版。

［德］马克思、恩格斯：《马克思恩格斯选集》第 1 卷，中共中央编译局译，人民出版社 1998 年版。

［美］马歇尔：《经济学原理》，陈良璧译，商务印书馆 1965 年版。

美国商务部：《浮现中的数字经济》第 1、2 卷，姜奇平等译，中国人民大学出版社 1998 年版。

［美］尼古拉·尼葛洛庞蒂：《数字化生存》，胡泳、范海燕译，电子工业出版社 2017 年版。

［英］琼·罗宾逊：《现代经济学导论》，陈彪如译，商务印书馆 1982 年版。

［法］让·巴蒂斯特·萨伊：《政治经济学概论》，晏智杰、赵康英译，华夏出版社 2014 年版。

［加］唐·泰普斯科特：《数字时代的经济学》，毕崇毅译，机械工业出版社 2016 年版。

［奥］维克多·迈尔·舍恩柏格：《大数据时代》，周涛译，浙江人民出版社 2012 年版。

吴军：《智能时代：大数据与智能革命重新定义未来》，中信出版社 2016 年版。

［英］亚当·斯密：《国民财富的性质和原因的研究》，郭大力、王亚南译，商务印书馆 1988 年版。

［以］尤瓦尔·赫拉利：《未来简史：从智人到神人》，林俊宏译，中信出版社 2017 年版。

［英］约翰·伊特韦尔等：《新帕尔格雷夫经济学大辞典》，经济科学出版社 1996 年版。

期刊

何大安：《行为经济人有限理性的实现程度》，《中国社会科学》2004 年第 4 期。

何大安：《理性选择向非理性选择转化的行为分析》，《经济研究》2005 年第 8 期。

何大安：《西方经济学个体主义方法论边界拓展及局限性》，《中国社会科学》2016 年第 2 期。

何大安：《大数据思维改变人类认知的经济学分析》，《社会科学战线》2018 年第 1 期。

何大安：《互联网应用扩张与微观经济学基础》，《经济研究》2018 年第 8 期。

何大安：《金融大数据与大数据金融》，《学术月刊》2019 年第 12 期。

何大安：《大数据革命与经济学创新》，《社会科学战线》2020 年第 3 期。

何大安：《大数据时代厂商决策的数据智能化》，《浙江社会科学》2020 年第 4 期。

何大安、任晓：《互联网时代资源配置机制演变及展望》，《经济学家》2018 年第 10 期。

何大安、许一帆：《数字经济运行与供给侧结构重塑》，《经济学家》2020 年第 4 期。

黄凯南、程臻宇：《认知理性与个体主义方法论的发展》，《经济研究》2008 年第 7 期。

江小涓：《高度联通社会中的资源重组与服务业增长》，《经济研究》2017 年第 3 期。

李金昌：《大数据应用的质量控制》，《统计研究》2020 年第 2 期。

刘涛雄、徐晓飞：《大数据与宏观经济分析综述》，《国外理论动态》2015 年第 1 期。

王元卓、靳小龙、程学旗：《网络大数据：现状与展望》，《计算机学报》2013 年第 6 期。

杨伟国、张成刚、辛茜莉：《数字经济范式与工作关系变革》，《中国劳动关系学院学报》2018 年第 10 期。

张旭昆：《大数据时代的计划乌托邦》，《探索与争鸣》2017 年第 10 期。

张永林：《网络、信息池与时间复制》，《经济研究》2014 年第 2 期。

张永林：《互联网、信息元与屏幕化市场》，《经济研究》2016 年第 9 期。

网络

王培霖：《马云 VS 钱颖一：大数据云计算人工智能能复活计划经济吗》，https：//www.yicai.com/news/5177196.html，2016 年 12 月 07 日。

许成钢：《为什么用大数据、人工智能去建立计划经济是行不通的》，https：//www.sohu.com/a/194595307_236505，2017 年 9 月 26 日。

中国信通院：《中国数字经济发展白皮书》，http：//www.cac.gov.cn/files/pdf/baipishu/shuzijingjifazhan.pdf，2017 年 7 月。

英文文献

图书

Arrow K., "An Extension of the Basic Theorems of Classical Welfare Economics", in J. Neyman Berkeley, eds. *Proceedings of the Second Berkeley Symposium*, University of California Press, 1951.

Bain J. S., *Industrial Organization*, Harvard University Press, 1959.

Baumol W. J., Panzar J. C., Willig R. D., *Contestable Markets and the Theory of Industry Structure*, Harcourt, 1982.

Brynjolfsson E., McAfee A., *The Second Machine Age: Work, Progress, and Prosperity in a Time of Brilliant Technologies*, W. W. Norton & Company, 2014.

Brynjolfsson, E., McAfee A., *Machine, Platform, Crowd: Harnessing Our Digital Future*, W. W. Norton & Company, 2017.

Chamberlin E. H., *The Theory of Monopolistic Competition*, Harvard University Press, 1933.

Dantzig G. B., "The Programming of Interdependent Activities", in T. Koopmans eds. *Activity Analysis of Production and Allocation*, Wiley, 1951.

Dunis C., Middleton P., Karathanasopolous A., Theofilatos K., *Artificial Intelligence in Financial Markets*, Palgrave Macmillan, 2016.

Edgeworth F., *Mathematical Psychics*, Kegan Paul, 1981.

Ezrachi A., Stucke M., *Virtual Competition: The Promise and Perils of the Algorithm-driven Economy*, Harvard University Press, 2016.

Friedman M., *A Theory of the Consumption Function*, Princeton University Press, 1957.

Goodfellow I., Bengio Y., Courville A., *Deep Learning*, The MIT Press, 2016.

Gordon R., *The Rise and Fall of American Growth: The U. S. Standard of Living since the Civil War*, Princeton University Press, 2015.

Gossen H., *Entwicklung der Gesetze des menschlichen Verkehrs*, Prager, 1927.

Harsanyi J. C., *Rational Behavior and Bargaining Equilibrium in Games and Social Situations*, Cambridge University Press, 1977.

Hidalgo C. A., *Why Information Grows: The Evolution of Order, From Atoms to Economics*, Basic Books, 2015.

Jevons W. S., *The Theory of Political Economy*, Kelley and Millman, 1957.

Kahneman D., Tversky A., *Heuristics and Biases*, Cambridge University Press, 1982.

Kahneman D., Frederick S., *Representativeness Revisited: Attribute Sub-*

stitution in Intuitive Judgement, Cambridge University Press, 2002.

Kelly K., What Technology Wants, Viking Press, 2010.

Knight J., Institutions and Social Conflict, Cambridge University Press, 1992.

Koopmans T. C., "Analysis of Production as An Efficient Combination of Activities", in T. C. Koopmans eds. Activity Analysis of Production and Allocation, Wiley, 1951.

Laffer A. B., The Laffer Curve: Past, Present, and Future, The Heritage Foundation, 2004.

Modigliani F., Brumberg R., "Utility Analysis and the Consumption Function: An Interpretation of Cross – Section Data", in Kenneth K., eds. Post – Keynesian Economics, Rutgers University Press, 1954.

Neumann V., Morgenstern O., Theory of Games and Economic Behavior, Princeton University Press, 1947.

Pareto V., Manual of Political Economy, Kelly, 1971.

Richter M. K., "Rational Choice", in John S. Chipman, Leonid Hurwicz, Marcel K. Richter, Hugo F. Sonnenschein eds. Preferences, Utility, and Demand, Harcourt Brace Jovanovich, 1971.

Rizzello S., The Economics of the Mind, Edward Elgar, 1999.

SharkeyW. W., The Theory of Natural Monopoly, Basil Blackwell, 1982.

Tennenholtz M., Game Theory and Artificial Intelligence, Springer – Verlag, 2002.

Utton M. A., The Economics of Regulation Industry, Basil Blackwell, 1986.

Viscusi W. K., Vernon J. M., Harrington JrJ. E., Economics of Regulation and Antitrust, the MIT Press, 1995.

Walras L., Elements of Economics, George Allen & Unwin, 1954.

Williamson O. E., Markets and Hierarchies: Analysis and Antitrust Implications: A Study in Economics of Internal Organizations, Free Press, 1975.

Williamson O. E., The Economic Institutions of Capitalism, Free Press, 1985.

期刊

Akerlof G. A. , "The Missing Motivation in Macroeconomics", *The American Economic Review*, 97 (1), 2007.

Akerlof G. A. , KrantonR. E. , "Identity and the Economics of Organizations", *The Journal of Economic Perspectives*, 19, 2005.

Allais M. , "Le Comportement de l'Homme Rationnel devant le Risque: Critique des Postulats et Axiomes de l'Ecole Americaine", *Econometrica*, 21 (1), 1953.

Alchian A. A. , Demsetz H. , "Production, Information Costs and Economic Organization", *American Economic Review*, 62 (50), 1972.

Ariel R. , "Instinctive and Cognitive Reasoning: A Study of Response Times", *Economic Journal*, 117 (523), 2007.

Arrow K. , Debreu G. , "Existence of Equilibrium for a Competitive Economy", *Econometrica*, 22 (3), 1954.

Athey S. , "Beyond Prediction: Using Big Data for Policy Problems", *Science*, 355 (6324), 2017.

Athey S. , Imbens G. , "Machine Learning Methods for Estimating Heterogeneous Causal Effects", *Statistics*, 113 (27), 2015.

Autor D. H. , Dorn D. , "The Growth of Low – Skill Service Jobs and the Polarization of the U. S. Labor Market", *American Economic Review*, 103 (5), 2013.

Becker G. S. , "Irrational Behavior and Economic Theory", *Journal of Political Economy*, 70 (1), 1962.

Becker S. , Brownson F. , "What Price Ambiguity? Or the Role of Ambiguity in Decision Making", *Journal of Political Economy*, 72 (1), 1964.

Berg J. , Dickaut J. , McCabe K. , "Trust, Reciprocity and Social History", *Games and Economic Behavior*, 10 (1), 1995.

Baumol W. J. , BradfordD. F. , "Optimal Departures from Marginal Cost Pricing", *American Economic Review*, 60 (3), 1970.

Brynjolfsson E. , "The Productivity Paradox of Information Technology", *Communications of Acm*, 36 (12), 1992.

Caillaud B., Jullien B., "Chicken and Egg: Competition among Intermediation Service Providers", *Rand Journal of Economics*, 34, 2003.

Coase R., "The Nature of the Firm", *Economica*, 4 (16), 1937.

Coase R., "The Problem of Social Cost", *Journal of Law and Economics*, 3, 1960.

Dequech D., "Fundamental Uncertainty and Ambiguity", *Eastern Economic Journal*, 26 (1), 2000.

Ellsberg D., "Risk, Ambiguity, and the Savage Axioms", *The Quarterly Journal of Economics*, 75 (4), 1961.

Fehr E., Gächter S., Kirchsteiger G., "Eciprocal Fairness and Noncompensating Wage Differentials", *Journal of Institutional and Theoretical Economics*, 152 (4), 1996.

Fellner W., "Distortion of Subjective Probabilities as a Reaction to Uncertainty", *Quarterly journal of Economics*, 75 (4), 1961.

Forsythe R., Horowitz J. L., Savin N. E., Sefton M., "Fairness in Simple Bargaining Experiments", *Games and Economic Behavior*, 6 (3), 1994.

Fudenberg D., Tirole J., "The Fat Cast Effect, the Puppy Dog Ploy, and the Lean and Hungry Look", *The American Economic Review*, 74 (2), 1984.

Goos M., Manning A., Salomons A., "Explaining Job Polarization: Routine-Biased Technological Change and Offshoring", *American Economic Review*, 104 (8), 2014.

Graetz G., Michaels G., "Robots at Work", *Review of Economics and Statistics*, 100 (5), 2019.

Hart O., Tirole J., "Vertical Integration and Market Foreclosure", *Brooking Papers on Economic Activity: Microeconomics*, 21, 1990.

Hart O. D., Moore J., "Property Rights and Nature of the Firm", *Journal of Political Economy*, 98 (6), 1990.

Hayek F., "The Use of Knowledge in Society", *American Economics Review*, 35, 1945.

Houthakker H. S., "Revealed Preference and the Utility Function",

Economica, 17 (66), 1950.

Kahn A. E., "Economic Issues in Regulating the Field Price of Nature Gas", *American Economic Review*, 50, 1960.

Kahneman D., Tversky A., "Belief in the Law of Small Numbers and Probability", *Psychological Bulletin*, 76 (2), 1971.

Kahneman D., Tversky A., "Psychology of Prediction", *Psychological Review*, 80, 1973.

Kahneman D., Tversky A., "Judgement under Uncertainty – Heuristics and Biases", *Science*, 185 (3), 1974.

Kahneman D., Tversky A., "Prospect Theory: An Analysis of Decision Making", *Econometrica*, 47 (2), 1979.

Kleinberg J., Ludwig J., Mullainathan S., Obermeyer Z., "Prediction Policy Problems", *The American Economic Review*, 105 (5), 2015.

Lecun Y., Bengio Y., Hinton G., "Deep Learning", *Nature*, 521 (7553), 2015.

Lerner A. P., "Conflicting Principles of Public Utility Rates", *Journal of Law and Economics*, 7, 1964.

Lee B. K., Lessler J., StuartE. A., "Improving Propensity Score Weighting Using Machine Learning", *Statistics in Medicine*, 29 (3), 2010.

Linden A., Yarnold P., "Combining Machine Learning and Matching Techniques to Improve Causal Inference in Program Evaluation", *Journal of Evaluation in Clinical Practice*, 22 (6), 2016.

Lucas R. E. Jr., Prescott E. C., "Investment under Uncertainty", *Econometrica*, 39 (5), 1971.

Lucas R. E. Jr., Stokey N., "Optimal Fiscal and Monetary Policy in An Economy Without Capital", *Journal of Monetary Economics*, 12 (1), 1983.

Marwell G., AmesR. E., "Experiments on the Provision of Public Goods. I. Resources, Interest, Group Size, and The Free – rider Problem", *American Journal of Sociology*, 84 (6), 1979.

Mason E. S., "Price and Production Policies of Large – Scale Enterprise", *American Economic Review*, 29, 1939.

Mason E. S., "The Current State of the Monopoly Problem in the United States", *Harvard Law Review*, 62, 1949.

Mundell R. A., "Growth, Stability and Inflationary Finance", *Journal of Political Economics*, 73 (2), 1965.

Peysakhovich A., Naecker J., "Using Methods from Machine Learning to Evaluate Behavioral Models of Choice under Risk and Ambiguity", *Journal of Economic Behavior & Organization*, 133, 2017.

Posner R. A., "Theories of Economic Regulation", *Bell Journal of Economics*, 5 (2), 1974.

Rey P., Tirole J., "The Logic of Vertical Restraints", *The American Economic Review*, 76 (5), 1986.

Richard G. E., Onard B., "Reciprocity and Pesponsibility Reactions to Prior Help", *Journal of Personnality & Social Psychology*, 3 (2), 1966.

Samuelson P. A., "A Note on the Pure Theory of Consumers' Behaviour", *Economica*, 5 (19), 1938.

Schandler N., "Note on Behavioral Economics", *Advance in Austrian Economics*, 9, 2006.

Sen A. K., "Choice Functions and Revealed Preference", *Review of Economic Studies*, 38 (115), 1971.

Smith V. L., "Economics in the Laboratory", *Journal of Economic Perspectives*, 8 (1), 1994.

Stigler G. J., "A Study of Oligopoly", *Journal of Political Economy*, 72 (1), 1964.

Stigler G. J., "The Theory of Economic Regulation", *Bell Journal of Economics*, 2 (1), 1971.

Varian H., "Big Data: New Tricks for Econometrics", *Journal of Economic Perspectives*, 28 (2), 2014.

网络

Acemoglu D., Restrepo P., "The Race Between Machine and Man: Implications of Technology for Growth, Factor Shares and Employment",

NBER Working Paper, No. 22252, 2016.

Aghion P., Jones B., Jones C., "Artificial Intelligence and Economic Growth", *NBER Working Paper*, No. 23928, 2017.

Athey S., "The Impact of Machine Learning on Economics", *NBER Working Paper*, 2018.

Athey S., Wager I. S., "Efficient Inference of Average Treatment Effects in High Dimensions via Approximate Residual Balancing", http://arxiv.org/abs/1604.07125, 2016.

Autor D., Dorn D., Katz L., Patterson C., Reenen J., "The Fall of the Labor Share and the Rise of Superstar Firms", *NBER Working Paper*, 2017.

Benzell S., Kotlikoff L., LaGarda G., Sachs J., "Robots Are Us: Some Economics of Human Replacement", *NBER Working Paper*, No. 20941, 2015.

BEA, *Digital Economy Accounted for 6.9 Percent of GDP in 2017*, https://www.bea.gov/news/blog/2019-04-04/digital-economy-accounted-69-percent-gdp-2017, 2019.

Camerer C., Nave G., Smith A., "Dynamic Unstructured Bargaining with Private Information and Deadlines: Theory and Experiment", *NBER Working Paper*, 2017.

Cockburn I., Henderson R., Stern S., "The Impact of Artificial Intelligence on Innovation", *NBER Working Paper*, 2017.

McKinsey & Company, *Digital China: Powering The Economy To Global Competiveness*, https://www.mckinsey.com/featured-insights/china/digital-china-powering-the-economy-to-global-competitiveness#, 2017.

Milgrom P., Tadelis S., "Artificial Intelligence and Market Design", *NBER Working Paper*, 2017.

ONS, *What defines the Digital Sector?*, 2015.

Pearl J., "Theoretical Impediments to Machine Learning with Seven Sparks from the Causal Revolution", *NBER Working Paper*, 2018.

Shapiro C., Varian H., "Machine Learning, Market Structure and Competition", *NBER Working Paper*, 2017.

Taddy M. , "The Technological Elements of Artificial Intelligence", *NBER Working Paper*, 2017.

Trajtenberg M. , "AI as the next GPT: A Political – Economy Perspective", *NBER Working Paper*, No. 24245, 2018.